U0138783

第二版 精華版
國際貿易實務
International Trade Practice

五南圖書出版有限公司　印行

# 2007 年增修版序

作為在工作上學習兼參考的工具用書，它的時代背景與實用性，必須與時俱進，要經常不斷更新，才能夠稱得上「實務」，《國際貿易實務》已經歷二十年的不斷增修（每一版本幾乎不超過三年），每增修一次就是一件大工程、苦差事，但是聽到學校和社會有這麼多的迴響，雖是工作辛苦些，心裡卻非常坦然，為了不辜負老師的期待，以及使學生和業者能夠真正受益，這項付出實在是值得的。

這次的增修，發現政府的法令與規章，多已修訂，尤其 UCP 600 已發佈，將於 2007 年施行，為了每條相關條文的核對修正，花了很長的時間，適逢 95 年「第一次國際貿易大會考」 及 96 年勞委會首辦「國貿業務乙、丙級技術士」證照考，收納 1,500 多題庫，列為重點複習。

聞順發

於 美國 / 德州 / 達拉斯

2007 年 10 月

自　序

　　這本書原名《國際貿易實務——作業規範》，現改名為《國際貿易實務》，原因無他，是新的名稱比較好唸，更合乎實際。

　　當初編撰本書的目的，是為了工作上的需要，蒐集資料後，將它們整理並做成筆記保存起來，便於使用時查考之用，後來在教學時就派上了用場，然後為了教學上的方便，裝訂成講義發給學生。後來經常接到已畢業學生的電話，詢問出口報價如何計算？包裝材積如何計算？海空運費如何計算？如何辦理進口貨退稅？哪些貨物要繳貨物稅？問題林林總總不一而足，我只得幫忙查資料計算，然後將步驟及答案告訴他們，有時得花上半個小時之久。有些問題除了經驗之外，實在不易找到解答，像這樣的電話，有時一天會有好幾通，就像隨時要應試一樣，每天都生活在緊張之中。當時心想，假如有一本將一切方法、問題、答案都列在其中的書，有人來問問題時，只要告訴他在第幾章、第幾頁，請他自己去查就結了，於是產生編寫本書的構想。

　　這本書很多是蒐集而來的資料，並非全都是我的創作，我以過來人的經驗教導各位讀者如何運用這些資料，並將國際貿易實務操作過程中每一環節必須注意的細節、如何執行、法令何在、會有哪些陷阱、哪些是絕對不能犯的錯、一旦犯了錯如何善後等，使用商界通俗的語調編寫出來，使貿易業者讀起來不致有生疏之感，使初學者讀後也能潛移默化融入其中，很快就可得心應手。當然，這本書中也有很多是我個人的研究心得，自出版十多年以來，為貿易業界和學術界廣為運用且無爭議，內心甚感快慰。

　　這是一本合乎時代應用的工具書，資料和操作方法須不斷隨時代的變遷而修正，才能實用，才能暢銷不墜，才稱得上是好書。經歷了以下

三件事，更使我背負起時代的責任感，不敢懈怠。

　　數年前我因事去某家貿易公司拜訪，偶爾在會客室的書架上看到三本厚薄不一的前後版《作業規範》，問主人，他說每次有更新的版本出來時都會買一本做參考。又有一次，我接到一位貿易商從高雄打電話來，他說數天前到香港出差，晚上到街上逛街，在書店裡買了一本《作業規範》，回臺後發現原來是臺灣出版的，問我在臺灣哪裡有售，原來他在臺灣沒空逛書店。又有一次，在某一場合經朋友介紹認識一位從新加坡來的貿易商，他看了我的名片，突有所感地問我是否有編過一本叫《作業規範》的書，知道我就是這本書的作者後，告訴我他原是留英的工科雙碩士，他的夫人十年前曾受教於我，也曾在貿易公司服務多年，現在他們已移民到新加坡，並且自己成立貿易公司，一切由他夫人主持，他自己則在公司學習。他說他的夫人一旦遇到貿易上的疑難問題，就拿出《作業規範》查閱，這印象對他特別深刻。

　　這本書仍有不足和出錯的地方，願賢者有以教我，感激不盡。

　　我的 e-mail address: wen32121@ms47.hinet.net

感謝提供資料給我的朋友：

陳淑女　前交通銀行總管理處國外部專員

林叔宏　喜洋洋國際股份有限公司總經理

王振豪　太平洋產物保險股份有限公司工商保險事業群副執行長

楊振甫　基隆關務司課長

李重輝　可利航空貨運股份有限公司董事長

聞順發

2005年10月

5

CONTENTS

第8章　航空貨物運輸 233

1

國際貿易概說

貿易是互得所需的一種交易行為，兩個以上國家之間的交易行為就叫「國際貿易」（International Business 或 Foreign Trade）。

第一節 | 國際貿易的型態

一、以貨物的性質分

1. 以有形物品做為交易的對象，叫「有形貿易」。
2. 以無形的專利（Patent）、技術（Technique）、商標（Trade Mark）、交通運輸（Transportation）、智慧財產權（Intellectual Property）、保險（Insurance）、金融（Banking）、觀光（Sightseeing）、通訊（Communication）等提供或取得，叫「無形貿易」。

二、以雙方的關係分

1. 直接貿易（Direct Trade）

貨物（或原物料）的需要者直接從國外的生產廠商取得供應，叫「直接貿易」。A 國的「出口商」與 B 國的「進口商」之間的貨物直接交易，對雙方而言，並未再經過第三者，這種貿易方式即「直接貿易」。

A 國的「出口商」因為無交通工具直接將貨物運交給 B 國的「進口商」，必須在第三國換船轉運（Transfer），只是運輸方式（L/C 上的 Transfer Are Allowed）是「轉口」，對兩者而言，仍是「直接貿易」。此貨物在第三國卸下、存儲、轉運而可獲得運費、保險費、倉

儲、駁運及其他各種勞務收入，故此貨物對第三國而言是「過境貿易」。

依照以上認知，我國運往中國大陸的貨物必須在第三地（如香港）轉運，只是運輸方式的改變，對買賣雙方而言，是在香港「轉口」的「直接貿易」。

但A國的「出口商」是從生產廠商取得貨物，兩者有交易，而B國的「進口商」將貨物轉售出去，取得價款，也有交易。對該貨物而言，自出產到使用，其間已經過數次交易，並非直接。

2. **間接貿易**（Indirect Trade）

貨物（或原物料）自生產廠商（或生產地）經過第三者（或第三地），轉售給國外買主，叫「間接貿易」。

此第三者，可能本身在A國，也可能在B國，必須經過此第三者（貨源壟斷、輸出許可，或外匯因素等）取得，叫「間接貿易」。對貿易的對象而言，中間有一個（以上）交易對象，所以就無法稱為直接。

(1)三角貿易（Triangular Trade）

第三者在第三國，如A國需要購買B國生產的原料，可是此原料已被日本（C國）壟斷，或者政治因素，必須透過C國才能買到，但貨物有可能是直接從出口國運送到進口國。

(2)轉口貿易（Intermediary Trade）

第三國的貿易商自出口國（生產國）購進貨物後，不改包裝，或經過改包裝和分裝程序，再將此貨物出口，轉賣給其他的進口國。此貨物如在第三國的保稅倉庫處理，再出口可免關稅，如果進口後（要繳進口稅）再出口，可辦退稅。此種貿易亦為間接貿易方式。

三、以進出口國的角色分

1. **出口貿易**（Export Trade）

   將本國所生（出）產的產品賣到外國去，得到的是外國所支付貨款的「外匯」，即俗稱的「外銷」。

2. **進口貿易**（Import Trade）

   自外國買進他國生產的產品，不論此產品是否該出口國所生產，單純以本國進口謂之，自然亦要以外匯支付貨款，即俗稱的「內銷」。

3. **過境貿易**（Transit Trade，或 Transshipment Trade）

   將出口的貨物運往第三國，再轉運到進口國，其原因可能是：

   (1)在第三國轉陸、海運，輸往進口國（無直航的船可達，或為內陸國）。

   (2)在第三國的保稅發貨倉庫儲存，再伺機轉售到其他國家。貨物並未輸入第三國（如在巴拿馬運河的保稅倉庫）境內。

四、以獲利性質與經營風險分

1. **利潤制貿易**

   出口商以自己名義與國外之進口商議約，自負盈虧所達成的交易。此議約的關鍵，關係到出口商所能獲得的利潤和承擔的風險。反之，進口商購進貨物後，要自負市場行情漲跌的風險。

2. **佣金制貿易**

   出口商代理生產廠商，或進口商代理國內買主，以其代理名義與對方議約達成交易，而從中取得代理佣金的貿易。這種貿易的風險最小。

五、以貿易的特性分

1. 普通貿易

普通貿易僅是單純地將貨物出口或是進口，一方負責交貨，一方負責付錢的交易方式，出口商的獲利來自與廠商間的價差，進口商則是市場銷售的利潤。

2. 加工貿易（Processing Trade）

從中國大陸所訂的加工貿易方式，即可瞭解全貌：

(1) 來料加工出口

生產廠商接受國外客戶的委託生產某貨物，原物料均是國外客戶供應，生產廠商進口原物料時，申報為「來料加工」，即不付匯，也不必徵收進口稅。唯所生產的成品必須全部出口，生產廠商只賺取國外客戶支付的加工費用。

(2) 進料加工出口

生產廠商自國外進口原物料，所需支付的外匯採「專款專用」，進口的原物料需要全額「保稅」（免繳進出口稅），但產品必須全部出口外銷，以折抵購進的原物料成本外，並賺取加工所衍生的利潤。

(3) 出料加工進出口

國內對此項產品不具生產能力，將原物料出口至國外委託國外廠商加工製成成品，再外銷至第三國或進口國內（與來料加工相反），但先決條件是國內確實不具備此項產品的生產能力，所以在認定上不易獲外經貿部主管部門核准。

最近國內常見的 OEM（Original Equipment Manufacturing），則是以自己的生產設備和技術，接受外國買主的委託，冠以其商標之名，為其生產。

近來又有ODM（Original Design Manufacturing）之名稱，除為買主OEM生產外，並為其設計（Design）。

第二節　外匯管理

從事國際貿易，主要在於解決「交貨」與「付款」兩個問題，國際上付款的方式，是兩國銀行之間互相賒欠的記帳方式，並要按國際利息計息，叫外匯（Foreign Exchange）。簡言之，外匯就是國家與國家之間的「債值」，以某一國家的幣值為表示「單位」，就是「國際債」。國際間的匯兌，必然會發生一國的貨幣與另一國的貨幣交換（Exchange）的過程。因此，國際匯兌在本質上可以說是「外幣債權的買賣」。

按「管理外匯條例」定義：所謂外匯，包括外國貨幣、票據及有價證券，包含存放於國外銀行的存款，甚至國人存儲在國內銀行的外幣存款。據此規定，我們可以解釋為：外匯是能「用以償還外國債務」的貨幣、票據、證券以及存款。

據此可以瞭解：我國整個外匯的持有值多於負債，就叫「順差國」。如所欠比持有的多，就叫「逆差國」。俗稱：向銀行「結匯」，是指向銀行「買」或「賣」外匯。出口商出口貨物，將國外所付的價款（外匯），賣給銀行取得新臺幣，稱做「結售」。反之，進口商以新臺幣向銀行購買外匯做為向國外的付款，稱做「結購」。

我國管理外匯的中央機關是「中央銀行外匯局」。

第三節　國際外匯匯付

在國際上，外匯匯付（Remittance or Remit）的方式有以下幾種：

1. **票匯**（Demand Draft; bill of Remittance **，通稱為** D/D）

   由當事人向銀行購買類似郵局的匯票，上面註明受款人、付款金額、付款地，並且指明以付款地的某家銀行為付款人（該付款銀行與開票銀行有通匯關係），並由賣出匯票之銀行的有權簽字人簽字，以示負責。此匯票乃是由當事人自行用郵袋寄送給受款人領取，這種方式就叫做票匯。此方式因郵寄速度慢，運用較多的一般是個人之間，或電訊不發達之落後地區的匯付，商業界已甚少採用。

2. **電匯**（Telegraphic Transfer; Cable Transfer **，通稱為** T/T）

   當事人將貨款交付給銀行，要求銀行將此貨款用電匯方式匯付給國外受款人銀行的帳戶內。辦理電匯時，要填電匯申請書、國外受款人姓名，與在其國內之存款銀行名稱及帳號，由於匯款銀行與該銀行可能未必具有通匯關係，則匯款銀行用電報（其實是以 Telex）通知與其有通匯關係之銀行，請其將該筆外匯轉入到受款人銀行的帳戶內，這樣就等於透過三家銀行了。由於電匯速度快，可能 24 小時以內對方就可以領到現金了，所以電匯的費用也較高。企業間最常使用此種方式。

3. **信匯**（Mail Transfer; Letter Remittance **，通稱為** M/T）

   過程與電匯一樣，只是銀行間並非用電報（TELEX 或 SWIFT）而是用信函方式通知對方銀行，所以時間上較慢，收費也便宜很多。多為銀行間使用的匯付方式。

4. 國際郵政匯票（International Postal Money Order，**通稱為** Money Order）

由當事人向郵局購買國際郵政匯票，自行寄給國外受款人，憑以向其當地之郵局兌款。我國郵局只限「小額外匯」才可以購買，國外匯來則無限制。個人與企業均可使用，但企業間仍以 T/T 為多，除非是購買 Sample 或郵購才用 Money Order（因金額小）。

5. 私人（或公司）支票（Personal Check）

由當事人以其私人支票寄給國外受款人，受款人持以委託當地銀行請求託收，待國外付款銀行承兌後，外匯始得成立，才能向委託銀行領取現款。當事人在銀行存款不足時，支票有退票之可能，所以收取私人（或公司）支票實有不兌付的風險。

以上第 2、3 種，當受款地銀行收到國外銀行的 T/T 或 M/T 時，會主動通知受款人，並將該款存入受款人之帳戶。而第 1、4 種，則是由受款人自行持向指定之付款銀行承兌。此四種均可立即由銀行兌成現金發給受款人。第 5 種，則受款人必須委託國內銀行轉國外付款銀行，待得到國外銀行承兌的通知，國內之受託銀行才將貨款付給受款人，所以有往返的時間損失。

第四節　境外公司與 OBU

OBU（Offshore Banking Unit）是民國 72 年政府開放數家國營銀行增設之國際金融業務分行，俗稱「境外金融中心」。顧名思義，此部門雖在國內，操作上則當作是在國外，視作是國外銀行（只能持有外匯，不得持有臺幣）。其作用不但是允許該銀行自己持有外匯，並賦予在國際上有

更多自由的空間買進與賣出（不似以往外匯均集中在中央銀外匯局統一控管，支出要事前申請，收入也要辦理結售），事後再向外匯局書面申報（結算外匯存底）即可。

所以OBU實可當作是存在國外的銀行。現在國內有數家銀行已經報備核准許可經營是項OBU業務。

以下是國內某銀行所開列的OBU開戶的條件（供參考）：

境外個人：係指持有外國護照且在中華民國境內無住所之個人（可知國人是無法申請的）。

境外法人：係指依外國法律組織登記之法人，但經中華民國政府許可在中華民國境內營業之分支機構不在其內（可知國內公司是無法申請的）。

境外金融OBU的優點：

1. OBU資金進出自由，不受管理外匯條例限制（不能開支票、不能領現金，須填寫「匯款單」將外匯匯入OBU帳戶，才能領出臺幣）。
2. OBU客戶存款利息所得免稅，提供合法之節稅管道。
3. OBU合法辦理兩岸金融業務，增加公司貿易往來便利性，節省經由第三地區操作之費用。

近年來，部分註冊於國外的公司（即境外公司，又稱子公司或控股公司），大多基於母公司控股、投資、避險（如三角貿易）、節稅（如在臺灣接單，大陸出貨）、行銷、隱私、彈性等考量。在銀行開立OBU帳戶已儼然成為企業經營之利器。

如何成立境外公司不是本書的主旨，但有關OBU的操作與運用，在以後的各章節中均會有所敘述。

第五節 | 商品分類制度

依據關稅合作理事會（Customs Cooperation Council）制定的「國貿商品統一分類制度」（The Harmonized Commodity Description and Coding System, HS）為基礎編訂我國的 CCC Code（Classification of Import and Export Commodities of The Republic of China）《中華民國進出口貨品分類表》一巨冊，這本書海關的合作社窗口有售。書中將各項貨品按其類別歸屬清楚，每一項貨品均註記為「禁止類」或「管制類」或「准許類」，其進口關稅若干等。填進口或出口申請書時，均要填寫 CCC Code，以便於輸入電腦統計。嚴格地說，無論是進口或出口的貿易商，均應該自備一本待查，目前習慣上，進口貿易商多半會購備，很多的出口貿易商不知有此書，出口時由報關行代查代填。

這 CCC Code 是按貨品的分類編列的，每一 Code 共 11 個數字，中間又有 4 個句點（....）區分，所以共 15 碼。前 6 碼是與 HS 所編相同，後 2 碼為海關課徵關稅用，再後 2 碼供政府機關做為統計數據之用，最後 1 碼為檢查碼。

第六節 | 與貿易有關的單位

一、我國主管貿易的機關

經濟部國際貿易局（Bureau of Foreign Trade, BOFT）
地址：10066 臺北市中正區湖口街 1 號

電話：（02）2351-0271

網址：www.trade.gov.tw　（經貿資訊網）

二、其他與貿易有關的政府機構

1. **中央銀行**（Central Bank of China）**外匯局**
   地址：10066 臺北市中正區羅斯福路一段2號
   電話：（02）2357-1959
   網址：www.cbc.gov.tw

2. **財政部**（Ministry of Finance）
   地址：10066 臺北市中正區愛國西路2號
   電話：（02）2322-8000
   網址：www.mof.gov.tw

3. **經濟部智慧財產局**（Intellectual Property Office）
   地址：10637 臺北市大安區辛亥路二段185號3樓
   電話：（02）2738-0007
   網址：www.tipo.gov.tw

4. **經濟部標準檢驗局**
   （Bureau of Standard, Metrology and Inspection）
   地址：10051 臺北市中正區濟南路一段4號
   電話：（02）2343-1700
   網址：www.bsmi.gov.tw

5. **經濟部工業局**（Industrial Development Bureau）
   地址：10651 臺北市大安區信義路三段41-3號
   電話：（02）2754-1255
   網址：www.moeaaidb.org.tw

6. **經濟部中小企業處**

地址： 10646 臺北市大安區羅斯福路二段95號3樓

電話： （02） 2368-6858

馬上解決問題中心： 0800-056-6858

網址： www.moeasmea.gov.tw

7. **經濟部投資審議委員會**

地址： 10066 臺北市中正區愛國西路2號

電話： （02） 2322-8000

網址： www.mof.gov.tw

8. **交通部**（Ministry of Transportation and Communication）

地址： 10052 臺北市中正區仁愛路一段50號

電話： （02） 2349-2900

網址： www.motc.gov.tw

9. **行政院經濟建設委員會**

（Council for Economic Planning and Development）

地址： 10020 臺北市中正區寶慶路3號

電話： （02） 2316-5300

網址： www.cepd.gov.tw

10. **行政院大陸委員會**（Mainland Affairs Council）

地址： 10051 臺北市中正區濟南路一段2之2號

電話： （02） 2397-5589

網址： www.mac.gov.tw

11. **行政院衛生署**（Department of Health Executive Yuan）

地址： 10092 臺北市中正區愛國東路100號

電話： （02） 2321-0151

網址： www.doh.gov.tw

12. **行政院農業委員會**（Council of Agriculture, Executive Yuan）

地址：10014 臺北市中正區南海路37 號

電話：（02）2381-2991

網址：www.coa.gov.tw

13. **行政院勞工委員會**

地址：10346 臺北市大同區延平北路二段83 號 9 樓

電話：（02）8590-2567

網址：www.cla.gov.tw

三、有關貿易的民間社團

1. **中華民國對外貿易發展協會**

（Taiwan External Trade Development Council, TAITRA）

地址：11012 臺北市信義區基隆路一段333 號 5-7 樓

電話：（02）2725-5200

網址：www.taitra.com.tw

2. **臺北世界貿易中心**（Taipei World Trade Center）

地址：11049 臺北市信義區信義路五段5 號

電話：（02）2705-5200

網址：www.twtc.org.tw

3. **臺北國際會議中心**

地址：11049 臺北市信義區信義路五段1 號

電話：（02）2705-5200 ext 3517/3518

網址：www.ticc.com.tw

4. **中華民國仲裁協會**

地址：10693臺北市大安區仁愛路四段376 號14 樓（仁愛世貿廣場）

電話：（02）2707-8672

網址：www.arbitration.org.tw

高雄及臺中設有辦事處

5. **中華民國中小企業協會**

地址：10646 臺北市大安區羅斯福路二段95 號6 樓

電話：（02）2366-0812

網址：www.nasme.org.tw

6. **臺北市進出口商業同業公會**

（Importer & Exporter Association of Taipei）

地址：10414 臺北市中山區松江路350 號

電話：（02）2581-3521

網址：www.ieatpe.org.tw

7. **中華民國紡織業外銷拓展委員會**

地址：10092 臺北市中正區愛國東路22 號

電話：（02）2341-7251

網址：www.trxtiles.org.tw

8. **中華民國全國商業總會**

地址：10665 臺北市大安區復興南路一段309 號6 樓

電話：（02）2701-2671

網址：www.roccoc.org.tw

9. **各商業同業公會**

重點複習

1. 貿易從業人員應經常瀏覽「國際貿易局經貿資訊網」，網址是 http://cweb.trade.gov.tw/。內有貿易法規及我國經貿現況等資料供查詢。

2. 我國之貿易主管機關為經濟部國際貿易局。

3. 申請開設公司、行號，應向經濟部辦理，欲登記為出進口廠商前，應向經濟部國際貿易局申請預查公司、行號之英文名稱，經核准者（保留期間為六個月），始完成登記。

4. 我國現行申請登記出進口廠商的最低資本額「無限制」。

5. 我國現行《貿易法》是民國 96 年 1 月修正公布施行。

6. 《貿易法》是我國各項對外貿易法規的母法。

7. 「誠實」與「信用」是貿易商的準則，我國《貿易法》第 17 條早已有規範。

8. 出進口人有違反我國《貿易法》第 17 條規定執業禁止之行為時，經濟部國際貿易局得予以：(1)警告；(2)處新臺幣三萬元以上，三十萬元以下罰鍰；(3)停止其一個月以上，一年以下輸出入貨品；(4)情節重大者得撤銷其出進口廠商登記。

9. 戰略性高科技貨品之進出口規定，是依據《戰略性高科技貨品輸出入管理辦法》處理進出口程序。

10. 進口大陸物品時，應先查詢該項產品是否為准許進口項目再行辦理進口。

11. 貿易從業人員離職後，對前公司之營業內容與處理方式，應保守機密。

12. 貿易從業人員對於本國進出口簽審規定：(1)應遵守相關規定從事

貿易；(2)隨時注意規定有無更新或修改；(3)對於規定不清楚時可請教主管機關或專家。

13. 我國目前已加入的「國際經濟組織」是：(1)WTO ——世界貿易組織；(2)APEC ——亞太經濟合作會議。

14. 我國自 2002 年起正式加入世界貿易組織（WTO），成為會員國。

15. 我國加入 WTO 係以「臺澎金馬關稅領域」名義申請加入。

16. 依加入先後次序，我國為世界貿易組織（WTO）第 144 個會員國。

17. 世界貿易組織（WTO）的最高決策機構為「部長會議」。

18. 東協於 1967 年成立，原始會員國有六個國家。

19. 目前已與我國簽訂自由貿易協定的國家是巴拿馬及瓜地馬拉。

20. 「金磚四國」（BRICs），按英文順序依序是巴西（Brazil）、俄羅斯（Russia）、印度（India）及中國大陸（China）。

21. 東協（ASEAN）加「1」的「1」是指中國大陸。

22. 「東協加三」是指東協十國加上中國大陸、韓國及日本。

23. 北美自由貿易區簡稱為 NAFTA 。

24. 目前我國出進口廠商登記：(1)向 BOFT 申辦；(2)應先依《公司法》辦理公司登記；(3)可用臨櫃、傳真、郵寄、網路辦理。

25. 凡進出口時須經通關手續，且其金額亦記錄於海關貿易統計及央行結匯統計上者，是為「有形貿易」。

26. 國際貿易業務操作除了必須瞭解相關貿易法規、公約、慣例、稅法之外，尚須熟諳銀行、航運、保險等與貿易相關業務。

27. 國貿實務上貨主對貨主的交易（Principal to Principal Transaction），一般稱為「直接貿易」。

28. 公司一方面接受國外 B 公司之訂單，另一方面向國外 C 公司下單組織貨源，並囑附 C 公司將貨先運至 A 公司所在地，爾後經簡單

重組裝後再運至國外 B 公司，是屬「轉口貿易」。

29. A 公司接單外銷，組織貨源時採外包方式向國外四家廠商下單，屬其將各自供應之零件，送至指定的組裝廠，組裝廠組裝完成後直接交運給進口商，是屬「多角貿易」。

30. 這項交易須透過第三者介入而完成的，稱為「間接貿易」。

31. "Processing Trade" 之中文意義為「加工貿易」。

32. 「委託加工外銷」係為國內加工業者受國外廠商委託，替國外廠商將其供應之原料或半成品予以加工後輸出。

33. CBC 是中央銀行的英文縮寫。

34. 國貿相關行業應向「國貿局」辦理出進口廠商登記。

35. 依據《臺灣地區與大陸地區貿易許可辦法》第 5 條的規定，臺灣地區與大陸地區的貿易，依規定得以「直接方式為之」。

36. 「相對貿易」不屬於間接貿易。

37. 若與外匯短缺的國家從事貿易，適合以「相對貿易」方式進行。

38. 外匯短缺之國家所採用的間接貿易方式為「轉換貿易」。

39. 「易貨貿易」是不以貨幣為衡量貨價之標準，而以貨品為償付的工具。

40. 「寄售貿易」是出口商將貨物運往國外，委託國外廠商代為銷售，國外廠商僅從中抽取佣金，而盈虧風險仍由出口商自行負責。

41. 外匯指定銀行是由「外匯局」指定授權辦理有關進出口外匯業務的銀行。

42. 貨物如通過第三國，但第三國並不介入其中貿易過程，就該第三國而言，係屬「過境貿易」。

43. 「貨品」是國際貿易的客體，出口商與進口商是主體。

44. 大宗物資大多屬於散裝貨物（如穀類）。

45. 產品購回協定中，購買機械設備的一方大多為「開發中國家」。

46. 「委託加工」不是相對貿易。

47. 我國管理外匯條例對「外匯」之定義包括：(1)外國貨幣；(2)外國有價證券；(3)外國票據。

48. 輸出入貨品規定之簽審代號，MPl 代表「大陸物品有條件准許輸出入」。

49. 輸出入貨品規定之簽審代號，MWO 代表「大陸物品不准輸入」。

50. 國貿實務上常見之國際慣例與公約有：Incoterms、UCP、URC、UN Sales Convention（聯合國國際買賣公約）等。

51. 現行我國貿易管理制度採「負面表列」（即不屬於表列「管制類」的產品，均屬許可類）。

52. 在商品買賣風險中，「外匯兌換損失」是常見的非市場風險。

53. 大陸「來料加工」的工廠，其身分應屬於「受委託之製造商」。

54. 依《臺灣地區與大陸地區貿易許可辦法》規定，准許輸入之大陸貨品在產品包裝及產地標示，註明 China 准予輸入。

55. 「國際貿易實務」為闡述國際貿易中之經營管理、海空運輸與保險、貿易金融及貿易相關法規實例等之學科。

56. 「外匯充裕」不是採行相對貿易之主因。

57. 在全球運籌模式之下，整個供應鏈的國際交易，通常形成所謂的「多角貿易」。

58. 進口大陸貓熊之檢疫機構係「農委會動植物防疫檢疫局」。

59. 依管理外匯條例之規定，掌理外匯之業務機關為「中央銀行」。

60. 依指定銀行辦理外匯業務應注意事項之規定，有關「進口外匯業務」進口所需外匯以新臺幣結購者，應填發「進口結匯證實書」。

61. 依指定銀行辦理外匯業務應注意事項之規定，有關「匯出匯款業務」匯出款項以新臺幣結購者，應填發「賣匯水單」(指銀行為賣出者)。

62. 某臺商以境外公司名義接受德國客戶訂單，並安排由大陸昆山工廠生產貨物及裝運出口後，該臺商持國外開來之信用狀應至OBU辦理押匯。

63. OBU 之特點：(1)境內掌控；(2)境外法律管轄；(3)免提列存款準備金。

64. 「境外法人」為 OBU 交易對象。

65. 我國稱為國際金融業務分行，俗稱境外金融中心之簡稱為「OBU」。

66. OBU 是：(1)服務對象為國外自然人或國外法人；(2)即境外金融中心，我國稱為國際金融業務分行；(3)臺商可以利用境外公司名義在境內 OBU 操作，達到資金調度、節稅、控股等功用。

67. 在查詢出進口貨物稅則號列分類表時，國定稅率之第二欄稅率主要適用於「低度開發或開發中國家之特定進口貨物」。

68. 根據 C.C.C. Code 所列稅則，WTO 會員國適用「第一欄」稅率。

69. 目前我國 C.C.C. Code 為：(1)前 6 碼為 HS code，與國際接軌；(2)海關之進出口稅則計算共用前 8 碼；(3)第 9、10 碼為統計號列；(4)第 11 碼為檢查碼。

70. 目前我國貨品進口救濟案件承辦機構為「貿易調查委員會」。

71. 關稅合作理事會所訂，廣為各經濟大國使用之海關徵稅及貿易統計一併使用之商品分類制度是 HS 制。

72. HS 制商品分類次序之決定是：(1)原料；(2)半成品；(3)成品之順序排列。

73. 我國對進出口貨品原產地之認定基準，係以原材料經加工或製造

後所產生之貨品，其商品標準分類前6碼是否改變，或經過加工已完成重要製程或附加價值超過35%。

74. 各國在商品標準分類上共同採用調和制度的優點：(1)便於貿易談判；(2)利於直接比較分析；(3)減少轉換的時間及費用。

75. 所謂國際貿易結匯係包括「結購」及「結售」外匯。

76. OBU（Offer Shore Banking Unit）是境外金融中心帳戶（存與取均為外匯），而DBU（Domestic Banking Unit）是國內銀行帳戶（存取主要為新臺幣）。

77. 有關OBU（境外金融中心）服務之顧客，主要是外國自然人及法人。

78. 依照我國《貿易法》規定，未依誠實及信用方法履行交易契約之出進口人，經濟部國際貿易局得處以新臺幣「三萬元以上，三十萬元以下」罰鍰。

79. 我國《貿易法》第17條規定，出進口人執業禁止之行為：(1)侵害我國或他國依法保護之智慧財產權；(2)未依規定標示來源產地或標示不實；(3)未依規定申報商標或申報不實。

80. 避免外國出口商以超低價格攻佔本國市場，可以「反傾銷稅」機制反制。

81. 我國目前最主要的貿易業務主管機關是「國際貿易局」。

82. 目前海關課徵關稅的進口稅則是CCC Code的前「8位碼」。

83. 貨物直接從輸出國至輸入國，而第三國中間商僅涉及文書往來之方式來達到成貿易，稱為「過境貿易」。

84. 推動貿易便捷化的主要目的：(1)縮短貿易流程；(2)降低貨品流通成本；(3)利用電子方式達到無紙化貿易。

85. 進口商從國外進口限制輸入貨品表內之貨物時，須向「經濟部國際貿易局」申辦簽證。

86. 2005 年我國最大的貿易順差、逆差對象國家或地區分別來自於「中國大陸及日本」。
87. 目前與我國簽訂自由貿易協定（FTA）的國家都位於「中美洲」。
88. 政府提出經濟「南向政策」之目的在於鼓勵廠商加強與「東協」各國（地區）之經貿往來。

國際貿易進行流程

2

本章藉「國際貿易進行流程」做為本書各章節的導讀，以協助讀者迅速深入國際貿易的堂奧。下面的說明就以L/C方式為例（「出」指的是出口地或出口商，「進」為進口地或進口商）：

出 ① 出口商寄送「開發信」（Sales Letter）或在國外之雜誌、報刊上刊登產品廣告。這種作為稱Promotion（推廣）。

進 ② 進口商收到「推廣函」或看到廣告，來函進一步 "Inquiry"（詢價）。

出 ③ 出口商按買主來函要求，計算報價，並回函附寄Catalogue（型錄）、Quotation（報價單），也許會附寄Sample（樣品）。

　　註：寄送樣品有兩個原則：

　　　　(1)視該客户是來自什麼國家或地區，是否可靠？因很多國家（如非洲）有騙取樣品的不實作風。

　　　　(2)視樣品的價值高低，以及是否有能力贈送得起。與作風不實的地區或國家的客户往來，或者由於樣品的價值太高，可以要求對方先付樣品費再寄出。

進 ④ 國外買主經過一番討價還價後，正式下訂單（Order）或簽訂合同（Contract 或 Agreement）。

　　註：國外買主在下訂單或簽訂合同之前，可能會經過一番討價還價（Counter Offer）之電訊來往。經雙方同意接受後，即可簽訂買賣契約，但契約並非是一定需要的，如果買方收到出口商的報價單，就直接開來了信用狀，則合同也就可以免了，或者是老主顧的小訂單，買主要求出口商先行將貨運出，待收到提單等文件時，即將貨款用T/T或Check寄來等，如此契約也許

可以免了。一般來說，基本上在以下三種情況之下，還是簽訂契約比較可靠。

(1)新客戶。

(2)雖是老客戶，但是數量多、金額大。

(3)產品的品質、零件或配件太複雜，為求慎重起見。

註：出口貿易商與國外客戶之間的契約雖然可如上所述免予訂定，但當在中國大陸申辦進出口許可證，並須提出此契約時，就要自行設法解決了。

出 ⑤ 出口商寄Pro-forma Invoice給國外買主。

註：Pro-forma Invoice視進口國客戶之需要，一般而言，外匯管制嚴格的國家多半需要Pro-forma Invoice，以利於向其政府申請辦理進口許可，而外匯管制較寬鬆的國家，大多不需要。如中東的科威特（Kuwait）及沙烏地阿拉伯（Saudi Arabia）等國，輸出石油賺得之外匯充裕，但物資缺乏，須仰賴進口，所以進口貨物不需要Pro-forma Invoice。

進 ⑥ 進口商向其簽證單位提出「輸入許可證申請書」。

註：中國是嚴格的外匯管制國家，中國的進口商必須辦理進口許可之申請。

進 ⑦ 簽證單位核准，發放「輸入許可證」（Import License, I/L，或 Import Permit, I/P）。

進 ⑧ 進口商取得經核准的輸入許可證，向與其有往來的銀行填妥「信用狀開發申請書」，要求開發信用狀（Letter of Credit，

即L/C）。在同時繳交：

(1)開狀手續費（臺灣的做法是開三個月期的 L/C，按 L/C 金額的0.25%，六個月期收0.4%）。

(2)開狀保證金（由開狀銀行自行決定，一般銀行收取不低於信用狀金額的10%，完全視進口商在開狀銀行的信用而定，如果信用好，可能會免收）。

(3)郵電費。

註：開狀銀行同意進口商開發信用狀之初，一般會先核定給予該進口商「開狀額度」，在此信用額度內，進口商可申請開發信用狀，一年到期再檢討是否調整額度。

進　⑨　開狀銀行接受申請，將信用狀寄給與出口國有往來的銀行（在出口國稱為「轉知銀行」），請其代為轉送給出口商。

　　　註：開狀銀行寄送信用狀給出口國轉知銀行的方式有二：

　　　　　(1)先以 Brief Cable 通知（俗稱 Advice L/C，是以 TLX 方式送到轉知銀行，轉知銀行再通知出口商來領取），再寄送 Air Mail L/C（俗稱正本L/C）。

　　　　　(2)Full Cable（視同正本L/C，亦由轉知銀行轉來，如 SWIFT L/C），不再郵寄 Air Mail L/C。

出　⑩　轉知銀行先後以掛號函件將 Advice L/C 及正本L/C（或 SWIFT L/C）寄送給出口商。

　　　註：一般而言，轉知銀行會先寄通知函給出口商，要求出口商持通知函及付通知費到銀行領取。此時出口商可以向銀行辦理「預購外匯」，先取得融資，於出口押匯時再將外匯歸還。

出　⑪　出口商向船公司預簽船位 Shipping Order（簡稱S/O），亦可
　　　委請報關行代辦（目前甚多報關行已轉型兼營 Forwarder）。

註：船期可從報紙「船期版」中查到，或委由報關行代
　　辦。預簽船位宜在信用狀上規定的最後有效裝船日
　　（Latest Shipment）一星期前辦理爲妥，以免臨時因船
　　公司滿載而拒收。辦S/O時，船公司是不收費的。

出　⑫　當以FOB、CFR爲交易條件，保險由買方自行負責時，出
　　　口商於辦妥S/O後，應盡快將船名及裝船日（在出口地未
　　　出貨前，一般習慣是以海關的結關日做爲裝船日〔亦可做
　　　ETD, Estimate Time of Departure，即預估開航日〕，而眞正
　　　的裝船日 on Board Date 是登載在B/L 提單上）通知國外買
　　　主，讓買方能適時向其本國之保險公司辦理投保手續。

註：要注意，任何一筆國際貿易的條件，保險如由買方自
　　行負責時，出口商就有發送 Shipping Advice 的責任。

出　⑬　向核證單位提出「輸出許可證申請書」。

出　⑭　經核證單位核可，發還「輸出許可證」（Export License,
　　　E/L，或Export Permit, E/P）。

出　⑮　將經核准之「輸出許可證」、S/O、Invoice、Packing List
　　　等必備文件交給報關行，委請代爲報關。

出　⑯、⑰、⑱、⑲　根據信用狀中之規定辦妥運輸保險、檢驗證
　　　　　　　　　　　明、領事簽證、領事發票、公證報告等文
　　　　　　　　　　　件，如L/C上沒有規定需要，就不必辦理。

註：交易條件如果是CIP、CIF，保險才由出口商辦理。

27

出 ⑳ 報關行於出口結關日前，備妥文件（Invoice, Packing List），持「輸出報關單」，向海關投單報關。

出 ㉑ 出口商於結關日前，將貨物送抵碼頭或貨櫃場。

出 ㉒ 海關於結關後，由報關行陪同驗關。

　　註：海關驗關的目的，是查驗出口貨名及數量是否與出口報單上所申報者相符，價值是否相當，包裝及嘜頭是否符合規定，以及商標及檢驗有否取得許可等（有無禁止或管制出口貨品）。

出 ㉓ 海關驗關通過，准予通關放行，將退稅用「出口報關」蓋印後，發還給報關行持回。

出 ㉔ 收到報關行送來之退稅用「輸出許可證」及其他經核可之「出口報單」等（如「推廣貿易服務費」繳交單）。

出 ㉕ 貨物上船，開航。

　　註：一般而言，出口貨物於結關後之第二天或第三天，船即開航。

出 ㉖ 向船公司領取海運提單（Bill of Lading, B/L）

　　註：船公司一定會在貨物已上船（B/L 上有記載 on Board Date），並在啟航後才發放提單（B/L），出口商（或報關行）可持原 S/O 至船公司領取。如運費是由出口商負責時，出口商必須先付清運費（在臺灣，一般可開 3 至 5 天期之支票），B/L 上才會蓋 Freight Prepaid 字樣。如運費未付，則蓋上 Freight Collect。

出 ㉗ 出口商按 L/C 上規定，備妥文件（Document），向有往來之

銀行要求押匯（Negotiation）。以出口文件做爲質押，向銀行取得融資。

註：貨運單據是最重要的押匯文件，共有三件，如下：

(1)海運提單（Bill of Lading，即B/L）是船公司發給的。

(2)商業發票（Invoice）由出口商製作。

(3)包裝清單（Packing List）由出口商製作。

備齊以上三種文件，進口商才能憑以向海關辦理報關及驗關。

出　㉘　押匯文件經押匯銀行驗審，與信用狀之規定相符時，即撥付押匯款給出口商。

註：押匯銀行要收取（以臺灣的銀行爲例）：

(1)押匯手續費按押匯金額之0.1%收取。如須轉押匯，則加收0.1%。

押匯手續費＝押匯金額×0.2%×銀行當天之買入匯率

(2)押匯利息按地區收7天、12至18天不等。

押匯利息＝押匯金額×年利率×天數÷360×銀行當天之買入匯率（銀行以每月30天計，一年算360天）

(3)押匯郵電費（將押匯文件寄至開狀銀行的郵資）。

出　㉙　向國外開狀銀行要求償付押匯款。

註：如信用狀上另有付款銀行之規定時，則押匯銀行將文件送給開狀銀行，而轉向付款銀行要求付款。譬如：Kuwait Bank 開來的信用狀，由於Kuwait Bank 有甚多石油外匯存放在 New York 的 Bank of America，所以開

來的信用狀上，就規定 New York 的 Bank of America 為付款銀行。

進 ㉚ 開狀銀行（或付款銀行）撥付押匯款（即承兌）。如已辦理「預售外匯」，則加以扣抵。

進 ㉛ 開狀銀行向進口商要求繳清貨款。

　註：由於當初進口商在向開狀銀行申請開發信用狀時，僅繳付開狀保證金（或未繳付），大部分的信用狀金額尚未付清，而出口商已經在出口地押匯，所以開狀銀行通知進口商繳清餘款，將文件贖回。

進 ㉜ 向開狀銀行繳清貨款。

進 ㉝ 自開狀銀行領回所有單據。

　註：即出口商憑以押匯的文件，包括 B/L（提單）、Invoice（商業發票）、Packing List（包裝清單），以及其他如 Insurance Policy（保險單）及輸入許可證（有些國家的銀行於開發信用狀時，會以輸入許可證做為扣押）。

進 ㉞ 此時，貨物已運抵進口國之目的地港，船務代理公司通知進口商來換取小提單，並繳清碼頭之各種雜費（如搬運費、拆櫃費、倉租費等，俗稱水腳）。

進 ㉟、㊱ 進口商向船公司繳交大提單（B/L）換回小提單（Delivery Order, D/O）。

　註：如進口商是以 FOB 交易條件買入貨物，則 B/L 上記載的是 Freight Collect（運費待收），進口商唯有向船公司繳清運費及雜費，並以 B/L 向船公司換取 D/O，才能

向海關提出要求報關，表示進口商已獲得船公司同意，可以提領貨物。

進 ㊲ 將D/O、Invoice、Packing List及輸入許可證等交給報關行委託代為報關。

進 ㊳ 報關行製妥必要文件及「進口報單」，向海關辦理報關手續。

進 ㊴ 海關至海關倉庫或貨櫃場驗貨，估定應繳納進口關稅及其他稅捐。

註：進口稅之課稅標準，按完稅價格（即CIF價格）來核算。應納稅捐有：

(1)進口關稅。

(2)商港建設捐。

(3)推廣貿易服務費。

(4)貨物稅。

按《進出口關稅條例》第10條，進口貨以海關審定的成交價格為基礎到岸價格，並以之做為完稅價格。完稅價格係指進口貨物由輸出國銷售至我國的實付或應付價格，即CIF價格。

進 ㊵ 海關簽發稅捐繳納證交報關行。

進 ㊶ 報關行通知進口商繳交進口關稅，並取回繳清稅款之回聯。

進 ㊷ 報關行向海關出示繳清稅款之證明，表示稅款已經繳清。

進 ㊸ 海關簽發貨物放行單交報關行。

進 ㊹ 報關行送來放行單。

進 ㊺ 貿易流程進行至此，進口商即可至碼頭或貨櫃場提領貨物。

國際貿易進行流程圖

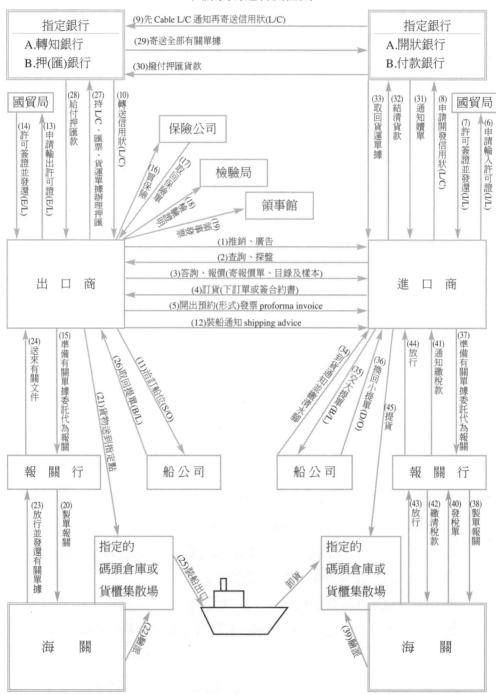

重點複習

1. 進口商在從事國際貿易時必須經過以下流程，先後順序是：詢價、與賣方訂立買賣契約、申請開發信用狀、贖單、提貨。

2. 出口商在從事國際貿易時必須經過以下流程，請依照正確之先後順序予以排列：市場調查、信用調查、報價、出口通關、出口檢驗、發出裝貨通知。

3. 出口商向船公司洽訂艙位後，即由船公司發給 S/O ，憑以辦理出口報關及裝運手續。

4. 出口商在從事國際貿易時須辦理下列事項，其正確次序為：向買方報價、與買方訂立買賣契約、接受買方開來之信用狀、貨物裝運、辦理出口押匯。

5. 船公司在受理託運人之洽船手續後會簽發「S/O」。

6. 真正可以向船公司提領貨物之單據為「D/O」。

7. 負責為進出口廠商辦理洽訂艙位、倉庫及提領貨物等業務的營利事業為「報關行」。

8. 海運提單不具備「直接提貨」功能。

3

國際貿易條件

第一節　有關國際貿易的相關規約

國際貿易由於跨出國界的範圍，與另一國家做商業往來，所以會發生的困難有：

1. 語言及文字不同，溝通不易。
2. 兩國之文化、風俗習慣、宗教信仰，以及法律規範不同，對方的需求不易瞭解。
3. 在對方境內做市場調查並不容易。
4. 買賣雙方之信用調查不容易。
5. 交易接洽及通訊聯絡不方便，英語成為國際通用語言。
6. 各國對貿易管制寬嚴不一，進口關稅高低、外匯之變動及對方國家貨幣是否穩定等，皆不可測。

基於上述各種困難因素，造成買賣雙方基本立場的不同，各自站在對自己有利的立場，交易不易達成。所以有一個國際性的機構制定了幾個國際性的貿易規約和模式，劃分買賣雙方各別的義務和責任，讓雙方協議使用，這就是「國際商會」（International Chamber of Commerce, ICC）。它所制定的最有名條款，稱為《貿易條件之國際解釋規則》（*International Rules for the Interpretation of Trade Terms, Incoterms*），國內一般簡稱為《國際商業語言》或《國際貿易條件》，是有關國際貿易條件的國際性解釋規則，於 1936 年制定，1953、1967、1976、1980、1990、2000 年重加修訂，即現在通用的 Incoterms 2010。

第二節　國際貿易條件（Incoterms 2010）

　　國際商會於2010年修訂的國際貿易條件，共有11種。請注意：其中與「港口」有關的裝貨地或目的地有六個，FOB、CFR、CIF是國內貿易商最為常用的，而FCA、CPT及CIP的使用則有增多的趨勢。

　　有關Incoterms 2010幾項重要的條件，買賣雙方之責任與義務，見下頁表3.1。

　　茲將此11種條件簡略說明如下，至於各項條件的細項，請看表3.2至3.12。

1. EXW 工廠交貨條件

   EX是「在……交貨」之意，Work是指重工業工廠，Factory是輕工業工廠，Plantation指農場，Warehouse指倉庫，Mill指礦場等。

   它的責任是：買方自備運輸工具（如卡車）到賣方的工廠取貨，賣方則要負責將貨物搬上買方的運輸工具，這意謂搬上車的工資是賣方負擔。當然買方的運輸工具（車輛）離開賣方的工廠後，自負運費和保險費，與賣方無涉。

2. FAS 出口地船邊交貨條件

   賣方（出口商）負責將貨物送到出口港的船邊，這與FOB將貨物送上船（on Board）只有一舷之差，為什麼買方要用FAS而不用FOB？這是因為貨物的性質特殊，如原木，不是一般的定期雜貨輪可以載運，而是買方另外僱用特定船隻到指定的港口裝載，買方一定要事前（約定多少日前）將船名及船隻到達日期告訴賣方（出口商），俾賣方得以事前做準備。一旦船隻靠港，就將貨物

|表3.1|

2010 年國際貿易條件一覽表（Incoterms 2010）

E 類 交貨	Group E Departure	EXW (EX Works)	工廠交貨條件(指定地)
F 類 運費未付	Group F Main Carriage Unpaid	FCA (Free Carrier) FAS (Free Alongside Ship) FOB (Free On Board)	貨交運送人條件(指定地) 船邊交貨條件(指定裝船港) 船上交貨條件(指定裝船港)
C 類 運費已付	Group C Main Carriage Paid	CFR (Cost and Freight) CIF (Cost 、 Insurance and Freight) CPT (Carriage Paid To ...) CIP (Carriage and Insurance Paid to ...)	包括成本、運費在內之條件(指定目的港) 包括成本、保險和運費在內的交貨條件(指定目的港) 包括成本和運費支付指定交貨地點之交貨條件 包括成本、運費和保險費支付至交貨地點之交貨條件
D 類	Group D Arrival	DAP (Delivered at place) DAT (Delivery at Terminal) DDP (Delivered Duty Paid)	指定目的地交貨條件 指定貨運站交貨條件 貨物運抵指定地點，稅訖交貨條件

注意： 1. E 類只有一個 EXW 。

F 類有三個，均是在出口地，FCA 是貨交運送人，FAS 與 FOB 是貨送出口港。

C 類的 CPT 和 CIP 是指定目的地（內陸），CFR 和 CIF 是目的港。

D 類均是指定目的地或目的港交貨，賣方要負擔運費和風險。

2. 以上 FAS 、 FOB 、 CFR 、 CIF 是指出口港或目的港 （與海運有關）。 EXW 是工廠地點，其餘均是指目的地 （可能是陸地某處，須聯合運輸）。

（如原木）送達船邊，可能還要租用港口的吊架才能將原木吊上船（買方負擔費用）。請再參考 FOB 的說明。

3. FCA 貨交運送人條件

國際商會（ICC）為了因應時代的變遷，貨物運送的交通工具不限一種，運送人（Forwarder）的服務益形重要，出口地的 Forwarder 受賣方或買方委託，將貨物做「運送安排」（可能須透過兩種以上的運送工具，或可能須通過第三地），到達目的地後，再由進口地的 Forwarder 辦理報關和送達買主指定地，一個路程可能需要安排數個 Forwarder，貨交出口地的第一個 Forwarder 負責，其餘由其安排。出口地的 Forwarder 可能是由買主指定，如未指定，則由出口商自行安排。

4. FOB 出口地船上交貨條件

一般貨物（General Merchandise）的雜貨類，如一艘船只要是運達同一目的地，不論其為何種貨物，都接受裝載，這種船固定來往某一航線，我們俗稱雜貨輪，正式的名稱是定期輪（Liner Ship），而出口的貨物必定要送上船（老式的散裝輪都有自備吊杆，貨櫃輪則是貨物事前在岸上裝入貨櫃），所以船公司所報的運費內已包括將貨物裝上和卸下（裝卸費）的費用在內，正式名稱為 Berth Terms（注意：FOB 的運費尚未付，出口商取得的提單 B/L，上面註記是 Freight Collect）。請注意 FOB 與 FAS 的不同。

賣方（出口商）對貨物的交貨責任是：當貨物安全的裝上船（on Board），即完成交貨任務，買主視同取到了貨。出口商拿到的是 on Board Clean B/L，就可以到銀行押匯取款。即使是船公司在裝船時不小心把貨物碰壞，船公司要負賠償責任時，是在進口地處理，賠償進口商。

FOB 條件原本規定「買方指定船舶」，其實買方雖有此權利，但實

有困難（如在出口地不知船名或出口日期等），所以在 Purchase Order 的 Delivery 或 Shipment 上要求 Before 31 January 2007。至於裝什麼船或確定裝船日，則交由賣方安排，但買方有可能要求必須裝在懸掛某國家旗幟的船，或 OOCL（船公司）的船。這種 FOB 貿易條件甚為通用。

5. CFR 包含成本及運費內條件（指定目的港）

這個貿易條件，賣方的交貨責任與 FOB 一樣，裝上船（on Board），出口商就完成了交貨責任，但其售價內包含了至目的港的運費，由出口商負擔，海運提單 B/L 上註明 Freight Prepaid。

至於保險則仍由買方自理，所以出口商報價或簽約 CFR（目的港）時，會有關於 Insurance: For buyer's account.（買方自理）的字詞。這種 CFR 條件，甚為通用。

6. CIF 包含成本、保險費及運費內條件（指定目的港）

這個條件內容與 CFR 一樣，海運費與保險費用均由賣方負擔，出口商報價或簽約 CIF（目的港）時，會有關於 Insurance：Covering AR and SRCC Clauses.（出口商負責辦理的保險條款包括 AR 及 SRCC）的字詞，這種 CIF 條件，也甚為通用。

7. CPT 運費付訖條件（指定地交貨）

與 CFA 相似的是，出口商在出口地將貨物交給第一個運送人 Forwarder（後續可能還有數個，由第一運送人安排），又與 CFR 相似的是，運費付到指定地（不一定是港口）。

運輸的要求，出口商一定要先問明白，以便於計算在報價內，此 Forwarder 可能是買主指定，也可能由賣方自行安排，運輸的原因，可能需空運或轉海、陸運，或經第三國安排等。到達指定地的運輸費用，由出口商支付給第一位 Forwarder。所以全程的運費，出口商可以事先向 Forwarder 問個大概，做為報價基礎。

出口商取得第一運送人的Cargo Receipt 即可押匯。這種CPT 條件，越來越普遍。

8. CIP 運費、保險費付訖條件（指定地交貨）

比CPT 多了一項的是，出口商負責在出口地辦妥保險並付費，條款可參考CIF 所述。

9. DAP 指定地點 (Place) 交易條件

此指定地點有可能是進口國的某地，也許是港口的陸上或貨運集散場，議價時，由買方指定送達地點，賣方要負責全程的運費和保險費，賣方將貨物運抵指定地點 (尚未從運輸工具上卸貨)，由買方負責進口報關及繳關稅。(與 DAT 頗為類似)

請注意：DAP 及 DAT 兩者的不同，均是在買方指定地點交貨，而是有無「卸貨」的差別而已。這兩個交易條件，是由買方考慮到「貨物儲存的必要性」，向賣方提出要求報價的 (並不是賣方自行決定的)。譬如，在歐美國家有很多的買主，進貨量大，有自己的保稅倉庫，與運送人 (報關兼運輸業) 的關係也很好，當貨物運達時，直接將整個貨櫃 (不卸貨) 或拖車 (此托車也可能是買主提供) 放進保稅倉庫，日後要領取時，再開櫃報關。這兩者，對賣方言，只是出貨成本和交貨責任的不同而已。有可能，買主在出口地有採購代理人，負責在出口地訂貨、生產驗貨、裝櫃監運等，要求出口商報價 DAP (某地) 交貨條件的價格。

10. DAT 指定貨運站 (Terminal) 交易條件

是指買方指定的進口國貨櫃集散場，與 DAP 類似，賣方要負責運費和保險費，賣方將貨物運抵指定地點，並從運輸工具上完成卸貨 (但不負通關責任)，交付給買方，即完成交貨責任。

11. DDP 稅訖交貨條件（買方指定地點）

DDU 為在指定地未稅的交易條件，DDP 則是連進口報關（進口商

協助）和進口關稅都由賣方（出口商）負擔。這全程的運輸是交給Forwarder辦理。

以上DDU和DDP條件，對出口商都是不利的。

┃表3.2┃ EXW（EX Work）工廠交貨條件（指定地）

	賣方責任	買方責任
接洽運輸工具 停靠地點 交貨日期通知		自備運輸工具，至工廠裝貨
交貨責任 （風險責任的轉移）	**在工廠將貨物裝載至買方所提供的運輸工具**	
輸出許可證 或相關文件取得	給予一切協助取得	自負風險及費用取得
輸入許可證 或相關文件取得		負責取得
運費		**自負工廠起之運費**
保險費		**自負工廠起之保險費**
通關費用及稅捐		自負進出口地兩地之通關費用及各項稅捐
雙方通知責任	貨物交由買方處置的時間及地點， 給予充分通知	買方有權決定接受貨物的時間地點， 給予充分通知
交貨證明		向賣方提供已接受貨物的適當證明
檢查、包裝、標示	貨物交付買方時各項檢查作業費用， 包括檢查品質、丈量、過磅、計數	應負擔裝運前任何檢驗費用（不包含出口 國政府強制執行者）^(詳 FAS 註二)
其他義務	循買方要求給予一切協助，但由買方 自負風險及費用（如辦運輸保險或通 過第三國所需證明等）	

註一： EX 可以有 Example（例證）、Exception（例外）、Exchange（交換）、Export（輸出）的簡寫，在此是當作「在……交貨」。
　　　　EX-Work 為工廠交貨條件，指的是重工業工廠，如煉油廠、煉鋼廠、造船廠等。同理，Factory 指輕工業工廠，Plantation 指農場，Warehouse 指倉庫，Mill 指礦場等。

註二： 這個條件適合買方自己有能力辦理出口的貿易商，或者是國外駐在出口地有出口權的代理商，因為賣方是工廠，貨物在生產地交貨，賣方不必辦理任何出口文件及手續，如歐洲大陸（很多國家已是歐盟的會員），鄰國的買主自備運輸工具到工廠提取貨物，自行通關繳關稅，已是常態。但臺灣是個海島，出口的貨物必須自工廠送到碼頭裝船，這內陸的運輸及出口報關，買方無能掌握，所以買方多要求賣方在出口港裝船交貨（如 FOB、CFR、CIF 等）。

┃表 3.3┃ FAS（Free Alongside Ship）出口地船邊交貨條件（指定裝貨港）
此條件只能適用於「海運」或「內陸水路運送」

	賣方責任	買方責任
接洽運輸工具 停靠地點 交貨日期通知		買方有權指定船名、裝船地點及交貨日期 (註一)
交貨責任 (風險責任的轉移)	**將貨物置放於買方所指定的船舶邊**	
輸出許可證 或相關文件取得	負責取得	
輸入許可證 或相關文件取得		負責取得
運費		**自負從起運港起之運費**
保險費		**自負從起運港起之保險**
通關費用及稅捐	負責出口地通關費用及各項稅捐	負責出口地通關費用及各項稅捐
雙方通知責任	將貨物已交到指定的船舶邊的訊息 通知買方	買方必須將船名、船舶到達日期早日通知 賣方
交貨證明	負責提供運送單據（如 B/L 等）、 商業發票及包裝證明	
檢查、包裝、標示	出口通關時的檢查作業費用（包括檢 查品質、丈量、過磅、計數等）	應負擔出口前任何檢驗費用（不包含出口 國政府強制執行者）(註二)
其他義務	循買方要求給予一切協助，但由買方 自負風險及費用（如辦理運輸保險或 通過第三國所需證明等）	

註一：FAS 條款，適用於船隻是買方自己僱傭而來的情況，例如買方購買的是整船的木材、礦砂
等。裝船地點和交貨日期可於簽約時告訴賣方，但船名和船舶預定到達出貨港的日期，買
方必須按契約約定最後裝船日前早日通知賣方準備，否則買方要自負延遲的責任。
　　一般貨物（General Merchandise）裝的是定期輪，不適合用 FAS 條款，請改用 FOB 條款。
註二：實務上，無論買方有無要求貨物裝船前檢驗，習慣上均已由賣方付費辦理，自然此項
支出之所需費用已計算入貨價內，不再另向買方收費。但注意：此僅限於標準檢驗局
之一般檢驗，如果指定公證檢驗或特殊檢驗，買方必須在向賣方要求報價時即提出此
項要求，其費用賣方才計入報價之成本內。

┃表3.4┃ FCA（Free Carrier）貨交運送人條件（指定地）

無論何種運送方式均適用，包括複合運送（Multimodal Transport）在內

	賣方責任	買方責任
接洽運輸工具 停靠地點 交貨日期通知		買方有權指定運送人、指定交貨地點， 及約定交貨日期或要求於期限內完成交貨
交貨責任 （風險責任的轉移）	**在指定交貨地點，將貨物交給買方** **指定的運送人（第一位運送人）**	
輸出許可證 或相關文件取得	負責取得	
輸入許可證 或相關文件取得		負責取得
運費		**自負賣方交付後之一切運費**
保險費		**自負賣方交付後之一切保險費**
通關費用及稅捐	負責出口地通關費用及各項稅捐	負責出口地通關費用及各項稅捐
雙方通知責任	將貨物已經交付給運送人的訊息 通知買方	買方必須將指定的運送人名稱、地址、 交貨日期早日通知賣方
交貨證明	負責提供商業發票及包裝證明	
檢查、包裝、標示	出口通關時的檢查作業費用（包括 檢查品質、丈量、過磅、計數等）	應負擔出口前任何檢驗費用（不包含出口 國政府強制執行者）^(詳 FAS 註二)
其他義務	循買方要求給予一切協助，但由買 方自負風險及費用（如辦理運輸保險 或通過第三國所需證明等）	

註一：所謂「運送人」是指受人之託代為安排將貨物循適當的方式或途逕送達指定地點，賺取服務費用的人。這種公司多稱為 Forwarder（轉運業），如貨物必須在第三國或第四國轉運，或者經過二種以上不同運輸方式（陸海空運），就必須請 Forwarder 安排。我國的 Forwarder 與外國相關的 Forwarder 有「合作聯營」關係，國際上業務競爭激烈，買方可能考慮「有轉運需要」，「費用比較便宜」等因素，與進口國當地的某 Forwarder 簽有長期運輸合約，所以買方採用 FCA 條款交易，指定貨物必須在出口地交由某運送人處理。

註二：貨物採用二種以上運送方式，如陸空、海陸、陸海等，稱為「複合運輸」（Multi Transport），如貨物經海運到某地再轉換另一條船送達目的地，只能稱為「轉運」（Transshipment）。

┃表 3.5┃ FOB（Free On Board）出口地船上交貨條件（指定裝船港）

此條件只能適用於「海運」或「內陸水路運送」

	賣方責任	買方責任
接洽運輸工具 停靠地點 交貨日期通知		買方有權指定船名、裝船地點，及交貨日期(註一)
交貨責任 （風險責任的轉移）	**貨物越過船舷前**	貨物越過船舷後(註二)
輸出許可證 或相關文件取得	負責取得	
輸入許可證 或相關文件取得		負責取得
運費		**自負起運港起之運費**
保險費		**自負起運港起之保險費**
通關費用及稅捐	負責出口地通關費用及各項稅捐	負責進口地通關費用及各項稅捐
雙方通知責任	將貨物已交付的訊息通知買方(註一)	買方必須將船名、裝船地點、交貨日期 早日通知賣方準備
交貨證明	負責提供運送單據（如 B/L 等）、 商業發票及包裝證明	
檢查、包裝、標示	出口通關時的檢查作業費用，包括 檢查品質、丈量、過磅、計數	應負擔出口前任何檢驗費用（不包含出口 國政府強制執行者）(詳 FAS 註二)
其他義務	循買方要求給予一切協助，但由買方 自負風險及費用（如辦理運輸保險或 通過第三國所需證明等）	

註一：除非船隻是買方自備的，當然船名及裝船地點及日期易於為買方掌握，但一般貨物是
　　　裝載 liner ship 定期船（俗稱雜貨輪），買方無法掌握資訊。所以在實務上，由於運費是
　　　買方自行負擔，買方只在買賣契約上（或 L/C 上）指明裝船地（即出口港 from ... 到目
　　　的港 to ... ），裝船日不得遲於某日（latest shipment date），但無法指定船名（可指定某船
　　　公司，或懸掛某國國旗之船舶）。所以授命由賣方自行選擇適合的船隻，「船名」即是
　　　交由賣方代為安排的，所以賣方辦妥 S/O（shipping order 訂船位）後，要盡快向買方
　　　shipping advice（裝船通知），以便買方辦理運輸保險。

註二：貨物越過船舷之後，即歸買方所有，意為賣方已經完成交貨程序，賣方取得船公司的
　　　B/L（海運提單），上載有 on board date 即是貨物越過船舷的日期，有此日期，賣方才得
　　　向買方申請付款（或持 L/C 向銀行押匯）。
　　　「貨物越過船舷」只是貨物有無 delivery 的象徵性名詞。實務上，賣方在碼頭上或貨櫃
　　　場已將貨物完整的交給船公司，並不可能眼看貨物上船，此時無論貨物在上船前或上
　　　船後發生損壞，都是船公司的責任。所以假設貨物在上船前（過船舷前）因船公司的
　　　搬運不慎而有損壞（或全部滅失），船公司是仍然裝上船（當作是過船舷後損壞的），
　　　在裝船地照舊發完整的 clean B/L 給裝船人、出口商或賣方，可以憑以押匯取款，假如
　　　有損壞賠償，在目的地由受貨人（可能是買方）向船公司提出索賠要求。

▌表3.6▌ CFR（Cost and Freight）包括成本及運費在內條件（指定目的港）
　　　　此條件只能適用於「海運」或「內陸水路運送」

	賣方責任	買方責任
接洽運輸工具 停靠地點 交貨日期通知		買方有權指定裝船地點及交貨日期^{（參FOB 註一）}
交貨責任 （風險責任的轉移）	**貨物越過船舷前**	貨物越過船舷後^{（參FOB 註二）}
輸出許可證 或相關文件取得	負責取得	
輸入許可證 或相關文件取得		負責取得
運費	**至目的港的運費在內**	
保險費		**自負起運港起之保險費**
通關費用及稅捐	負責出口地通關費用及各項稅捐	負責進口地通關費用及各項稅捐
雙方通知責任	將貨物已交付的訊息通知買方 ^{（參 FOB 註一）}	買方必須將船名、裝船地點、交貨日期早 日通知賣方準備
交貨證明	負責提供運送單據（如 B/L 等）、 商業發票及包裝證明	
檢查、包裝、標示	出口通關時的檢查作業費用，包括 檢查品質、丈量、過磅、計數	應負擔出口前任何檢驗費用（不包含出口 國政府強制執行者）^{（詳 FAS 註二）}
其他義務	循買方要求給予一切協助，但由買方 自負風險及費用（如辦理運輸保險或 通過第三國所需證明等）	

註一：CFR 是海運的交易條件，如買賣任何一方不願以越過船舷交付貨物，則應使用「運費
　　　付訖」（CPT）條件。

註二：因為交易條件的運費是賣方負擔，賣方在報價時即已循買方要求，告知未來貨物的裝
　　　貨港（即未來買賣合約中的起運港，L/C 中的 from ...），所以已無從置疑或更改（會影
　　　響賣方報價中的成本計算），賣方的報價內也已包含自起運港到目的地卸貨港的海上運
　　　費，買方已無權在報價後再指定船隻。如果在賣方報價前，買方有屬意的船公司，要
　　　事先向賣方提出要求，賣方向此船公司詢問運費據以計入報價內，則買賣合約（或
　　　L/C 中）買方才可以指定此船公司。

47

┃表 3.7┃ CIF（Cost、Insurance and Freight）包括成本、保險與運費在內條件（指定目的地）
此條件只能適用於「海運」或「內陸水路運送」

	賣方責任	買方責任
接洽運輸工具 停靠地點 交貨日期通知		買方有權指定裝船地點及交貨日期^{（參 FOB 註一）}
交貨責任 （風險責任的轉移）	**貨物越過船舷前**	貨物越過船舷後^{（參 FOB 註二）}
輸出許可證 或相關文件取得	負責取得	
輸入許可證 或相關文件取得		負責取得
運費	**至目的港的運費在內**	
保險費	**至目的港保險費在內**	
通關費用及稅捐	負責出口地通關費用及各項稅捐	負責進口地通關費用及各項稅捐
雙方通知責任	將貨物已交付的訊息通知買方	買方必須將裝船地點、交貨日期早日通知 賣方準備
交貨證明	負責提供運送單據（如 B/L 等）、 商業發票及包裝證明	
檢查、包裝、標示	出口通關時的檢查作業費用，包括 檢查品質、丈量、過磅、計數	應負擔出口前任何檢驗費用（不包含出口 國政府強制執行者）^{（詳 FAS 註二）}
其他義務	循買方要求給予一切協助，但由買方 自負風險及費用（如辦理運輸保險或 通過第三國所需證明等）	

註：一般海運保險是從裝貨港到卸貨港（即 L/C 上的 from ... to ...），如要 door to door，必須在
　　保險單上註明這行文字，以明確保險起止的責任。

┃表3.8┃ CPT（Carriage Paid to...）運費付訖條件（指定地交貨）

	賣方責任	買方責任
接洽運輸工具 停靠地點 交貨日期通知		買方有權指定交貨日期
交貨責任 （風險責任的轉移）	**同 FCA 條件**	
輸出許可證 或相關文件取得	負責取得	
輸入許可證 或相關文件取得		負責取得
運費	**至目的地的運費在內**	
保險費		**自負起運地起之保險費**
通關費用及稅捐	負責出口地通關費用及各項稅捐	負責進口地通關費用及各項稅捐
雙方通知責任	將貨物已交付運送人的訊息通知 買方^(詳 FOB 註一)	買方必須將運送人的名稱地址、裝貨 地點、日期早日通知賣方
交貨證明	負責提供運送單據（如 B/L 等）、 商業發票及包裝證明	
檢查、包裝、標示	出口通關時的檢查作業費用，包括 檢查品質、丈量、過磅、計數	應負擔出口前任何檢驗費用（不包含出口 國政府強制執行者）^(詳 FAS 註二)
其他義務	循買方要求給予一切協助，但由買方 自負風險及費用（如辦理運輸保險或 通過第三國所需證明等）	

註一：賣方依約將貨物交付給第一運送人即完成交貨責任。

註二：依約賣方將貨物交給運送人處理，但是運費由賣方負擔（與 FCA 相較，是賣方不付運
　　　費），所以賣方必須在向買方報價及簽署此條件之前，先問明全程運輸方式（如先空運
　　　再轉海運）及第一運送人的名字和電話，再向第一運送人確認全程運費（最好簽認），
　　　計算成本後才報價給買方。FCA 則是運費由買方自行負擔，賣方只要將貨物交付給第
　　　一運送人即可。

┃表3.9┃ CIP（Carriage and Insurance Paid to...）運保費付訖條件

	賣方責任	買方責任
接洽運輸工具 停靠地點 交貨日期通知		買方有權指定裝船地點及交貨日期 ^(詳 FOB 註一)
交貨責任 （風險責任的轉移）	**同 FCA 條件**	
輸出許可證 或相關文件取得	負責取得	
輸入許可證 或相關文件取得		負責取得
運費	**至目的地運費在內**	
保險費	**至目的地保險費在內**	
通關費用及稅捐	負責出口地通關費用及各項稅捐	負責進口地通關費用及各項稅捐
雙方通知責任	將貨物已交付的訊息通知買方	買方必須將裝船地點、交貨日期早日通知 賣方準備
交貨證明	負責提供運送單據（如 B/L 等）、 商業發票及包裝證明	
檢查、包裝、標示	出口通關時的檢查作業費用，包括 檢查品質、丈量、過磅、計數	應負擔出口前任何檢驗費用（不包含出口 國政府強制執行者）^(詳 FAS 註二)
其他義務	循買方要求給予一切協助，但由買方 自負風險及費用（如辦理運輸保險或 通過第三國所需證明等）	

註一：賣方依約將貨物交給第一運送人即完成交貨責任。

註二：與 CPT 不同的是，由賣方負責辦保險。

┃ 表3.10 ┃ DAP（Delivered at Place）指定目的地交貨條件

	賣方責任	買方責任
接洽運輸工具 停靠地點 交貨日期通知		買方有權指定交貨地及出貨日期
交貨責任 （風險責任的轉移）	**運送工具到達目的地未卸貨**	
輸出許可證 或相關文件取得	負責取得	
輸入許可證 或相關文件取得		負責取得
運費	**至目的地運費在內**	
保險費	**至目的地保險費在內**	
通關費用及稅捐	負責出口地通關費用及各項稅捐	負責進口地通關費用及各項稅捐
雙方通知責任	將所決定的運送工具、預定到達時間，充分通知買方	買方必須將目的地、接受貨物之時間，早日通知賣方
交貨證明	負責提供提單商業發票及包裝證明等	
檢查、包裝、標示	出口通關時的檢查作業費用，包括檢查品質、丈量、過磅、計數	應負擔出口前任何檢驗費用（不包含出口國政府強制執行者）(詳 FAS 註二)
其他義務	循買方要求給予一切協助，但由買方自負風險及費用（如辦理運輸保險或通過第三國所需證明等）	

註一：除了港口對港口的純海運進出口貨物之外，甚多進口商的目的地在內陸某地，有些歐美國家在內陸大城市設有保稅倉庫，便於進口商進口物質屯積。有些進口商於載運貨物的運送工具（如貨櫃）抵達時不卸貨，直接將貨櫃送進保稅倉庫，日後再開貨櫃取貨報關。所以進口商（買主）在向出口商（賣方）要求報價時指定將貨物送達進口商的某地（place），出口商需負擔全程運費及保險，憑以計算成本和交貨責任的交易條件。

註二：此進口地的內陸運輸業者（運送人）有可能是進口商事前指定（告知）。

┃表3.11┃ DAT（Delivered at Terminal）指定貨運站交貨條件

	賣方責任	買方責任
接洽運輸工具 停靠地點 交貨日期通知		買方有權指定目的地的貨運站
交貨責任 （風險責任的轉移）	**運送工具到達貨運站卸貨**^(註一)	
輸出許可證 或相關文件取得	負責取得	
輸入許可證 或相關文件取得		負責取得
運費	**至目的地貨運站運費在內（包括卸貨）**	
保險費	**至目的地保險費在內**	
通關費用及稅捐	**負責出口地通關費用及各項稅捐**	**負責進口地通關費用及各項稅捐**
雙方通知責任	將所決定的船舶、預定到達時間， 充分通知買方	買方必須將目的港、接受貨物之時間，早 日通知賣方
交貨證明	負責提供提單、商業發票及包裝證明等	
檢查、包裝、標示	出口通關時的檢查作業費用，包括 檢查品質、丈量、過磅、計數	應負擔出口前任何檢驗費用（不包含出口 國政府強制執行者）^(詳 FAS 註二)
其他義務	循買方要求給予一切協助，但由買方 自負風險及費用（如辦理運輸保險或 通過第三國所需證明等）	

註一：見DAP，所不同者，是出口商須將貨物在進口指定的貨棧（終點站）卸貨，算是完成
　　　交貨責任。
註二：Place 和 Terminal 其實可能是同一個地方，只是未卸貨稱DAP，卸貨則稱DAT 來分別
　　　而已。

表3.12 DDP（Delivery Duty Paid）稅訖交貨條件

	賣方責任	買方責任
接洽運輸工具 停靠地點 交貨日期通知		買方有權指定目的地及交貨日期
交貨責任 （風險責任的轉移）	**貨物必須運抵目的地**（尚未卸下）	
輸出許可證 或相關文件取得	負責取得	
輸入許可證 或相關文件取得	負責取得	循賣方要求給予一切協助
運費	**至目的地運費在內**	
保險費	**至目的地保險費在內**	
通關費用及稅捐	**負責輸出入兩地之通關費用及各項稅捐**	
雙方通知責任	貨物將發送的訊息通知買方	買方必須將指定接受貨物地點、交貨日期早日通知賣方準備
交貨證明	負責提供運送發貨單據（如小提單D/O）、商業發票及包裝證明	
檢查、包裝、標示	出口交貨時的檢查作業費用包括檢查品質、丈量、過磅、計數	應負擔出口前任何檢驗費用（不包含出口國政府強制執行者）(註 FAS 註二)
其他義務		循買方要求給予一切協助，但由買方自負風險及費用（如辦理運輸保險或通過第三國所需證明等）

註：參考 DDU 條件。

注意：以上 FAS、FOB、CFR、CIF 是指出口港或目的港。其餘均是指目的地（可能是陸地某處）。

重點複習

1. 訂定國際貿易慣例、規則及公約的最主要目的是「使交易條件標準化，以減少糾紛」。

2. 信用狀統一慣例 UCP 600 不是有關貿易條件之國際慣例。

3. 國際商會制定之「託收統一規則」出版物第522號自1995年起生效。

4. Incoterms 2010 共解釋「十一種」貿易條件：

E 類一種，即 EXW（工廠交貨價），賣方只要在賣方的工廠所在地將貨物裝載至買方所提供的運輸工具，即已完成交貨的責任，故對出口商而言，責任與負擔最輕。

F 類三種，賣方的責任是將貨物在出口地交付，FCA 是交付給買方指定的運送人（Forwarder），FAS 則是貨送船邊，FOB 則是貨物越過船舷。後兩者是純船運。

C 類四種，賣方的責任是將貨物在出口地交付，CFR 和 CIF 是貨物越過船舷，海運費由賣方付，CIF 是賣方負責辦理海運保險，此兩者是純船運。CPT 和 CIP 也是運費由賣方付，CIP 是賣方負責辦理運輸保險，此兩者可能是兩種以上運輸工具的複合運輸，因運費是賣方付，所以慣例上，是賣方安排運送人（買方不指定）。

D 類三種，前面的 D 是 Delivered（在某地完成交貨），DAP 指定目的地（未卸貨）交貨（關稅未付），DAT 指定貨運站（終點站）卸貨（關稅未付），DDP 是目的地交貨（關稅賣方已付）。

5. Incoterms 2010 共解釋十一種貿易條件，與港口（純船運）有關的是「FOB、FAS、CFR 和 CIF」四種。

6. Incoterms 2010 共解釋十一種貿易條件，除了四種純船運及 EXW 外，FCA、CPT 及 CIP 為出口商在出口地將貨物交給運送人（Forwarder）。FCA 和 CPT 買方有權指定在出口地的運送人，CIP 則除非賣方在報價前買方已經指定運送人（便於賣方向其詢問運費），否則，報價後買方無權指定運送人。

7. 國內傳統的「報關行」因時代的變遷，大多已轉型為兼運送人（Forwarder），故除 EXW 外，其他各項貿易條件，出口商可以將運送（海運、空運、複合運輸）安排交給其處理。

8. Warsaw-Oxford Rules 只解釋 CIF 一種貿易條件。

9. Incoterms 2010 是由國際商會（ICC）所制定，是解釋貿易條件的國際慣例。

10. 貿易條件之功用不包含「付款之條件」。

11. Incoterms 2010 中，買方共同義務為「依約支付價金」。

12. 相同交易條件下，以「EXW」條件出口報價金額最低（因賣方不須雜費開支）。

13. EXW 條件下，賣方負責將貨物裝上買方提供之交通工具。

14. EXW（工廠交貨價）的貿易條件下，買方責任最重，賣方責任最輕。

15. EXW 貿易條件對賣方而言，責任風險最小。

16. 依 Incoterms 2010 之規定，「EXW」貿易條件由買方負責出口報關。

17. FOB 貿易條件之後，須列明出口國的「裝船港」。

18. 買賣雙方訂約時，須在 FOB 貿易條件之後列明「輸出港」。

19. FCA 貿易條件之後須列明「指定地」，是指在出口國將貨物交給運送人指定的地點。

20. FCA、CPT 和 CIP 均為出口商在出口地貨交運送人，即已完成交

貨責任。

21. CFR 與 CIF 均為海運費付訖條件。

22. CIP 與 CPT 均為在出口地貨交 Forwarder（運送人），其主要的差異是 CIP 包括「保險費」。

23. CIP 和 CIF 貿易條件下，賣方必須向買方提供保險單據。

24. 貿易條件為 CIF，則 B/L 上運費支付的情形應為「Freight Prepaid」。

25. CFR 是賣方只負擔貨物運至指定目的港為止所需的費用及運費的貿易條件。

26. CIF 是賣方須負擔貨物運至指定目的港為止所需的費用、運費及海上保險費用。

27. 通稱的到岸價格係指 CIF。

28. FOB 及 CFR、CIF 貿易條件其風險移轉點相同。

29. FOB、CFR 和 CIF 均是貨物在指定裝船港越過船舷時，賣方即已履行交貨義務。

30. Incoterms 1980 中的 C&F 相當於 Incoterms 2010 中的 CFR。

31. CFR 和 CIF 貿易條件之後須列明「目的港」。

32. CFR 與 CIF 貿易條件不適合用在複合運送。

33. CIF 與 CIP 貨物運輸保險相同，CIF 是在出口港貨送船上，CIP 則是在出口地貨交運送人。

34. CFR 與 CPT 之主要差異為「運送方式」。

35. CIF 為貿易條件，若雙方未約定保險種類，則依 Incoterms 之規定，賣方只須投保 C 條款。

36. 依 CIF 條件交易時，運輸與保險費用為出口價格構成因素。

37. 「FCA」（在出口地貨交運送人），適用於空運或陸運方式（因買方自負運費，所以運輸方式是買方指示運送人辦理）。

38. CIF 條件在出口港船上交貨。

39. CFR 條件下由賣方負擔運費；FOB 條件下由買方負擔運費。

40. CFR 條件與 FOB 條件下買賣雙方皆沒有替對方投保的義務。

41. CFR 條件與 FOB 條件，皆為貨物於出口港越過船舷時移轉危險負擔。

42. CPT 條件為貨物交付指定運送人時移轉風險；CFR 條件為貨物於出口港越過船舷時移轉風險。

43. CPT 條件與 CFR 條件所報價格中皆包含國際貨物運費。

44. CPT 條件與 CFR 條件，皆由賣方負責辦理出口手續。

45. CIF New York 的 New York 係指賣方負擔成本、運費和保險費用至貨物運抵 New York。

46. CIF 或 CIP 條件之下，買賣雙方若未約定保險範圍，則賣方至少應投保 ICC (C)。

47. 依 Incoterms 2010 之規定，FOB 、 CFR 和 CIF 三種貿易條件不同之處為「賣方負擔的費用」。

48. FOB 與 CIF 之差異是「出口報價的成本構成不同」。

49. 在費用結構上 CIF 比 CFR 多了「保險費」。

50. FOB 後面加的港口是「指定裝船港」。

51. CFR 後面加的港口是「指定目的港」。

52. 依 Incoterms 2010 之規定，FOB 、 CFR 及 CIF 貿易條件屬 Shipped Quality Terms（出口地品質交貨）。

53. 依 Incoterms 2010 之規定，CIP 條件下貨物風險，賣方「在出口地貨物交給第一運送人時」移轉給買方。

54. Incoterms 2010 所規定買方的義務是「支付價金」。

55. 依 Incoterms 2010 之規定，CFR 和 CIF 後面應列明「目的港」。

56. FOB & C 貿易條件中的「C」代表「Commission」。

57. 如買方要求「C&I貿易條件」，意為「賣方負責投保」。

58. 依Incoterms 2010之規定，FOB貿易條件須附加「起運港」的名稱。

59. 依Incoterms 2010之規定，CIP和CIF貿易條件保險費應由賣方負擔。

60. 依Incoterms 2010之規定，以FOB條件成交時，賣方發出貨物裝運通知之主要用意是為了讓買方「及時辦理貨物運輸保險投保手續」。

61. FCA貿易條件，買方以信用狀付款時，開狀前即應先投保運輸保險。

62. CIF貿易條件的風險移轉地點與FOB相同。

63. 依Incoterms 2010之規定，FCA適用於複合運輸方式（複合運輸程序由運送人安排）。

64. 依Incoterms 2010之規定，F類條件所強調的是「運費未付」。

65. 依Incoterms 2010之規定，FOB、CFR和CIF貿易條件只適合純船運（因貨送出口港）。

66. 美國對外貿易定義將FOB之解釋分為六種。

67. FCA、FOB以海運運送時最大的不同點是前者是向運送人交貨，後者是在出口港船上交貨。

68. FCA、CPT、CIP貿易條件，交貨時點與裝運時點不一致（出口商先將貨交給運送人，運送人再裝載運輸工具出口）。

69. 若採D/A、D/P付款方式，則出口商為避免海難事故發生時血本無歸，出口商就貿易條件的採用應選擇CIF、CIP（賣方自己辦保險，將保額保高，保全險，以減少損失）。

70. 若採D/A、D/P方式，則出口商應盡量採取「海運」之運輸方式（因為海運的費用較低，如貨款託收不到，則損失較少）。

71. CFR和CIF貿易條件，賣方須負擔主運費。

72. CIP 和 CIF 貿易條件賣方須負擔保險費。

73. Freight Collect 指的是「運費待收」。

74. CIF 下賣方不須「負擔貨物運送風險」責任。

75. 依 Incoterms 2010 之規定，FCA 、 CPT 及 CIP 之風險分界點相同。

76. 依 Incoterms 2010 之規定，FOB 、 CFR 及 CIF 賣方風險之轉移分界點為「貨物送至裝運港實際越過船舷為止」。

77. 依 Incoterms 2010 之規定，在 EXW 條件下，賣方須負責把貨物裝上買方所提供之運輸工具。

78. 依 Incoterms 2010 之規定，以裝運地品質為準之貿易條件為 CIF 、 FAS 、 CFR 及 CPT 、 CIP 及 FOB 。

79. Incoterm 字中的「co」係指「商業」。

80. Incoterms 2010 之貿易條件中，FCA 、 CPT 及 CIP 適用於複合運送方式。

81. 油價上漲運費提高時，賣方應採取 FOB 貿易條件較好。

82. 在 CIF 貿易條件下，發生海上保險事故貨物全損時，則進口商向「保險公司」提出索賠。

83. 臺中某出口商出口貨物一批給 Chicago 的買方，裝運港為基隆港，貿易條件 CIF New York ，則貨物的危險在「基隆港」移轉給買方。

84. 依 Incoterms 2010 之規定，FAS 貿易條件之出口通關手續係由「賣方」辦理。

85. 貿易條件 CIF Kaohsiung 時，Kaohsiung 係指「目的港口」。

86. 貿易條件為 CIF 時，賣方須負責訂定運送契約，但裝運或發貨後貨品毀損之風險，應由「進口商」承擔。

87. 依 Incoterms 2010 之規定，若依照 FOB 貿易條件以貨櫃運輸方式

交貨，則「貨物在由貨櫃集散站至越過船舷前之風險，由賣方承擔」。

88. 若賣方無法取得輸出貨物至進口國的輸入許可證，則不宜使用DDP 條件。

89. Incoterms 2010 貿易條件下，買方的共同義務為「依約支付價金」。

90. 若供應商在進口地沒有銷售代理商，不宜使用DES 、DEQ 。

91. 採用DDP 條件時，賣方須負擔「貨物的進口通關及付關稅」。

92. DDP 貿易條件對賣方而言，責任風險最大。

93. 依 Incoterms 2010 之規定，貨物運輸過程中的風險完全由賣方承擔的貿易條件是D 類條件。

94. 依 Incoterms 2010 之規定，DDU 的賣方義務不包含「進口稅」。

95. 依 Incoterms 2010 之規定，DDP 貿易條件的進口通關費用由賣方負擔。

96. 依 Incoterms 2010 之規定，賣方須承擔將貨物運至目的地所需的一切費用及風險之貿易條件係為D 類。

97. 依 Incoterms 2010 之規定，在 CIF 條件下，有關保險的敘述是「賣方投保，買方提出保險索賠」。

98. 我出口商由基隆出口一批家具至香港，可使用FOB 基隆或CIF 香港為貿易條件。

99. 依 Incoterms 2010 之規定，「DEQ」貿易條件下，賣方須將提貨單（D/O）交給買方。

100. 價格條件為 D 類時，數量之決定以「卸貨地」數量為準。主運送過程之風險由「賣方」負擔。

101. 依據Incoterms 2010 之規定，D 類貿易條件是以卸貨地為數量決定點。

102. DES 是賣方在指定目的港船上，輸入通關前，將貨物交由買方，即已履行交貨義務。

103. DDP（指定地點交貨，稅訖）貿易條件下，賣方責任最重，買方責任最輕。

104. 「ISP 98」係專門適用於擔保信用狀而制定之慣例。

105. 依據 Incoterms 2010 的解釋，買方義務由大至小的正確排序為「EXW、CFR、DDP」貿易條件（DDP 對買方來說最省事、所負責任和義務最小）。

106. 為避免運費上漲的風險，站在賣方的立場，在下列 Incoterms 2010 的條件中，最好是以「FOB」來交易。

107. 若買賣契約規定、Shipment from Keelung for transportation to Hamburg, CIF Hamburg Incoterms 2010 時，出口商於「貨物在基隆港越過船舷時」完成其交貨義務。

108. 「DES」貿易條件適用於賣方須負責貨物到達目的港時，重量與契約規定相符之交易。

4

貿易的基本條件

進行國際貿易，雙方在協商交易前，先要確定採用何種「國際貿易條件」，如FOB Taiwan（以Taiwan的任何港口爲出口港）或CIF Los Angeles（目的港爲Los Angeles的CIF條件）據以做爲議價的基礎。至於貨品，可歸納出七個不同的基本條件，這七個條件各有其差異性，以下即分別敘述。

第一節 品質條件（Quality）

一、品質之確定

1. 以貨樣（Sample）爲依據

體積小、結構簡單、貨價便宜的貨品，可以事前交付樣品，交貨時，依據該樣品點驗。在契約中應記載：

> (1) the same as the sample.
>
> (2) quality is to be similar to the sample.

2. 以等級（Grade）爲依據

如果是天然製品（如大理石、玉石）、自然產物（農產品）、化學配製品等，由於每批出產時或由於年份不同或無法人爲控制，因此貨品品質不一致，不能以貨樣爲標準。不過大致可歸類出優等（A級）、中等（B級）、劣等（C級）或更爲下之，或者依年份排定等級（如稻米年份愈久品質愈差，酒類則年份愈久愈醇）。品質等級的用語有：First Class、Best、Superior（高級）；Second

Class 、 Average 、 Common （中級） ； Third Class 、 Bed 、 Poor 、 Low （劣等）。

3. **以產品目錄（Catalogue）、規格說明書（Description 、 Specification 、 Brochure 等）、設計圖（Plan）或相片（Photo）為依據**

價值高、體積大、規格說明詳細，品質不應有優劣之分的產品（如電視機、冰箱、整台機械等），以說明資料之內容為買方接受時，則以說明資料之內容為驗貨依據。

4. **以公認的標準（Standard）為依據**

賣方以買方所指定之公認標準承製，交貨時即以此標準為檢驗之依據，賣方應先查核是否能夠達成標準，為接受之基本條件，如 UL 、 AS 、 UDE 、 ISO 等。

二、確定品質的時間和地點

1. 以 FOB 、 FAS 、 CFR 、 CIF 等為賣方在出口地交貨，買方即應支付貨款之貿易條件時，應以裝貨時之品質為準。

> (1) Shipping quality final. （裝貨地為準）
>
> (2) Loading quality final. （裝貨地為準）

2. 以 Ex-Ship 或 Ex-Quay 以貨品到達目的地港為交貨之貿易條件時，應以到貨之品質為準（這個條件在臺灣不適合，出口最好不用）。

> (1) Landed quality final. （卸貨地為準）
>
> (2) discharged quality final. （卸貨地為準）

三、品質的證明及簽發

簽發證明方式，有以下四種：

1.製造廠商簽發的品質證明文件

Maker's（Manufacturer's）quality Certificate shall be final.

2.政府或民間團體所設的檢驗機構

我國政府的檢驗機構是標準檢驗局。

Quality certificate issued by the government inspection agency shall be final.

3.公證人（Surveyor）

在電話簿上可以查到甚多經政府核准設立的公證公司，但如果是買主所指定者，則從其指定。

(1) Quality certificate issued by an independent public surveyor at loading
port to be final.（裝貨港）
(2) Discharged quality determined by an independent international surveyor
shall be final.（卸貨港）

4.指定代理人（Agent）

可能是買主在出口地之採購代理商、親戚或朋友。

第二節 ┃ 數量條件（Quantity）

數量單位要明確，如下述：

一、*Number*（*個數*）

Piece（簡寫為PC）件、個。多數加 s，即 Pieces（簡寫為 PCS）。

SET 套。由多個單位組成的一個整體，缺件不完整，即不能稱為「套」。多數加 s，即 Sets。也可稱為「座」或「台」。

Pair（簡寫為PR）雙、付、對。必須兩個為一組。多數加 s，即 Pairs（簡寫為 PRS）。

Dozen（簡寫為DZ、DOZ）打。即12 個成一打。多數不能加 s。

Bundle 束、捆。細長的物品，不分大小紮成一把。

Ingot 塊、錠。適用於金塊、銀塊、鋁錠、鉛錠等。

Grain 粒。如細小的糖、米、鹽等。

Gross（簡寫為G.）籮。12 打（即 144 個）叫一籮。對體積小、價格低廉的貨品，這種包裝較便於批售（Great Gross (G.G.)大籮 1,728 個；Small Gross (S.G.)小籮 120 個）。

Ream 令（紙）。紙廠造紙，一大張報紙為對開（1／2 開），兩張報紙合併之大小尺寸為全開，500 張一疊就叫一令。

Roll 卷。白報紙、滾筒紙等。

Reel 卷。電線或電纜繞在滾筒上。

Coil 卷。纜索、鐵絲等。

Sheet（簡寫為 SHT）片、張。用於紙或薄板。

Plate 片。用於厚木板等。

二、*Length*（長度）

Meter 公尺（簡寫為 M.或 m.）。1 m ＝ 100 cm ＝ 39.37 in ＝ 3.28 ft ＝ 1.09 yd.（in ＝ inch 吋；cm ＝ centimeter 公分）。

Foot 呎。簡寫為 FT 或 ft（1 ft ＝ 12 in）。

Yard 碼。簡寫為 YD 或 yd（1 yd ＝ 3 ft ＝ 91.4 cm）。

三、*Area*（面積）

Square Meter 平方公尺。簡寫為 SQ.M、m^2、M^2。

Square Foot 平方呎。簡寫為 Sq. ft.、SQFT、ft^2、FT^2。

Square Yard 平方碼。簡寫為 Sq. yd.、yd^2、YD^2。

四、*Volume*（體積）

Cubic Meter 立方公尺。簡寫為 cu.m.、CBM、m^3、M^3（Cubic Centimeter ＝ c.c.立方公分）。

Cubic Foot 立方呎。簡寫為 cu.ft.、CFT、ft^3、FT^3。

Cubic Yard 立方碼。簡寫為 cu.yd.、yd^3、YD^3。

Measurement Ton。即海運之運費體積頓（1 CBM ＝ 35.315 cu.ft.）。

五、*Capacity*（容積）

Bushel 普昔爾（英斗）。為穀類之量度單位，約合 36 kgs 或 2150.42 cu.in。約合燕麥重量 32 lbs；大麥 4 lbs；玉米 56 lbs；小麥、黃豆

60 lbs ；其他豆類 62 lbs 。

Gallon 加侖（簡寫為 gal）。液體和水、油料單位（約合美制 231 cu.in.、4 quarts 、 8 pins 、 3.785 liters 、 128 fluid ounces）。

Quart 夸脫。液體單位。約合 2 pints 、 0.9463 liter 、 ¼ gal 。

Pints 品脫。乳酪、牛油單位。約合 0.5 quart 、美制 16 ozs 、英制 20 ozs 。

Ounce（fluid）盎斯。約合 1.005 cu.in.、 20.573 milliliters 。

Dram（fluid）特拉姆（英錢）。用藥量單位。

Liter 公升。約合 0.264 gal.、 1.057 quarts 、 33.8147 fluid ounce 。

六、*Weight* 重量

Ounce（Avoirdupois）盎斯。簡寫為 oz 。用於貴金屬、寶石或藥品以外的其他物品（約合 28.35 grams ； 0.9111 troy ounce）。

Pound 磅。簡寫為 lbs（約合 16 ozs 、 454 grams）。

Metric Ton 公噸。簡寫為 M/T 。合 1,000 kgs 或 2,204.62 lbs 。

Long Ton 長噸（英制）。簡寫 L/T ，合 2,240 lbs 。

Short Ton 短噸（美制）。簡寫 S/T ，合 2,000 lbs 。

Quintal（Kendal）公擔。簡寫為 QTL 。合 100 kgs 是 ⅒ 公噸。

Gram 公克或公分。簡寫為 gm.

Kilogram 公斤。簡寫為 kg 。即 1,000 gm（約合 2.2045 lbs 、 35.274 ozs 、 0.011 S/T 、 0.00098 L/T）。

Hundred Weight（英）。是 112 lbs 或 50.80 kgs 。

Ounce（Troy）國際金銀計量單位。用於貴金屬、寶石等（合 0.0648 gm 、 $1/_{7,000}$ Pound Avoirdupois）。

Carat 克拉。合 3.0865 grains 、 200 milligrams 。

由於以重量為 Bushel 或 M/T 交貨之散裝大宗貨物，在裝貨地與目的地卸貨時之稱量結果，未必完全無誤，而且出口商出貨時的稱量未必能夠恰如買方的需求，所以在簽訂契約時，必須預留「寬容條款」（Allowance Clauses）或稱「過與不足條款」。如下例：

1. Shipping weight, any loss in weight exceeding 2% to be for seller's account.

2. One hundred long tons, 3% more or less at seller's option.

3. The seller has the option of delivering 5% more or less on the contract weight.

第三節　包裝條件（Packing）

將貨物完好的送達買主手中，是出口商應盡的責任。品質的要求，買賣雙方事前之議定已如前節所述，但若是由於包裝不良而導致貨物容易受損或變質，則仍是賣方的責任。

包裝設計時的考慮因素，除了保護性及便於裝卸外，還要講究美觀。美觀與否直接影響到貨品價值的高低，間接的效益則是可使買主產生信心和好的印象，所以不能光以省錢為著眼點。

一、包裝設計之重點

1. Protection　**保護性**
   在保護性方面的訴求是耐航包裝（Seaworthy Packing）、防水（Water Tight）、安全（Safety）、強固（Strong）。

2. Handling　**易於搬運**

宜用人工搬運的紙箱，其大小宜以一個人的雙肩寬度爲限，搬運時手肘不必打彎，不易疲勞，重量以不超過25公斤爲佳。

注意可重疊之箱數。需用推高機搬運之木箱或板條箱，應注意四周重量的平衡，以下重上輕爲原則，而且箱底要填高，便於推高機插板之插入。

3. Beautiful　美觀

圖案之設計、色彩之調和，要能引起購買者的興趣。

4. Manufacturing　配合作業性

在大量生產時代下，包裝之設計應配合生產線的作業方式，以機械化包裝代替人力，迅速而且節省成本。

二、運輸的型態

貨物在運輸過程中，其型態有下列數種：

1. **散裝貨**（Bulk Cargo, Cargo in Bulk）

平時所稱的「散裝」，其指稱視情況而異。如該貨品已用紙箱或木箱包裝妥適，但是安排運載之船隻是散裝輪，則稱散裝，即非裝載貨櫃輪之意。

本節所稱之散裝，是指散裝貨，亦即裝載在船上的貨品，不使用任何方式包裝。如石油直接輸入油輪的油艙（Tank）內；穀類船載運玉米、小麥，也不須先用袋子裝妥。

2. **裸裝貨**（Nude Cargo）

貨物之型態自成件數，於運輸途中不必再包裝者，如汽車、原木。

3. **包裝貨**（Packing Cargo）

凡用材料事前將貨品裝妥，再搬運至運輸工具上送達目的地的，稱爲包裝貨。

三、包裝的種類

1. 箱裝（Case）

箱子是六面體，包裝之材料與方式如下：

(1)木板箱（Wooden Case）

用木條做框，六面用合板為牆的箱子。其優點是由於看不到內部，所以對貴重的和精密度高的物品，可以防竊、防壓、防擠，如內部襯墊採較厚、較富彈性的襯墊物，還可以防震。由於木箱體積一般都比較龐大，而且比較重，平時放在戶外，容易受潮，所以要特別注意內壁加防水紙（中間黑色柏油，兩面牛皮紙的那種）而且底下要用木椿墊高，容易搬運。木板箱可以委託包裝公司（電話簿上可以查到）訂製，他們有現成的材料和工具，而且經驗豐富，裝載什麼物品、體積的大小、應該用什麼方法和材料比較堅固和安全，在短期間內就可以製妥完成。但要注意用新材料，不可為了省錢用舊材料，以免國外禁止進口。

(2)板條箱（Crate）

上下四周用木條，中間有空隙的箱子。這種箱子純粹是為了搬運上的便利而設計，不能防震，也不怕被竊，是針對堅固而價值不高的機械類所設計的。

(3)錫箔或鋅板襯裡木箱（Tin-Lined Case or Zinc-Lined Case）

外形和木板箱一樣，只是內壁用錫箔或鋅板襯裡，其優點是除防潮之外，不易受外界的氣味侵入，並且不會受外界氣溫高低的影響而破壞包裝內之貨品的材質。

(4)紙箱（Carton）

也就是紙板箱，用瓦楞紙做成的紙箱，一般有五層、三層等，

還有加強型的。

好的紙板箱裡外的耐壓強度如木板一樣堅硬，而且有一層蠟油，水滴在上面不易被吸收，只要用布一抹就乾了。可是紙板箱的種類很多，只要向承做紙箱的工廠要求多取幾種樣板來比較選擇，就可以知道優劣。

2. 捆包裝（Bale）

軟性貨品於運輸過程中，爲防止鬆散，所以在外面用繩索、打包用PP帶或鐵皮（Iron Strap）紮緊，稱爲捆包。如棉花、羊毛、布匹等。

3. 袋裝（Bag）

用於袋裝的材料很多。有棉布袋（Sack）裝麵粉。麻袋（Gunny Box）裝豆類、粉狀的貨品。PE編織袋裝米、鹽、糖。紙袋（Paper Bag）裝水泥、肥料。

4. 桶裝（Dram 鐵桶，或 Barrel 鼓形桶）

桶由於材料（木或金屬）形狀（方、圓或鼓形）的不同，用途也不同。

菸葉桶（Hogshead）　用特定的木材製成，可使菸葉原醇不變。

小樽（Keg）　木製或鐵製，裝鐵釘用。

木桶（Tub）　擔水或泡菜、醬菜用。

樽（Cask）　盛裝染料、顏料用。

罐（Can）　馬口鐵材料易生鏽，適於裝煤油、柴油。

聽（Tin）　白鐵皮材料製成，近年鋁製材質逐漸普遍，裝菸絲、奶粉、洋菇、水果罐頭等。

5. 捆紮裝（Bundle）

零散的硬質材料製成的貨品，爲了搬運方便，將數個紮成一個大件，叫捆紮。如集數片合板（Plywood）成一大捆，用鐵條捆緊。

6. **繞輪軸裝**（Axle）

用於電纜、電線之運輸，將電纜或電線繞在輪形的物體上，取用時，只要滾動輪軸即可將電纜、電線抽出。

7. **特殊包裝**（Special Container）

使用於不常見或特殊貨品上的包裝有：

瓶（Bottle）　玻璃或陶製，多用於盛裝酒類等液體，屬內包裝。

罈（Demijohn、Carboy）　玻璃製，身大頸細，外包以柳條或藤條或竹皮，並備有把手，多用於盛裝酸類化學品。

甕（Jar）　粗製陶器，邊上有耳，便於提取，用於盛裝酒類、化學品。

鋼瓶（Cylinder、Bomb）　鐵製，形同炸彈，多用於盛裝液化瓦斯、氫氣、氧氣、氮氣。

細頸鋼瓶（Flask）　鐵製，用於盛裝貴重之水銀或其他化學品。

簍（Basket）　用竹片、藤條或柳條所編製，裝水果或蔬菜用。

籠（Cage）　竹條或金屬絲編成，裝雞、兔、鳥，或其他動物。

四、裝船嘜頭（Shipping Mark）

平時所稱「嘜頭」，按場合與時機，分為兩種不同的意義，一是貨品的商標圖案（稱為Trade Mark）。一是貨品包裝後，在外包裝所標示的符號（稱為Shipping Mark）。其目的在於：(1)防止與他人貨物混淆不清；(2)不致運錯目的地；(3)明瞭內部所裝貨品之數量及重量。以便於進出口兩地之海關查驗，與進口商提貨。

Shipping Mark 的圖形設計，原則上是賣方尊重買方的意見，由買方決定，但如買方無意見時，則由賣方依據實際之需要而設計。Mark 之圖形並無規定，設計時要注意兩個基本原則：(1)簡單，不要過於複雜，容

易辨識最重要；(2)不易與他人所設計之圖形一致或近似而發生混淆。

Shipping Mark 有主嘜頭（Main Mark，又稱為 Principal 、 Leading Mark）與側嘜頭（Side Mark，又稱為 Counter Mark），由於一般箱裝之貨物是六面體，底面貼近地面及頂面可能兩箱重疊，故均不畫嘜頭。所以 Shipping mark 是畫在前後左右四面。前後（較寬大的兩面）印主嘜頭，左右（較狹小的兩面）印側嘜頭。

1. Main Mark 主嘜（又稱 Principal Mark 、 Leading Mark），正嘜

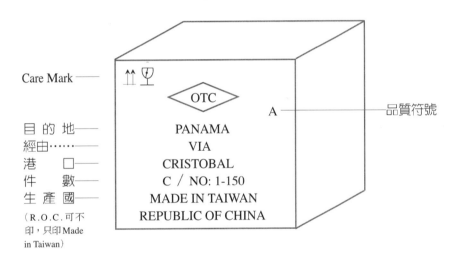

Care Mark ——

目 的 地——
經由……——
港　　口——
件　　數——
生 產 國——
（R.O.C.可不
印，只印 Made
in Taiwan）

⟰ ⟰ ⟱

◇ OTC ◇

A —— 品質符號

PANAMA
VIA
CRISTOBAL
C ∕ NO: 1-150
MADE IN TAIWAN
REPUBLIC OF CHINA

2. Side Mark 側嘜（又稱為 Counter Mark）

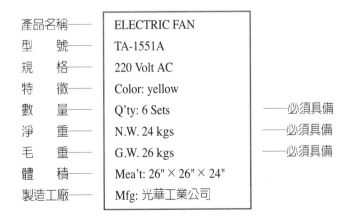

產品名稱—— ELECTRIC FAN

型　　號—— TA-1551A

規　　格—— 220 Volt AC

特　　徵—— Color: yellow

數　　量—— Q'ty: 6 Sets ——必須具備

淨　　重—— N.W. 24 kgs ——必須具備

毛　　重—— G.W. 26 kgs ——必須具備

體　　積—— Mea't: 26" × 26" × 24"

製造工廠—— Mfg: 光華工業公司

3. Quality Mark

以 A、B、C 等表示（國人一向有不承認自己產品品質不佳的通病，故不標示也罷）。

4. Caution Mark 小心標誌（Care Mark）

(1) This side up; the end up　此端向上

(2) Handle with care; with care（care handle）　小心搬運

(3) Use no Hooks（No Hooks）　請勿用鉤

(4) Keep in cool place（Keep cool）　放置冷處

(5) Keep dry　保持乾燥

(6) Keep away from boiler（Stow away from boiler）　遠離鍋爐

(7) Inflammable　易燃貨物

(8) Fragile　易碎貨物

(9) Explosive　小心爆炸

(10) Glass with care　小心玻璃

(11) Poison　有毒

(12) Heave here　此處舉起

(13) Open here　此處開啓

(14) Sling here　此處懸索

(15) Do not drop（Don't drop）　不可掉落

(16) Never lay flat（Never by flat 或 Not to be laid flat）　請勿平放

(17) Kept upright　保持立放

(18) Keep away from heat　隔離熱氣

(19) Perishable goods　易壞貨物

(20) Guard against wet　勿使受潮

(21) No smoking　嚴禁煙火

(22) Keep flat　注意平放

(23) Porcelain with care　小心瓷器

(24) Keep out of Sun　不可日曬

(25) Don't turn-over　不可翻倒

(26) Keep flat（Stow level）　平放

(27) Don't throw　不可投擲

(28) Valuable　有價值物品

(29) Center of balance　重心擺穩

(30) Not to be stowed below over Cargo　不可堆放在他物之下

(31) Open in dark place　請在暗處打開

(32) Do not store in a damp place　不可堆存於濕處

(33) Remove top first cut straps　先去鋼帶才開上蓋

第四節　付款條件（Payment）

　　從事國際貿易所探討的問題，就是一方如何付款，一方如何交貨。付款方式，對買方有利時，即是對賣方不利，反則反是。所以付款方式必須在商談之時就講妥。

一、付款的種類

1. C.W.O.（Cash with Order）訂貨時即先付款

　　買主於訂貨時，同時寄來支票、匯票。這種方式多是小金額貨品或郵貿，但出口商必須注意如何繳交外匯。此方式又稱爲 Payment in Advance（預付貨款）或 Cash in Advance（CIA 預付現金），俗

稱 Down Pay。對賣方而言,自然樂於接受這種付款方式,但如因金額太大,買方恐怕會有出口商不交貨的顧慮。

句型有:

> A. Payment shall be made Cash with order by means of T/T or M/T.
>
> B. Payment in advance, by any of the following means.
>
> • Telegraphic Transfer or Mail Transfer.
>
> • Banker's Draft.
>
> • Check(Payment shall not be deemed received unless the amount of the check has been Collected).

2. L/C(Payment Against Letter of Credit)憑信用狀方式付款

出口商只要憑買方經銀行開發而來的信用狀,將貨品依照指定日期裝船出貨,即可向銀行押匯取得貨款,買方不致於有付了款卻取不到貨的顧慮。此信用狀方式是目前國際貿易上最通用的方式之一。

句型有:

(1)即期信用狀(at sight L/C)

> A. Payment shall be made by a prime banker'a irrevocable and transferable letter of credit in favor of the seller, available by draft at sight for 100% invoice value.
>
> B. Net cash in exchange for shipping document under confirmed and Irrevocable Letter of Credit.
>
> C. Against 100% confirmed, irrevocable and transferable sight Letter of Credit in our favor.

(2)遠期信用狀（利息由買方負擔）（Usance L/C ×× days at sight）

A. Payment shall be available by draft drawn under L/C payable not longer than 90 days after presentation of documents to the negotiation bank of the L/C, together with an interest of eight & half percent（8.5%）perineum for buyer's account.

B. Payment by 60 days sight draft under irrevocable L/C, discount rate at 10 percent per annum and acceptance charge of drawer bank are for buyer's account.

注意：在信用狀上註明 interest is for buyer's account. 非常重要。

(3)遠期信用狀（利息由賣方負擔）（Usance L/C ×× days at sight）

Payment by draft at 60 days after sight under an irrevocable L/C.

注意：在信用狀上未說明「利息」由誰負擔時，即由賣方負擔。

(4)保兌信用狀

A. L/C must be opened by a prime bank in key currency country.

B. If L/C established by local bank of importing country, which should be confirmed by a first class banker in U.S.A. or U.K.

3. B/C（Bill for Collection 或 Cash Against Document, C.A.D.）託收
即依買賣雙方之約定，賣方將裝運文件委託國內銀行轉向國外買主所在地之相關銀行，委託向買方收取貨款。此方式有二：

(1) D/P（Document against Payment）付款交單

(2) D/A（Document against Acceptance）承兌交單

句型有：

(1) D/P 交易條件

A. Payment by sight bill, documents against payment.

B. Payment by draft drawn on buyer payable at sight D/P.

(2) D/A 交易條件

A. Payment by 90 days date bill, document against acceptance.

B. Payment by draft payable 60 days after on board date of B/L, document against acceptance.

4. C.O.D（Cash on Delivery，或 Collect on Delivery）貨到付款

貨物到達目的地，買主收到，即刻將貨款匯寄給賣方或其代理人。此方式多用於國內交易，較為方便，國際貿易之進行，賣方亦可委託運送承攬人（Forwarding Agency）向受貨人代為收取貨款。歐洲委託運送承攬人辦理 C.O.D. 其費用約為 C.O.D. 金額的1%。

句型有：

A. Net Cash Against Document payable in New York.

B. Net Cash in exchange for shipping document in Liverpool.

5. Installment 分期付款

買賣雙方依契約所定次數、時限與金額，買方按期償付貨款。此種付款方式多以採購機械或整廠設備居多，我國如欲以接受國外

分期付款方式出口，可向中國輸出入銀行洽辦，由中國輸出入銀行承接，先將貨款撥付給國內廠商。

6. On Consignment 寄售付款

出口商（即寄售人 Consigner (Consignor)）先將貨物運交受託人（Consignee，通常為代理商），等貨物售出後，再由受託人將扣除寄售佣金及有關費用後的餘款，結付給出口商。

申請以寄售方式出口貨品，其收款期限以不超過180天為原則。

句型有：

A. Payment against goods shipped on consignment.

B. Payment shall be made by check when the goods have been sold.

7. Open Account 專戶記帳

賣方將貨物裝運出口後，即將貨運單直接寄交買方提貨，有關貨款同意於約定之期限（如每月底或每三個月、每半年）結算。此方式與寄售的不同之處，在於同意以賒欠的買斷方式。

以上付款方式，以優劣順序而言，最前面的對賣方有利，愈往後對賣方愈是不利。但付款條件之接受與否，必須是一方提出，另一方可以斟酌是否接受。

第五節 ｜ 價格條件（Price）

出口報價計算，在第11章有詳細清楚的敘述。根據報價計算的結果向國外客戶提出報價，要敘明：

1. 貨幣單位

   在價格之前要標明USD 、HKD 、RMB 。

2. 是淨價或是含佣價格

   > 淨價（Net price）：The price is net price, without any commission.
   >
   > 含佣價格：Price including commission（calculated）3% on FOB basis.

3. 匯率、保險費及運費的風險（多由賣方提出）

   (1) The seller reserves the right to adjust its quoted prices at any time And price will probably be adjusted if there is any change in the present relationship between the Taiwanese Dollar and the currency of the importing country.（由於匯率變動等因素，賣方保留調整售價的權利。）

   (2) Our quotation are based on contract sea freight rate and insurance Rates, any increase in rate or any surcharge between the date of acceptance of the order and the date of shipment will be for buyer's account.（我們報價的基礎為海運和保險費率，如果費率有調整，均由買方承擔差額。）

   (3) The prices mentioned herein are all calculated at the exchange rate of TWD 30.80 to USD 1 based upon the present IMF parity rate of TWD 30.8 to one US dollar. In case, there is any change in such rate at the time of negotiating drafts. the price shall be adjusted and settled according to the corresponding change so as not to decrease Sellers' proceeds in TWD Dollars.（價格是基於IMF 平準匯率以1 美元兌換30.8 元臺幣計算，如有任何變動，視對賣方新臺幣的減少而調整價格。）

(4) The prices mentioned herein are all based upon the current rate of Freight and/or war and marine insurance premium. Any increase in freight and/or insurance premium rate at the time of shipment shall be for Buyers' risks and account.（價格是根據現在的運費、保險和戰爭等費率，以後如有任何增加，均由買方負擔。）

(5) Sellers reserve the right to adjust the prices mentioned herein, if prior to delivery there is any substantial increase in the cost of raw material or component parts.（原物料和零配件的成本有任何增加時，賣方有權調整價格。）

第六節　交貨條件（Delivery）

在 FOB、CFR 或 CIF 等以出口地爲交貨地點的交易條件下，Shipment（裝運）日期，即是 Delivery（交貨）日期，在報價單或銷售確認書上，爲了避免國外買主誤 Delivery 爲收到之日期，所以出口商盡可能以 Shipment 爲妥。在與國外客戶討論交貨日期時，應考慮自接到國外訂單開始生產之日期起，至貨品製成所需的時間，船期預定是否方便，購料是否供應無缺，人工是否足夠等因素，在與國外客戶商討時，有以下例句可用：

一、交貨時期

1.即期交貨（六種方式）

(1) Immediate shipment　隨即裝運

(2) Prompt shipment　即期裝運

(3) Shipment as soon as possible　盡速裝運

以上三種例句如使用在信用狀上，一般銀行解釋為：自開狀日期30天內裝運。

(4) Ready shipment　已備裝運

(5) Shipment by first available steamer（ship vessel）　有船即裝運

(6) Shipment by first opportunity　優先裝運

以上表達即期交貨之方式，為免日後履約時買賣雙方在解釋上發生歧異，故宜以下述明確之交貨日期為佳。

2. 定期裝運

約定於某日前，或某月以內，是國際貿易較普遍的交貨時間條件。

(1)特定於某月內裝運

　Shipment in July.

(2)限定在某月中的一段時間內裝運

　Shipment in the beginning of November.

　Shipment at the end of December.

(3)限定某日前裝運

　Shipment by 15th October.

　Shipment before the end of November.

(4)限定於連續數月內裝運

　Shipment during February and/or March.

(5)限定於某預定日期的一段期間內裝運

Shipment within 60 days after receipt of L/C.

3. 業經裝運

貨物如已經裝運，再向國外客戶通知時，可用下例：

(1) Afloat per S.S. "Oriental Queen"（已在東方皇后輪上）

(2) Arrive（即將到達）

(3) In Transit（已在運送途中）

二、交貨的附帶條件

交貨時間議定（如上述）後，尚有以下附帶條件：

1. 分批裝運（Partial Shipment）

賣方要求分批裝運，可能是由於該批貨物的數量過鉅，產製時間過長，或基於資金運轉的需要。但買方要求分批進口之原因，是希望陸續進口，漸漸消化，不必一次積壓過多的資金，但對雙方的缺點則是，增加進出口作業手續，同時也增加運輸及報關手續費。

許可分批：Partial shipment are（to be）allowed（permitted）.

不准分批：Partial shipment（to be）not allowed（permitted）.

Partial shipment（to be）prohibited.

Partial shipment（to be）forbidden.

2. 有關轉運（Transshipment）

由於自出口地至目的地沒有直達的船舶，必須到其他港口轉運始能到達。但如有直達的船舶，買主多不准轉運，轉運的缺點是由

於多一次裝上與卸下的程序，貨品較容易損壞和遺失。

准予裝運：Transshipment to be allowed（permitted）.

不准轉運：Transshipment（to be）not allowed（permitted）.

Transshipment（to be）prohibited.

Transshipment（to be）forbidden.

3. 有關航線

自出口國至進口國有近程的航線可達及可載運的船隻，在 FOB 海運費由買主負擔的貿易條件下，買主自然不願意賣方將貨裝載在任意一艘船上即行押匯，而由買主負擔較遠航程的海運費，所以對賣方的裝載規定有下列：

(1) Shipment via Suez cannel.（經由蘇伊士運河）

(2) Shipment during October via Panama cannel.

（在十月時經由巴拿馬運河）

(3) Shipment from Shanghai via North Pacific route direct to San Diego.

（自上海經由北太平洋航線運抵聖地牙哥）

4. 有關船舶（由買方指定）

在 FOB 的國際貿易條件下，買方有權決定運輸工具（船名、裝船日期等，請看 Incoterms 說明）而 FAS 的價格條件，買方可以自行備船至出口港裝運貨物。

如為零星貨物（雜貨類），買方自無可能自行備船，所以由賣方在出口地代為安排。但在 Incoterms 2010 的解釋，買方仍保有該項權利。

(1) Shipment to be effected per American president line steamer.

(2) To be shipped per Chinese flag vessel.

(3) Shipment to be effected per OOCL vessel（or Evergreen vessel）.

我國進口商向國外開發信用狀，註明必須裝運掛中華民國旗幟之船舶，正符合我國之國貨國運政策。

5. 有關輪船艙位

視物品之性質，為免腐壞與易於受潮或受震而損壞。可於貿易洽談時說明，並記入買賣契約。

(1) Goods to be stowed down in refrigerated compartment（or cool compartment, ventilated compartment）.

(2) Goods to be stowed down in strong compartment（or safety compartment, Water-tight compartment）.

6. 有關目的港

目的港應該明確，但如果航運船隻不多，可以由出口商選擇鄰近之其他港口時，可用下面例句：

(1) Hamburg, option Antwerp, Rotterdam.

(2) San Diego, option on west coast port of U.S.A.

7. 有關交貨時間

交貨之日期在信用狀上應該確定，在商業洽談時保有其他附帶原因時，可有彈性變化，但買方開出信用狀之交貨日期應從寬。在報價過程中或契約書訂定時，其約定內容可以如下：

(1) Shipment during August subject to shipping space（or vessel）available.

(2) Shipment by April 30th subject to buyer's L/C reaching seller on or before March 15th.

(3) Shipment during February/March subject to approval of export license.

(4) Shipment during February/March subject to export permit being granted by government authority.

(5) Shipment generally within two month after receiving L/C subject to quantity ordered.

三、交貨遲延

　　賣方在約定的交貨時間或裝船時間內，負有將所售貨物全部裝運的義務。如果未能依約履行，自無法規避遲延交貨的責任。但遲延交貨的原因，不外下列三種：

1. 賣方的故意或過失

故意：貪圖非分利益，將備好的貨物先高價轉售給別人，等價格跌回時再予補裝運，或出貨時，由於原料成本上漲或者匯率上升已無利可圖，而遲不交貨。

過失：該筆交易係屬拋售性質，由於目前行情價格不利，補進時將遭重大損失，所以等市場回穩後再行補進裝運。

2. 由於不可抗力（Fore Majeure）而致交貨遲延

是指人力所不能預測或防止的偶發事件（Contingency Clause）所引起者，原則上賣方得免其責任。通常包括下列數種原因：

(1) Act of God（天災）

(2) War、 Riot、 Civil Commotion（戰爭、暴動、民眾騷擾）

(3) Epidemic（流行病、瘟疫）

(4) Strike, Lockout（罷工、停工）

(5) Fire（工廠、碼頭倉庫火災）

(6) Embargo（政府禁止出口）

3. 由於第三者的故意或過失，而導致交貨遲延

若因為這項原因而導致交貨遲延，賣方仍須負責。

假使出口商本身並非製造廠商，因廠方遲延交貨或船期過少、船位缺乏等原本均非出口商的過失，但出口商在與國外客戶商談時，便應充分考慮各種因素，而確實督導工廠按期交貨，如經買賣雙方簽訂契約，出口商即應嚴格遵行，不能遲延，更不能藉詞推託責任（如向第三國訂購製造，該第三國由於不可抗力不能交貨時，則無法向買主交待）。

買方為防止出口商不按期而延遲或不交貨，在商談時往往會有向出口商提出履約保證金（Performance Bond）做為擔保之要求，如果出口商不履約，即予沒收。方式如下：

先由買主向當地的開狀銀行開出「信用狀備付通知」（Stand-by L/C advice）給出口商之通知銀行，轉知出口商，出口商將議定之履約保證金（Performance Bond）繳交通知銀行保管，由通知銀行電告開狀銀行保證金已收妥，然後再開來正式信用狀，唯有出口商履約出口，信用狀押匯後，保證金才可以退回，否則，買主得請求開狀銀行向出口商之通知銀行追回保證金（一般是在30天後提出）。

但由於不可抗力（Force Majeure）之原因，出口商不能按期交貨時，可以免責，所以出口商於報價過程及簽訂契約時，可以註記下列條款：

The Seller is not responsible for delay on non-performance of his contractual

obligation to sell, and the Buyer, is not responsible for delay on non-performance
of its contractual obligation to purchase all or any part of the supplies caused by
war, blockade, revolution, insurrection, Civil Commotion, Riots, Mobilizations,
Strikes, Lockout, Acts of God, Plague or other epidemic, Fire, Flood, Obstruction
of navigation by ice at port of delivery and destination, acts of government or
public enemy.

以上同時說明如果買方由於不可抗力而不能履行契約訂貨時，可
以免責。

四、裝運通知 (Notice of Shipment, Shipment Advice)

買方在與出口商洽談時，要向出口商提出，如果出口商已安排船期
及已通知船名時要盡早（盡快）通知買方之要求，其作用有二：

1. 便於買方辦理保險

在FOB或CFR之貿易條件下，貨物在海上之運輸保險，是由買方
自行負責的，所以買主希望貨物在出口地裝運出口前，先辦妥保
險。

2. 便於買主預售貨物

買主既已預知貨物在出口地之裝運日期，就可估算出將要運抵的
大概日期，即可以先行推銷。等貨物運達，即可盡快向購買者交
貨，完成交易。

所以買主之要求，有下列幾種方式：

(1) Shipment effected under this contract shall be immediately informed to the
buyer by cable.

> (2) Shipment advice shall be cabled by seller with indication of quantity shipped, invoice value, carrying vessel, ETD port of loading ETA port of destination, etc., to enable the buyer to cover proper insurance accordingly.

出口商一般在貨物完成製造的半個月之前，即要預約船期，向該船公司先辦妥裝貨單 Shipping Order（S/O），即可發送裝運通知單（Shipping Advice）給該買主。

於裝運出口前依約定或視必要再以 FAX 或 e-mail 通知買主。

Shipping Advice 的書面文件如附表，電文可以如下：

> THE GOODS OF YR LC XXXXXXXX WIL BE SHPD PER MV XXXXXXXX
> ON JAN 22 FROM KEELUNG TAIWAN TO NY ETA FEB 15 2006

第七節　保險條件（Insurance）

有關保險之種類，請參閱第9章〈貨物運輸保險〉。什麼貨物應投保什麼險，應由出口商於報價時，視該貨物之價值或特性而決定，記述在報價單內向買主說明。

但是屬 FOB 或 CFR 之貿易，投保責任由買方負責，即無必要，所以：

1. FOB、CFR、FCA 等貿易條件

投保責任歸買方時，出口商在報價單的保險條件上，記述如下：

> INSURANCE: To be covered by the buyer.

2. CIF 、 CIP 等貿易條件

投保責任歸賣方時，出口商就必須將投保之險別詳述在報價上（注意：該保險費之支出，已經計算在報價內）。

(1) Insurance against clauses A plus WAR for 110% of Invoice Value.

(2) Insurance against clauses B including TPND of an entire package, bundle, bag, or Piece.

(3) Insurance to be covering clause A and War Risk for CIF invoice value plus 10%.

重點複習

Quality

1. 對於標準零件如螺絲、螺帽、電子零組件等產品是以「Commercial standard」確定品質的方法。

2. 適用於農產品等品質繁多且易受季節及氣候影響的品質決定方式為「標準物」。

3. 「標準品」品質標準適合農產品之期貨買賣。

4. 「玩具」適合以樣品約定品質交易。

5. 憑「商標或品牌」買賣多使用於著名廠商的製品。

6. 當貨品體積不大、價格不高、結構簡單，則品質條件可依「樣品」來決定。

7. 當品質條件依規格又 as sample，則品質之決定是按「規格及樣品」。

8. 當貨品體積或重量甚大、價格高、結構複雜，通常以「目錄或規格說明書」來決定品質。

9. 若買方提供樣品請賣方按樣品承做，為避免將來品質糾紛，賣方最好提供「counter sample」（由賣方先試製，經買主確認合格後再生產）。

10. 以標準規格決定品質時應注意：適用哪一年份的標準規格。

11. 就確定品質之時點而言，若買賣契約上無特別規定，一般而言，FOB、CFR、CIF 為以「離岸品質」為準。

12. 就確定品質之時點而言，若買賣契約無特別規定，則 FCA、CPT、CIP 為貨交第一運送人品質。

13. 「文具」交易適合以樣品約定品質。

14. 木材交易宜採用「良好適銷品質」方式約定品質。

15. 以 CE Mark 約定品質是「規格交易」。

16. F.A.Q.（Fair Average Quality，中等平均品質）約定品質之方式適於「農產品」。

17. 有關樣品之選用，以中等平均品質者為宜。

18. 「標準品交易」品質標準適合農產品交易。

19. 「說明書交易」品質標準適合寶石等貴重貨物之買賣。

20. 依原樣品所仿造或精選之樣品，稱為「相對樣品」。

21. UL 屬於「美國電器安全標準」。

22. 中華民國國家標準是 CNS。

23. 國際貿易中之交易客體的體積或重量甚大、結構複雜、價格昂貴者，通常以「目錄或說明書」決定品質。

24. 由買方提供做為買賣貨物之樣品，稱為 Buyer's Sample。

25. 憑樣品交易時，如契約中無其他規定，日後賣方所交貨物之品質「必須與樣品完全一致」。

26. 大型機器設備之買賣，適用「買方倉庫品質」的品質認定時點。

Quantity

27. 化學氣體類產品適用的數量單位是「體積」。

28. 國際貿易中木板之交易，多使用「面積」為計算單位。

Packing

29. C/No. 90/400 表示本批共 400 箱，此為第 90 箱。

30. KEEP DRY：保持乾燥。

31. 在正嘜中，New York via Singapore No.5/100 made in Taiwan 的 Singapore 指的是 port of transshipment（轉口港）（via 是「經由」

的意思）。

32.「包裝愈牢固愈好，不必節省包裝材料」是符合出口包裝之原則。

33. 1 M/T 約等於 1,000 kgs、2,204 lbs。

34. 裝運標誌中出現的 Made in Taiwan，係為「原產國標誌」。

35.「盡量使用包裝材料以求安全」是出口標準包裝的條件。

36. Shipping Marks 的目的是方便運貨人、買方了解箱内貨物内容，以及其他人員搬運時的應注意事項。

37. 國際貿易的交付數量大多以「淨重」為準。

38. 當買賣契約中規定「C/No.1-UP」，係指箱號從 1 號開始連續編號。

39. 重量計算時，以科學方法抽去貨物中之水分，再加上標準含水量時，其計算重量方式稱為「公量」。

40. 一般情況下，船運之車輛的包裝種類屬於「裸裝貨物」。

41.「散裝貨物」指的是貨物可以不加以包裝而逕行交付運送。

Payment

42. 國際上付款的方式有 CWO、D/D、M/T、T/T、L/C、D/P、D/A。

43. L/C、D/A 與 D/P 三種付款方式，對賣方的風險大小依序為 D/A ＞ D/P ＞ L/C。

44. 若以 D/A 為付款方式時，出口商應填製以「進口商」為匯票付款人。

45.「Payment: 30% of the contract value shall be paid in advance by T/T, and 70% by Confirmed, Irrevocable, Sight Letter of Credit.」是說「契約金額的 30% 由電匯的方式於貨到後付款」。

46. 國際貿易中，「CWO」付款方式屬於預付貨款。

47. 國際貿易中，匯款方式中所稱的「電匯」為 T/T。

48. 付款方式中採用「記帳」方式為 O/A。

49. D/A 係託收的一種付款方式，其中文意義為「承兌交單」。

50. 「使用本國貨幣交易」不適用於出口商規避外匯匯率風險的做法。

51. 「O/A」付款方式，出口商的風險最大。

52. 臺幣升值時，出口商應採「CWO」方式付款最有利。

53. 從風險上考量，出口商選擇 Payment Term 的優先順序為 CWO、L/C、D/P、O/A。

54. 出口業者出口後，經過一段期間，屆滿後一次清算貨款的方式稱「O/A」。

55. 就出口商而言，風險大小排列應為 O/A > D/A > D/P > L/C。

56. 「CWO」付款方式是屬於交貨前付款的方式。

57. 「D/A」付款方式是屬於交貨後付款的方式。

58. 若貿易契約的付款條件約定為「Payment by draft payable 120 days after sight, documents against acceptance」是 D/A 付款方式。

59. 總公司與分公司、母子公司或信用可靠的大型公司之間的付款，常用「O/A」方式付款。

60. 若買賣雙方希望以不可撤銷、可轉讓的即期信用狀付款，契約條款應為 Payment by draft at sight under an irrevocable and transferable L/C。

61. 付款條件若採用「預付貨款」對「買方」所承擔的風險較大。

62. 記帳付款交易（O/A）的條件下，買方從「由賣方直接寄交」取得貨運單據。

63. 下列國際貿易付款條件中，「T/T」為順匯清償方式。

64. 在付款條件中，D/A 30 days 與 D/P 30 days 最大的不同點是「前者承兌後可贖單提貨 30 天後付款，後者 30 天之後付款贖單提貨」。

65. 在付款條件中，若規定 Irrevocable L/C 則在 Purchase Order 中的 Payment 應用「by irrevocable L/C in your favor」才正確。

66. Cash with Order 的付款條件適用於「貨品為賣方市場時」。

67. 「O/A」付款條件對出口商風險最大。

68. 「匯兌風險」非國內貿易所可能面臨的特有風險。

69. 以信用狀做為付款方式時，出口商「出口押匯時」可收到銀行的墊款。

70. 出口商在「老客戶頻繁的訂單」情況下，最考慮採用 O/A 的記帳付款條件。

71. 「CWO」屬於交貨前付款的方式。

72. 對賣方而言，「D/A」付款方式風險較高。

73. 對買方而言，「D/A」付款條件最能減輕營運資金的需求。

74. 「Confirmed L/C」付款條件中，對外銷到外匯短缺國家的出口商較有保障。

75. 在 D/P 付款方式下，出口商是依「買賣契約」，要求備齊單據申請託收。

76. D/D 指的是「票匯」。

77. 就進口商而言，L/C、D/A、D/P 等付款方式對其有利之順序為「L/C > D/P > D/A」。

78. 在國際貿易付款方式中，有關託收和信用狀的敘述是「兩者使用的匯票都是商業匯票」。

79. 託收方式下的 D/P 和 D/A 的主要差別是「D/P 為付款交單；D/A 為承兌交單」。

80. 託收統一規則中所指之商業單據係指「商業發票、包裝單、提單」統稱為「貨運單據」。

81. 以 D/P 方式辦理託收，此時出口商為匯票（Draft）的「Drawer」（發票人）。

82. 依 URC 522 之規定，出口託收匯票之付款人（Drawee，被發票人）為「進口商」。

83. 預付貨款（Advance Payment）或記帳交易（Open Account, O/A）一般都以匯款方式（Remittance）支付，僅為匯款時間不同而已：

    (1)預付貨款指簽約後、裝船前，買方先行將有關貨款匯付賣方。

    (2)O/A 交易係指賣方於貨物裝運出口後，即將貨運單據寄交買方，買方俟約定之付款期限屆滿時，再行匯付賣方。

    (3)以匯款方式支付貨款者，無論 Advance Payment 或 O/A，均須於契約內明確約定二點，一為貨款匯付之時間（日期），另一為匯款方式，以免引發爭議。

84. 託收銀行接受出口商託收的委託後，將相關單證寄交代收銀行，委託其向進口商代收，此種託收方式稱為「出口託收」。

85. 進口結匯係指「進口商向外匯銀行申購外匯」。

86. 在匯率波動幅度較大期間，母子公司間往來，宜採用「記帳」付款方式。

87. 光票託收係指以「金融單證」委託銀行代為收款（光票之意是沒有任何跟單）。

88. D/P、D/A 屬於託收的付款方式。

89. 依據 URC 522 之規定，「匯票」不屬於「商業單據」。

90. 買方須將貨款付清，國外代收行始可交付單據給買方提貨，此種支付方式為「付款交單」。

91. 商業單據未附隨財務單據之託收稱為「光票託收」。

92. 我國貨幣有貶值趨勢時，我國進口商以「payment in advance」付款方式，最能規避匯率風險。

93. 承兌交單（D/A），其匯票之到期日若為120 days after sight 時，則自「匯票簽發日後起算」120 天到期。

94. 進口商只須在匯票上承兌，即可拿回貨運單據提貨，待約定日再付款，其付款方式稱為「D/A」。

Price

95. 價格表之敘述：(1)無一定格式；(2)非記載正式價格之文件；(3)簡稱P/L 。

96. 價格條件之標示應以「per dozen 20 USD FOB Keelung」之標示方式為正確。

97. USD 3.2/set net FOB Taiwan 是表示「在臺灣交貨的不包含佣金的價格」。

Shipment

98. 交貨條件中，shipment on or about 31 August 是指「在8月26日至9月5日止裝船，包括起訖日期在內」。

99. 在 CFR 條件下，為使買方能適時投保貨物運輸保險，賣方於裝船交貨後應迅速向買方發送「Shipping Advice」。

100. 海運出口貨物船公司通常會告知「預計到港時間」，正確簡稱為ETA 。

101. 「交貨條件」是貿易契約的基本條款。

102. 出口商於貨物裝運交付後，應即刻通知買方，此即所謂之「裝運通知」（Shipping Advice），與此項通知有關之敘述為：

(1)裝運通知旨在便於買方備款贖單以及準備報關、提貨、存倉、銷售等事宜。

(2)裝運通知之主要內容有船名、航次、起運港、目的地、ETA、ETD、貨物之品名、數量以及金額等裝運資料，此外，宜另行寄送或傳真貨運單據副本予買方。

(3)在 FOB 或 CFR 條件下，貨物裝船後，賣方須即時通知買方憑以購買運輸保險。

103. 對於裝運（Shipment）條件：

(1)若未有明確規定是否可分批裝運時，基於賣方備貨之方便，賣方可將貨物安排分批裝運。

(2)在 CIP 條件下，雖貨物之上船日遲於規定裝載日，但只要海運提單上之簽發日係在信用狀規定裝載日之前，仍不算遲延交運。

(3)在裝運條件中，對於一些裝運期限較不明確的用語如「Prompt Shipment」、「Immediate Shipment」，為避免解釋上的歧異，最好避免使用。

104. 交貨條件為買賣契約中最重要的條件之一，交貨遲延足以造成解除契約或損害賠償之重大後果，有關交貨日期之敘述如：

(1)在 FOB、CFR、CIF 等貿易條件下，交貨時間（Time of Delivery）即指裝運時間（Time of Shipment）而言。

(2)交貨期限應當適度，應根據貨源與船源（租船訂艙）的實際情況來確定交貨的時間，另以信用狀付款時，應併同考慮開狀日期是否明確及合理（即配合裝運日期）。

(3)除非買賣雙方另有約定，宜避免使用類似 shipment as soon as possible 的籠統用語，以防解釋不一，發生糾紛。

Insurance

105. CFR 或 FOB 貿易條件，出口商在報價單上有關保險的敘述是：

　　Insurance is for buyer's account.

106. CIP 或 CIF 貿易條件，出口商在報價單上有關保險的敘述是：

　　INSURANCE：Covering Clauses A plus SRCC.（Clauses A 和
　　SRCC 是保險種類）

5

推廣、詢價、報價、議約之進行

第一節 市場調查（Market Research）

一、出口商開發市場的目的

1.調查新市場
擴張銷售版圖，或與其他類似產品爭奪一席之地。

2.調查舊市場
(1)增加營業，擴大既有的市場。

(2)排除障礙，強大既有的市場。

(3)對抗競爭，維持既有的市場。

(4)討論虧損，明瞭自己的市場。

(5)重整旗鼓，恢復已失的市場。

二、市場調查的重要性

除了以上目的外，其餘不再詳述。以下是幾則曾經發生的事實：

1. 有時問題是名稱引起的，生產汽車的美國通用汽車（General Motor）公司將它出產的 Chevy Nova 在拉丁美洲國家做宣傳廣告，因為No Va 在拉丁美洲的意思是 "It doesn't go"，所以一輛都沒賣掉。

2. 有時標語口號也會發生問題，在美國百事可樂（Pepsi-Cola）的 "Come alive with Pepsi" 推廣活動非常成功，百事可樂公司於是逐字將它翻譯成為國際性的推廣活動，結果在德國的口號是 "Come out of the grave"，而在中國是 "Pepsi brings ancestors back from the-grave"。

3. 有時問題出在包裝上，大家都看過Gerber嬰兒食品吧！罐裝食品外圈有一個有甜美笑容的嬰兒圖像，但在非洲很多國家都有共識：這罐上的圖片就是與罐內所裝的東西一樣。

4. 有時是文化和宗教信仰上的差異，Thom McAn 鞋有一個簽名 "Thom McAn" 在鞋子的內部，對孟加拉國的人民來說，這看起來潦草的筆跡像是一個字 "Allah"（阿拉），回教徒認為將神的名字踩在不乾淨的腳上，是極大的侮辱。

看了以上的四則，想必心有所感吧！

三、市場調查的方法

調查的方法可透過以下兩種方式完成：

(一)利用既有的次級資料（Secondary Data，即第二手資料）

1. 調查國家政府發行的公報、年鑑、統計報告、工商普查報告等。
2. 聯合國及有關區域組織所發行的年鑑等資料。
3. 調查國家金融機構（如中央銀行或海關）發行的進出口結匯統計等資料。
4. 國內外市場研究機構或徵信機構所發表的報告。
5. 國內外報紙雜誌等廣告媒體所發布的資料。
6. 國內外大學及各種基金會的研究報告及刊物。
7. 本國駐外使館及其他駐外單位所提供的報導。
8. 本國進出口公會及各種職業團體所發行的刊物。

外貿協會在臺北、臺中、高雄三地都設有資料館，貿易商可以申請

閱覽證，在上班時間內查閱所需資料。

(二)初級資料（Primary Data，即第一手資料）的蒐集

1. 通信調查。
2. 派人出國訪問實地調查。
3. 電話訪問調查。
4. 觀察法：觀察市場實際發生的情況。

市場調查必須仰賴國內專業機構進行，所以平時在一些刊物上多閱讀有關產品與市場報導，時日一久即能產生第六感的直覺判斷能力，據此所做的決定迅速而可靠，又不必花什麼費用。例如對回教國家的客戶，不要寄送聖誕卡或請客吃飯，要上清眞館（沒有豬肉），這是基本的常識。

第二節 推廣（Promotion）

一、尋找國外新客戶的方法

(一)積極的物色方法

1. **自己直接物色**

   (1)派員常駐國外或出國訪問尋找客戶。

   (2)在國外貿易專業雜誌上刊登廣告。

   (3)在國內發行的貿易專業雜誌或工商年鑑上刊登廣告。

   (4)參加國內外商展。

(5)利用我國設在國外的貿易中心展出產品。

2. 委託第三者間接物色

(1)透過外匯銀行介紹。

(2)函請本國駐在各國的大使館、領事館，及其他政府機構駐外單位代為介紹。

(3)函請外國駐本國的大使館、領事館代為介紹。

(4)委託國外進出口公會、商會或有關機構代為介紹。

(二)消極的物色方法

1. 根據國外發行的新聞雜誌，發函尋找客戶。

2. 根據國外發行的工商名錄、發函聯絡。

3. 根據國內機構所發布的貿易機會，去函聯繫。

4. 請求國外朋友、駐外代表協助介紹。

而我國一般小貿易商常用的方式可自以上所述各點摘錄如下：

1. 直接寄送推廣信函給國外客戶。

2. 親自出國推銷訪問。

3. 參加國內外之商品展覽會。

4. 在國內外發行的貿易專業雜誌上刊登廣告。

以上四項可同時進行。

二、出口推廣信（*Sales Letter*）寫法

出口商用各種不同的方法，以激起可能的客戶（Potential Customer，又譯為潛在的客戶）對其產品的興趣（Interest）與需求（Demand），進而

達到銷售（Sale）的目的，這種方式叫「促銷、推廣」（Promotion）。

在海外的報紙、期刊或雜誌上刊登廣告，吸引可能的客戶來詢價（Inquiry），是推廣的方法之一，這是被動的方式，另一是蒐集潛在客戶的資料，毛遂自薦主動去函（Sales Letter）引起對方的注意和興趣。不論是過去的信函，或現在的 E-mail，這 Sales Letter 格式都是一樣的。

寫 Sales Letter 一般分幾個段落，整體的內容不宜過長，要簡明扼要，免得使閱讀者不耐煩而丟進字紙簍，那就前功盡棄了。以下是範例：

1. 一開始要說明如何取得對方的資料，如：

1. We knew from the TAITRA（外貿協會）that you are one of the leading importers of（品名）in your country.
2. Through the recommendation of the Jordanian Commercial Office in Taipei, we have learned of your name and address, and take the liberty of introducing captioned for you, hope these items will meet your requirement.

2. 自我介紹

1. We are a well-know in（品名）and our products have enjoyed a good reputation because of our excellent quality.
2. We have been engaged in（品名）since 1965 and have had good relation with local market.

3. 介紹產品的優點

1. Due to our excellent quality, good management system and superior after-sales service, we have already enjoyed a long-lasting good reputation in the world market.

4. 提供市場動向、傾向、消費者的購買意願等

1. Most consumers have begun to move up to more expensive, better quality items: price are not always their motivation.
2. Considering the long trend, the development of （品名） must towards the high quality market.

5. 目前有哪些大客戶在購買

1. Our products have enjoyed a very good reputation from all of our customer such at Texas Instruments in USA and Italy, Philip in USA and Sweden etc.
2. Our customer are spreading everywhere such as Nortel in USA, Grundig in Germany etc.

6. 說服購買者採取行動，即時採購

1. Please place us your order without delay, or the price will rise in the near future.
2. Due to the constant appreciation of TWD value, we suggest you place us an order as soon as possible, otherwise price many be increased very soon.
   （constant appreciation ：不斷升值）

7. 附上型錄、報價單、樣品供對方參考

1. Enclosed please find our catalog, quotation, and samples for your evaluation.
2. Our latest catalog, price list and samples are attached for your reference.

8. 表示願意建立貿易或業務關係

1. We are looking forward to establishing business relation with you.

2. We hope to built business connections with you.

9. 表示願意為對方服務

1. We would like to be of service to you.

2. We are very pleased to be of service to you at any time.

10. 期待對方的盡快回覆、下訂單、告知意見等

1. Your early reply would be highly appreciated.

2. We would appreciate your prompt & favorable reply.

下頁是一篇完整的 Sales Letter ，提供參考：

ATTN: PURCHASE DEPT.   OUR REF: 123001-P1

ENGINEERING DEPT.

RE: SAMWELL KEYBOARDS AND ITS COMPONENTS

Dear Sirs,

We are glad to know from Asian Source your interest in our Key Boards and its Components and enclose the relevant catalog for your evaluation.

We have been handling the electronic field since 1975 and have become one of the leading suppliers of various keyboards, keypads, and its components. By keeping our principle of "EXCELLENT QUALITY, COMPETITIVE PRICES, GOOD SERVICE", we have enjoyed a very good reputation from all of our customers such as Texas Instruments in USA and Italy, Philips in USA and Sweden, L M Ericsson in Sweden, Grundig in Germany, and many others.

By this opportunity, we hope to set up our business relationship with you. Please do not hesitate to specify articles, which interest you and just send us your enquiry with your specified drawing or specs. You will certainly enjoy the best cooperation with us.

Thank you very much for your attention to the above and looking forward to hearing from you very soon.

Very Truly Yours,

Samwell Int'l Inc.

_____

Mary Chen

V. President-Marketing

第三節 詢價（Inquiry）

進口商（買主）向製造廠商或出口商（賣方）詢價（Inquiry）（又名探盤），老式的方式有書信、電報、Telex 等，現在使用的電子郵件（e-mail），非常迅速，立即可達，又是非常的便宜，廣受歡迎。

以下是一封典型的詢問函（General Enquiry，一般詢問函），也可以「無須等待回覆」之方式大量發送，而達到蒐集資料（Information Collect）的目的。這種詢問函看起來是過於簡單，但也不能小覷，有時大客戶是懶得說廢話的，所以要慎重回覆。

Dear Sirs,

Would you please send us a copy of your catalog and price list of 品名 for our reference, We would appreciate your prompt attention to this matter.

Your Faithfully,

比較具體的詢問函寫法分為以下三個重點即已足夠：

1. 從何處知道該項產品，如：

 (1)收到對方（即賣方）寄來的 Sales Letter 而得知。

 (2)從報章（Newspaper）或雜誌（Magazine）上看到所刊登的廣告。

 (3)經由第三者的介紹而得知。

 (4)在某展覽會場上看到對方所展示的產品。

1. We have seen your advertisement in（雜誌）, and are pleased to know that ...
2. Your name and address have been given by TAITRA as a leading maker of（品名）... .
3. We visited your stand at the computer exhibition in Tokyo last month and are very interested in your display of（品名）...

2. 希望收到對方的詳細型錄（Catalog）、價目表（Price List）和樣品（Sample），及其他說明資料（Illustrative Brochure, Literature）之類

1. Please kindly send us your latest catalog and price list for our study.
2. We would appreciate receiving your catalog and price list for our consideration.
3. We should be obliged（grateful）if you send us your latest catalog and price list for us to study this market potentiality of your products.

3. 希望以何種交易條件（如 FOB 或 CIF 等），以及要給買方代理商的佣金等

關於此點，買方如果沒有提出，賣方一定均以FOB 報價為基礎。

We shall accordingly appreciate your prompt quotation CIF Keelung, the term of payment is L/C.

下面是一封完整的詢問函範例：

Dear Sirs,

We have seen your advertisement in the Metal Worker, and would be grateful if you would kindly send us detail of your aluminum fittings.

Please quote us all the items listed on the enclosed enquiry, giving your prices CIF Taiwan. Will you please also indicate delivery time, your term of payment, and discount details for regular purchases and large order.

Our annual requirements for metal fitting are considerable, and we may be able to place substantial order with you if your prices are competitive and your delivery is prompt.

We look forward to receive your quotation.

Faithfully Yours,

第四節　徵信 (Investigate)

　　對有來往之國外客戶徵信調查，並非是必須的，要視地區及交易條件、交易金額之大小等因素而定。譬如說，歐美國家的客戶重信譽、重法治，而且又是以信用狀做為交易條件，金額又不多，也許沒有必要徵信調查。而中南美洲習慣以 D/P 、 P/A 方式交易，而且金融不穩定，守法精神不夠，仍以先辦理徵信為佳。又非洲中部國家，騙術層出不窮，國家之信譽亦不佳，銀行的信用狀也不可靠，徵信也甚困難。

　　有關客戶徵信調查的事宜，可洽詢我國的「中國輸出入銀行」。

一、徵信調查（4C）內容

1. Character（特性人格）
該公司的結構、營業方針，以及經理人的品格。

2. Capital（資本）
該公司的資產、資金、財稅狀況。

3. Capacity（能力）
營業能量、收益能力，以及發展希望。

4. Condition（環境、狀況）
對方政治安定度、法律的效力、金融的安定度，以及貿易手續之方便程度等。

　　以上即從該客戶本身「信用因素」及其國家與社會的「政治因素」來考量。

二、信用狀況的等級

1. 第一級 High 優良。
2. 第二級 Good 良好。
3. 第三級 Fair 普通。
4. 第四級 Limited 須加限制。

　　信用不良的客戶，其信用不列入等級。對第四級信用之客戶，貿易商宜加小心。

　　徵信並不是單對「買方」才有需要，有時為了瞭解「賣方」的生產能力、營運狀況、信用度等，以防詐騙，也有需要。

第五節 | 報價單（Quotation）

一、報價單之類別

當國外買主來函詢價（Enquiry，俗稱探盤）或出口商主動以DM（Direct Mail）方式寄出推廣函（Sales Letter）給國外可能的買主，向其推介，除了一封信之外，當然還要附上該項產品的 Catalogue（型錄）和價目表，以供買主比對參考及選擇之用。

報價單的名稱有：

(1) Price list	價目表
(2) Offer sheet	價目表
(3) Estimate sheet	估價單
(4) Quotation	報價單
(5) Pro-forma Invoice	預約（估）發票，形式發票

以上名稱雖各有不同，但其用意則是一樣的，即賣方將能接受的價格與條件，向買方 Offer 或 Quote，給買方做參考，並 Accept。所以在內容上並沒有不同。

1. Price List
2. Offer Sheet

上述 1. 和 2. 可能是一種已經印就好的統一報價資料，供任一可能的「買主」索取參考，買主可以據此再來商討（Price Negotiation，議價），從而達成交易。

3. Estimate Sheet

Estimate Sheet 是指根據買主所要求的材質、規格、顏色等，特別

專案訂製所報的價格，中文稱爲估價單。

4. Quotation

在對外報價上是一個常用的名詞，是針對某一特定買主的要求（該買主可能事先要求以某種條件報價）而設計的價格條件，對其他買主則因條件不同，不能適用，所以往往在Quotation上方註明對方的名稱和地址，而Price List和Offer Sheet上則可以沒有。Estimate sheet類似Quotation性質。

5. Pro-Forma Invoice

Pro-Forma是拉丁文「形式」之意，所以解釋爲「未決」，也就是還沒有達成交易前的發票（尚未交貨），達成交易後（交貨後），就可據其原有內容更名爲Commercial Invoice商業發票（爲達成交易，證明確有交易行爲的買賣憑證）。甚多外匯管制的國家，對進口商申請輸入許可時，有要求一併出示國外供應方的Pro-Forma Invoice的規定，以防止進口商將貨價以低報高，套取政府外匯。

但須注意，以上所述各種報價單之名稱，並不同於買賣雙方的Contract（契約書）或Agreement（協議書），只表示是賣方的一種約因（或稱誘因），如爲買方接受（Acceptance），必須另簽Contract或Agreement（所以即使買方在Pro-Forma Invoice或報價單上簽字，也並不能以Contract或Agreement視之）。

二、報　價

㈠賣方開價（Selling Offer）、買方出價（Buying Offer）

1.賣方開價

Offer通常是指Selling Offer，乃是由於賣方爲了銷售貨物，主動

向買方提出的價格及條件，例如：

> We take pleasure in offering you the following commodity at the Prices and on the terms and conditions set forth below.

注意：offer 也可用 quote 取代，這兩個字是用於「報價」的關鍵字。

2.買方出價

乃是買方意欲購買某貨物，主動向賣方提出價格等條件，如賣方同意接受，即下訂單（Purchase Order），如國外買主來電文如下：

> Offer firm（to you），Subject immediate acceptance, 200 case Refined Butter, 48 one-pound tins to case, each USD 50.000 CIF Hong Kong August Shipment.

(二)穩固報價（Firm Offer）、非穩固報價（Non-Firm Offer）

1.穩固報價

穩固報價含有「確定」的意思，如當買方（或賣方）在報價單中，註明We offer subject to our final confirmation（Approval）時，已表示片面「肯定」的意思，如果對方同意接受可以We accepted your offer dated ..., Please confirm 請作覆，即要求訂立契約之意。

2.非穩固報價

含有不確定的意思，僅表示「意願」的報價。如：

> 買方：
>
> We are buying ...
>
> We are willing to buy ...
>
> We are going to buy ...

賣方：

We may offer〔quote〕...

We are able to offer ...

(三)還價〔Counter Offer〕

對於對方的報價或條件，有部分不能接受，可以將自己希望的價格和條件告訴對方，請求對方接受的方式，叫做還價。所以還價並不限於價格（Price），還包括條件（Terms and Conditions）在內。

三、報價單的內容

報價單是一種期前契約，是代表「賣方」的意願，希望「買方」接受，是謂「開價」（Quote 或 Offer），在中國習慣叫開盤，如果買方對其中的價格與條款不盡滿意，而提出修正要求，是謂「還價」（Counter Offer），如此經過買賣雙方一再磋商（Price Negotiation，議價），意見趨於一致，即可正式簽訂「買賣契約」（Contract 或 Agreement，即買賣合同），此買賣契約，即是由當初的報價單為基礎，經重新修訂和整理而來，所以當初的報價內容，於開始時，賣方即應力求完整，買方只要針對其中的條款和價格加以考慮接受或提出還價，如此就可以縮短商談的時間，所以一份報價單的內容製作得是否完整，能否使買主完全明瞭，影響成交與否的關鍵甚鉅。

賣方對報價單的設計，不該只針對該筆交易所能接受的條件，而必須包括第4章所述的七個貿易基本條件，同時也要考慮到買方可能會發生的誤解，和以後一旦發生糾紛時的處理方式，還要一併在報價單內事先說明「有言在先」，所以可以把報價單的內容區分為「變動條款」與

「固定條款」兩部分。

　　通常變動的部分，是把該筆的有關條件，用打字（填）在上面，這是可以商討的，而固定條款甚少變動，事先已印妥在報價單的背面，我們稱它為「一般條款」（General Terms and Conditions）或「補充條款」，如須變動，則是加在正面，所以在上面特為標明（Unless Otherwise Specified，除非另有說明）。意即：如果與正面的變動條款有所牴觸時，則本條款無效，仍以正面的條款為準。也有將「一般條款」另印成一張，在報價單上註明，以attachment sheet（如附件）方式附在報價單上，一起寄給買主的。

　　以下是「報價單」及一般條款的範例：

▌附件 5.1 ▌ 報價單（或預約發票）

MANUFACTURER & EXPORTER		

MANUFACTURER
&
EXPORTER

高 大 貿 易 有 限 公 司
NEWSWEN CO., LTD.
MAILING ADDRESS: P.O. BOX 11545
TAIPEI, TAIWAN R.O.C.

TEL: (02)381-1613, 314-1315
371-0009, 371-3500
CABLE: NEWSWEN TAIPEI
TELEX: 12352 NEWSWEN

To: M/S XYZ Trading Co., Ltd.
P.O. Box 12345
Jeddeh, Saudi Arab

Date: Aug. 28, 2000
No. TD-2323

QUOTATION / PROFORMA INVOICE

Dear Sirs,

We take pleasure in quoting you the following commodity/commodities at the price/s and the terms and conditions set forth below:

Payment	:	Against 100% confirmed, irrevocable and transferable sight Letter of Credit in our favor.
Shipment	:	About 60 days after receipt your L/C.
Packing	:	Each pair with a pp/bag one dozen packed in paper box, 10 dozen packed in an exp/carton of about 3.6 cuft.
Insurance	:	To be covered by the buyer.
Minimum Order	:	600 pairs per style, 1,200 pairs per order.
Validity	:	For acceptance subject to receipt your order by September 30, 2000.

Item No.	Commodity Description	Quantity	Unit price	Amount
	RUBBER COATED WORK GLOVES	FOB NET TAIWAN		
SK-55	100% rubber coated with knitted wrist.		(per pr.)	
	Size: 11" × 10" × 9"	100prs	USD10.66	USD1,066.00
SK-66	--ditto--	100prs	8.34	834.00
SK-77	--ditto--	100prs	9.60	960.00
	NEOPRENE COATED WORK GLOVES			
SK-66N	Neoprene coated gloves, smooth finish, with blue cotton knitted wrist.			
	Size: 12" × 10" × 9"	100prs	11.26	1,126.00
SK-88W	--ditto--	100prs	10.44	1,044.00
SK-88WN	--ditto--	100prs	12.10	1,210.00

Remark / s: Quality about equal to sample submitted to you on Aug. 10, 2000.

NEWSWEN CO., LTD

MIKE WEN,
General Manager

┃附件 5.2┃ 一般條款（印在報價單後面，或另成一頁）

GENERAL TERMS & CONDITIONS
(Unless Otherwise Specified)

1. BASIS:

   All business shall be transacted between the Buyer and the Seller on Principals to Principals basis.

2. QUANTITY:

   Quantity set forth on face hereof is subject to a variation of five percent (5%) plus or mirus.

3. SHIPMENT:

   Date of Bill of Lading shall be accepted as a conclusive date of shipment. Partial shipments and transhipment shall be permitted unless otherwise stated on face hereof.

   The Seller shall not be responsible for non-shipment or late shipment of the contracted goods due to causes beyond the Seller's control and causes due to failure of the Buyer to provide in time the relative letter of credit or other instructions requested by the Seller.

4. EXCHANGE RISKS:

   The quoted price/s of foreign currency is/are based on the prevailing official exchange rate in Taiwan between the said foreign currency and the New Taiwan Dollar. Any devaluation of the foreign currency to the New Taiwan Dollar at the time of negotiating draft(s) shall be for the Buyer's risks and account.

5. FREIGHT & INSURANCE, ETC.:

   In case the quotation is made on C&F or CIF basis, the freight and/or insurance charges, as the case may be, is/are estimated & calculated to the best of the ability of the Seller on prevailing rate/s at the time of quoting. Any increase in freight rate and/or insurance premium rate at the time of shipment shall be for the Buyer's risks and account. The Seller reserves the right to adjust the quoted price, if prior to delivery there is any substantial variation in the cost of raw materials or component parts.

6. INSPECTION:

   Unless otherwise instructed by the Buyer, export inspection by Chinese Authorities, Manufacturers or the Seller is to be considered as final. When the Buyer requires special inspection by appointment, the Buyer must inform the Seller of such name of inspector at the Time of contract and such inspection fees shall be borne by the Buyer.

7. CARRYING BOAT:

   As a general rule, the Buyer shall not appoint any steamship company or steamer for shipment. But in the case of such appointment, the Seller shall not be responsible for late shipment due to delay or cancellation of such carrying boat. Further, the Buyer shall agree to the Seller's requests, such as amendment of Letter of Credit, and any other procedure for fulfilment of such shipment.

8. PAYMENT:

Payment shall be made by any of the following means:

(a) Telegraphic Transfer (T/T) or Mail Transfer (M/T).

(b) Check (payment shall not be deemed received unless the amount of the check has been collected.).

(c) A prime banker's irrevocable and transferable letter of credit in favor of the Seller, available by draft at sight for 100% invoice value. The terms and conditions of the letter of credit shall be acceptable to the Seller. In case the letter of credit is not acceptable to the Seller, the Buyer shall amend the L/C accordingly upon the request of the Seller. The Buyer shall not be deemed fulfilled and complied with the payment items unless such amendment has been received and accepted by the Seller.

9. CLAIMS:

In the event of any claim arising in respect of any shipment, notice of intention to claim should be given in writing to the Seller promptly after arrival of the goods at the port of discharge and opportunity must be given to the Seller for investigation. Failing to give such prior written notification and opportunity of investigation within twenty-one (21) days after the arrival of the carrying vessel at the port of discharge, no claim shall be entertained. In any event, the Seller shall not be responsible for damages that may result from the use of goods or for consequential or special damages, or for any amount in excess of the invoice value of the defective goods.

10. FORCE MAJEURE:

Non-delivery of all or any part of the merchandise caused by war, blockage, revolution, insurrection, civil commotions, riots, mobilization, strikes, lockouts, act of God, severe weather, plague or other epidemic, destruction of goods by fire or flood, obstruction of loading by storm or typhoon at the port of delivery, or any other cause beyond the Seller's control before shipment shall operate as a cancellation of the sale to the extent of such non-delivery. However, in case the merchandise has been prepared and ready for shipment before shipment deadline but the shipment could not be effected due to any of the above-mentioned causes, the Buyer shall extend the shipping deadline by means of amending relevant L/C or otherwise, upon the request of the Seller.

11. ARBITRATION:

All disputes, controversies, or differences which may arise between the parties, out of or in relation to or in connection with this contract, or for the breach thereof, shall be finally settled by arbitration in Taipei, Taiwan, Republic of China in accordance with the Commercial Arbitration Act of the Republic of China and under the laws of the Republic of China. The award rendered by arbitrator(s) of the Arbitration Association of the Republic of China shall be final and binding upon both parties concerned.

12. THE PROPER LAW OF THE CONTRACT:

The formation, validity, construction and the performance of this contract are governed by the law of the Republic of China.

第六節 | 預約發票（Pro-Forma Invoice）

　　預約發票是當出口商向國外報價（Quotation）時，由於國外買主對 Quotation 上的所有貨品並非全部有意購買，可能只對其中某幾項有興趣，並且對 Quotation 上其他條件，如包裝方式、最少訂購數量等提出不同的要求，難免會有一番討價還價，如經雙方商妥後，出口商再將 Quotation 中買主無意購買的商品刪除，並將內容按議妥的條件重新繕打，寄給國外買主，即是所謂的 Pro-Forma Invoice 。這 Pro-Forma Invoice 並不是每個國外買主都有需要，很多歐美國家是不要的，需要的大多是外匯管制比較嚴格的進口國家。Pro-Forma Invoice 是供國外買主在向其政府辦理申請進口許可證時一併提出，證明確實是以國外報價的「實價」及「數量」來申請進口的，以防止不法進口商非法「套匯」。這 P/I 並非「契約」，所以其性質仍是屬於報價階段，只待進口商以此 Pro-Forma Invoice 申請到進口許可後，雙方再簽 S/C「買賣契約」。

　　Pro-Forma Invoice 的格式，與 Quotation 一樣，只是把名稱改為 Pro-Forma Invoice 而已，它的開場白仍是 We take pleasure in offering ...，與報價單的用語是一樣的。甚多出口貿易商有時會將兩者一併寄給買方，以圖方便。

　　很多貿易商將 Pro-Forma Invoice 當作雙方的買賣合同，要求對方簽認一份寄回來，其實是不對的。在法理上說，它並不是「合同」，但如果雙方都認為它就是合同（冠名為 Pro-Forma Invoice，開場白 We confirm ...），只要雙方認同就可相安無事。

　　賣方既然已經與買方將所有條件議妥，就可以寄 Sales Confirmation（販賣確認書）給買方，同時寄上 Pro-Forma Invoice，關於 Sales Confirmation，請看下一節說明。

第七節　訂單（Order）

一、名　稱

(一)由賣方主動寄交買方請其簽認者	(二)由買方主動寄交賣方請其簽認者
Sales Agreement	Purchase Contract
Sales Contract	Purchase Agreement
Sales Note	Purchase Confirmation（較常用）
Sales Confirmation（較常用）	Purchase Note
Confirmation of Sales（order）	Purchase Order（較常用）
Export Contract	Confirmation of Purchase
	Order Sheet
	Indent
	Import Contract
以上統稱為「銷售確認書」	以上統稱為「購買確認書」

　　上面兩者，我們均可稱之為「簡式買賣合同」。經雙方簽認後，就可以通稱為Order「訂單」。

　　以上兩種是當買賣雙方身處兩地，經信函和電報之報價及磋商，達成能夠共同接受的程度時，由其中一方主動寄給對方，請求簽認的方式。一般至少要做成一式三份，一份留底，兩份由自己先簽妥當，郵寄給國外對方，請對方在其中的一份上簽字後寄回，如此雙方各有一份，就完成簽約。現在傳真及E-Mail都很方便，也可在傳真或E-Mail報表紙上簽認後再傳回，只要雙方有誠信，也能受到對方認可。

　　下面是幾篇簡式「銷售確認書」與「購買確認書」的範例。後面同樣有「一般條款」，只是「買方」與「賣方」的立場不同。

附件 5-3 Sales Confirmation（銷售確認書）

MANUFACTURER
&
EXPORTER

高 大 貿 易 有 限 公 司
NEWSWEN CO., LTD.

MAILING ADDRESS: P.O. BOX 11545
TAIPEI, TAIWAN R.O.C.

TEL: (02)381-1613, 314-1315
371-0009, 371-3500
CABLE: NEWSWEN TAIPEI
TELEX: 12352 NEWSWEN

XYZ Trading Co., Ltd.
P.O. Box 1234
New York, N.Y.
U.S.A.

Date: July. 15, 2000

SALES CONFIRMATION

Dear Sirs,

We confirm having sold to you the following merchandise on terms and conditions set forth below:

1. COMMODITY : Item No. TK-110 Ladies double folding umbrellas.
2. QUALITY : 2 section shaft, iron chrome plated shaft, unichrome plated ribs, siliconed coated waterproof plain nylon cover with same nylon cloth sack. Size: $18^1/_2''\times10$ ribs. (as per sample submitted to buyers June 20, 2000)
3. QUANTITY : 10,000(Ten thousand) dozen only.
4. PRICE : US$ 14 per dozen CIF New York total amount US$ 140,000.00(Say U.S. dollars one hundred forty thousand only)
5. PACKING : One dozen to a box, 10 boxes to a carton.
6. SHIPMENT : To be on or before Nevember 30, 2000 subject to acceptable L/C reached SELLERS before the end of July 2000 and partial shipment allowed, transhipment allowed.
7. PAYMENT : By a prime banker's irrevocable L/C in seller's favor, for 100% value of goods.
8. INSURANCE : SELLERS shall arrange marine insurance covering clauses B plus TPND and WAR risk for 110% of the invoice value and provide for claim, if any, payable in New York in U.S. currency.
9. INSPECTION : Goods is to be inspected by an independent inspector and whose certificate inspection of quality is to be final.

ACCEPTED BY: Seller:

Yours faithfully,
NEWSWEN CO., LTD

Mike Wen, General Manager

(Please sign and return one sheet as soon as possible)

│ 附件5.4│ 一般條款（銷售確認書的一般條款）

GENERAL TERMS AND CONDITIONS

This contract is governed by the laws and regulations of the Republic of China, and the sale specified on the face hereof shall be subject to the following terms and conditions, unless otherwise stipulated thereon or agreed upon elsewhere by Buyer and Seller.

1. PRICE:

   The price stipulated on the face hereof is subject to incoterms 2000 and is based on the current foreign exchange rate in Taiwan. In the event of devaluation of the foreign currency in which this sale is made, any shortage of Seller's proceeds in New Taiwan Dollars shall be paid (promptly) to Seller by Buyer through remittance and/or increase of L/C amount according to Seller's instructions.

2. QUANTITY:

   This sale is subject to a tolerance of ten percent (10%) more or less in quantity at Seller's option unless otherwise confirmed by Seller in writing.

3. SHIPMENT:

   Date of Bill of Lading shall be accepted as a conclusive date of shipment. Partial shipments and transshipment shall be permitted unless otherwise stated on the face hereof. Seller shall not be responsible for non-shipment or late shipment of the contracted goods due to causes beyond Seller's control and causes due to failure of Buyer to provide in time the relative letter of credit or other instructions requested by Seller.

4. PAYMENT:

   Buyer shall arrange to establish L/C in favor of Seller with the terms stipulated on the face hereof within 15 days after conclusion of any contract, and such L/C shall be maintained valid at least 15 days after the month of shipment for negotiation of the relative draft.

5. INSPECTION:

   Inspection(s) performed by the manufacturer and/or Seller is considered final and conclusive in respect of quality, contents and workmanship unless otherwise agreed upon by both Buyer and Seller.

6. SPECIFICATION:

   Specification(s) and/or standard(s) of the merchandise and/or part thereof conformed to Seller's specification(s) and/or standard(s) are considered final unless otherwise confirmed by Seller in writing.

7. MAKE-UP, PACKING, MARKING, ETC.:

   Buyer shall furnish Seller with necessary instructions for make-up, packing, marking inscription of origin and/or other arrangement in writing within a reasonable time prior to the time of shipment stipulated in this contract; failing which, Seller's description shall be allowed. Standard export packing applied to for this kind of goods shall be accepted.

8. DESIGN, TRADE MARK, PATENT, ETC.:

Buyer shall be fully responsible for any disputes with regard to patent, trademark, copyright, design, stamp, etc., used by Seller pursuant to instruction of Buyer.

9. CONTINGENCIES:

Fluctuations in the freight and contingent imposition of export levies and charges therein, after the date of sale, shall be at Buyer's expense regardless of C.I.F., C&F or F.O.B. terms. The increased amount shall be paid by Buyer according to Seller's instructions. Any kind of possible loss, damage as theft, pilferage, breakage, shortage, etc., after loading shall be covered by Buyer.

10. MARINE INSURANCE:

To be effected by Seller 10% over the invoice amount in case of C.I.F. basis, unless otherwise previously instructed.

11. FORCE MAJEURE:

Seller shall not be responsible for non-fulfilment, delayed performance of all or part of the contract, due (directly or indirectly) to Acts of God, government orders or restrictions, war, warlike conditions, hostilities, sanctions, mobilization, blockade, embargo, detention, revolution, riot, looting, strike, lockout, epidemic, fire, breakdown or accident in the course of manufacturing, preparation or transportation of the goods, or any other cause(s) or circumstance(s) beyond Seller's control, and such non-fulfilment shall be operated as cancellation of contract to the extent of such non-fulfilment. However, in case the goods have been prepared and ready for shipment before shipment deadline but the shipment could not be effected due to any of the above-mentioned causes, Buyer shall extend the shipping upon the request of Seller.

12. DEFAULT:

Buyer shall be liable for result(s) arising from his failure or delay in providing L/C and/or necessary instructions or else, in conformity with terms and conditions prescribed herein. Seller reserves the right to re-sell or hold the risk of Buyer or to cancel the contract without bearing any responsibility.

13. CLAIM:

Any claim by Buyer shall reach Seller within twenty-one (21) days after arrival of the goods at the destination stated in Bill of Lading, accompanied with satisfactory evidence(s) thereof. Goods must not be returned except by permission of Seller. Payment of claim shall be subject to approval of the Government of the Republic of China.

14. ARBITRATION:

All disputes, controversies, differences or claims arising out of, relating to or connecting with this contract, or the breach, termination or invalidity thereof, shall be finally settled by arbitration referred to the Arbitration Association of the Republic of China in accordance with the Arbitration Law of the Republic of China and the Arbitration Rules of Chinese Arbitration Association, Taipei. The place of arbitration shall be in Taiwan. The award rendered by the Arbitrator(s) shall be final and binding upon both parties concerned.

I5. LATITUDE:

Slight latitude shall be allowed in matching quality, design, colour, width, size, printing, thickness, softness, etc.

附件 5-5 Purchase Confirmation（購買確認書）

MANUFACTURER & EXPORTER	高 大 貿 易 有 限 公 司 **NEWSWEN CO., LTD.** MAILING ADDRESS: P.O. BOX 11545 TAIPEI, TAIWAN R.O.C.

TEL: (02)381-1613, 314-1315
371-0009, 371-3500
CABLE: NEWSWEN TAIPEI
TELEX: 12352 NEWSWEN

XYZ Trading Co., Ltd.
P.O. Box 1234
New York, N.Y.
U.S.A.

Date: July 25, 2000

PURCHASE CONFIRMATION

Dear Sirs,

We confirm having purchase from you the following merchandise on terms and conditions set forth below:

1.COMMODITY	:	Item No. TK-110 Ladies double folding umbrellas.
2. QUALITY	:	2 section shaft, ironchrome plated shaft, unichrome plated ribs, siliconed coated waterproof plain nylon cover with same nylon cloth sack, Size: $18^1/_2 \times 10$ ribs. (as per your sample submitted on July 8, 2000)
3. QUANTITY	:	10,000(Ten thousand) dozen only.
4.PRICE	:	US$ 14 per dozen CIF Taiwan. Total amount US$ 140,000 (say U.S. dollars one hundred forty thousand only)
5.PACKING	:	One dozen to a box, 10 boxes to a carton.
6.SHIPMENT	:	To be on or before December 31, 2000. partial shipment allowed, transhipment allowed.
7.PAYMENT	:	By irrevocable sight L/C in your favor, for 100% value of goods.
8. INSURANCE	:	SELLERS shall arrange morine insurance covering clauses B plus TPND and WAR risk for 110% of the invoice and provide for claim. if any, payable in Taiwan in US$ currency.
9.INSPECTION	:	Goods is to be inspectioned by an independent inspector and whose certificate inspection of quality and quantity is to be final.

10.SHIPPING MARK:

NWN
21005
KEELUNG
C/NO. 1-up

ACCEPTED BY:

Seller:

Yours faithfully,
NEWSWEN CO., LTD.

(Please sign and return one sheet as soon as possible)

129

┃附件 5.6┃ 一般條款（購買確認書的一般條款）

GENERAL TERMS AND CONDITIONS

Both parties agree to the following terms and conditions:
1. SHIPMENT:

   The goods must be shipped strictly within the period stipulated herein. In the event of delay in shipment, Buyer may cancel the contract and claim damages for breach of contract, provided that the shipment is delayed in whole or in part by reason of Acts of God, or the consequence thereof. Buyer may extend the time of shipment if the delay is not to exceed one month. If shipment is delayed over one month, Buyer shall have the option to cancel the contract at any time. In such case of cancellation and/or becoming void Seller shall refund all money paid in advance by Buyer with respect to any undelivered goods.

2. PAYMENT AND IMPORT LICENCE:

   Buyer undertakes to take necessary steps to obtain import licence and/or exchange permit, if any is required, and to arrange opening of letter of credit and/or making remittance required for the performance of this contract, in accordance with reasonable business practices. Buyer is not responsible for failure or for delay to make remittance or open such letter of credit, if for reasons beyond Buyer's control, including any intervening restriction on import or payment subsequently imposed by the Government of the Republic of China or the foreign exchange bank after conclusion of the contract. In the event the terms of letter of credit do not conform with the terms of this contract, Seller shall immediately request Buyer to amend the letter of credit according to the terms of this contract.

3. WARRANTY:

   Seller warrants the quality and suitability of the goods. Buyer reserves the right to make all claims regarding quality, quantity, and/or suitability by notifying Seller in writing giving a description of the defects and/or shortages, such notice to be posted within 30 days after arrival of the goods at the place of the end user and the unpacking of such goods. Seller shall be responsible for latent defects of the goods, even after delivery and inspection and/or delay of notification by Buyer.

4. BREACH OF CONTRACT:

   In the event of breach by Seller of any term, condition, and/or warranty of this contract, Buyer may reject the goods, may dispose of them for the account of Seller at the time and price which Buyer, in its sole discretion, deems reasonable, and may hold the proceeds for the settlement of the loss and damages to be recovered from Seller. In such a case Seller shall be liable for all loss and damages caused by its breach of contract, including but not limited to loss of profit to be obtainable from resale by Buyer, loss due to forfeiture of bond and/or securities, and expenses incurred, together with all damages caused by Buyer's liability to the purchaser(s) from Buyer, due to Seller's breach of contract.

5. CLAIMS:

   Any claim shall be settled amicably as far as possible, but in case of failure, the matter shall be settled by arbitration in Taipei.

130

注意：「購買確認書」與「銷售確認書」和報價單（Quotation 或 Pro-forma Invoice）的內容幾乎一樣。確認書：(1)開頭語的語氣不同，用 We Confirm ...；(2)左下角多了一個 Accepted By（被接受）給對方簽認的位置。

(三)買賣契約

買賣契約（Contract of Purchase and Sales）是先由買方提出意欲購買或賣方主動推銷，經過買賣雙方一再之磋商（即報價、討價還價之過程），爲雙方共同願意遵守與履行的書面文件，經雙方簽字而有效，在中國大陸稱之爲「買賣合同」。

買賣契約書在國際貿易上並非絕對必要的，只要雙方互相遵守「誠信」原則，一方交貨另一方付款，貿易過程即已結束，但是由於國際關係複雜、政局變化莫測，兼之各國風俗習慣、宗教信仰、政府法令規定不一、通訊聯絡不便、語言溝通困難，而且貿易對手的信用是否良好等因素，貿易契約提供日後一旦發生糾紛時之「佐證」的重要性可想而知。所以貿易契約之簽訂，有無必要，要視雙方當事人的決定。

契約（Contract）也可以叫協定（Agreement），在法律上的約束力是相同的。

名稱有：

　　Sales and Purchase Contract

　　Export and Import Contract

　　Contract of Purchase & Sales

　　Trade Agreement

也可以將所交易之貨品名稱一併標示出來，如：

Sales Agreement for TV sets.（電視機）

Contract for Purchase and Sales of Urea.（肥料尿素）

　　一般來說，大筆的交易才要簽定買賣契約，如肥料、米、小麥、水泥、煤、礦砂、石油等等，合約內應談到履約保證金、延遲交貨罰款、品質認定、仲裁等等，簽定後最好再請當地的法院公證。

附件5.7　買賣契約

CONTRACT FOR PURCHASE & SALE OF UMBRELLAS

This contract is made this 15th day of July, 2000 by ABC Corporation (hereinafter referred to as "SELLERS"), a Chinese corporation having their principal office at 3 Fl., 66 Kai Fang St., Sec. 1, Taipei, Taiwan, Republic of China, who agree to sell, and XYZ Corporation (hereinafter referred to as "BUYERS"), a New York corporation having their principal office at 30, Wall St., New York, N. Y., USA, who agree to buy the following goods on the terms and conditions as below:

1. COMMODITY:

   ITEM NO. TK-ll0, Ladies double folding umbrellas.

2. QUALITY:

   2 section shaft, iron and chrome plated shaft, unichrome plated ribs, siliconed coated waterproof plain nylon cover with same nylon cloth sack,

   Size: $18^1/_2$" × 10 ribs.

   as per sample submitted to BUYERS on June 10, 2000.

3. QUANTITY:

   10,000 (Ten thousand) dozen only.

4. UNIT PRICE:

   US$ 14 per dozen CIF New York Total amount US$ 140,000 (Say US Dollars one hundred forty thousand only) CIF New York.

5. PACKING:

   One dozen to a box, 10 boxes to a carton.

6. SHIPPING MARK:

   NEW YORK
   NO.1 & up

7. SHIPMENT:

   To be shipped on or before December 31, 2000 subject to acceptable L/C reached SELLERS before the end of October, 2000 and partial shipment allowed, transhipment allowed.

8. PAYMENT:

   By a prime banker's irrevocable sight L/C in Seller's favor, for 100% value of goods.

9. INSURANCE:

   SELLERS shall arrange marine insurance covering clause B plus TPND and war risk for

110% of the invoice value and provide for claim, if any, payable in New York in US currency.

10. INSPECTION:

Goods is to be inspected by an independent inspector and whose certificate inspection of quality and quantity is to be final.

11. FLUCTUATIONS OF FREIGHT, INSURANCE PREMIUM, CURRENCY, ETC.:

(1) It is agreed that the prices mentioned herein are all based upon the present IMF parity rate of NT$ 32 to one US dollar. In case, there is any change in such rate at the time of negotiating drafts, the prices shall be adjusted and settled according to the corresponding change so as not to decrease SELLERS' proceeds in NT Dollars.

(2) The prices mentioned herein are all based upon the current rate of freight and/or war and marine insurance premium. Any increase in freight and/or insurance premium rate at the time of shipment shall be for BUYERS' risks and account.

(3) SELLERS reserve the right to adjust the prices mentioned herein, if prior to delivery there is any substantial increase in the case of raw material or component parts.

12. TAXES AND DUTIES, ETC.: 5

Any duties, taxes or levies imposed upon the goods, or any packages, material or activities involved in the performance of the contract shall be for account of origin, and for account of BUYERS if imposed by the country of destination.

13. CLAIMS:

In the event of any claim arising in respect of any shipment, notice of intention to claim should be given in writing to SELLERS promptly after arrival of the goods at the port of discharge and opportunity must be given to SELLERS for investigation. Failing to give such prior written notification and opportunity of investigation within twenty-one (21) days after the arrival of the carrying vessel at the port of discharge, no claim shall be entertained. In any event, SELLERS shall not be responsible for damages that may result from the use of goods or for consequential or special damages, or for any amount in excess of the invoice value of the defective goods.

14. FORCE MAJEURE:

Non-delivery of all or any part of the merchandise caused by war, blockage, revolution, insurrection, civil commotions, riots, mobilization, strikes, lockouts, act of God, severe weather, plague or other epidemic, destruction of goods by fire or flood, obstruction of loading by storm or typhoon at the port of delivery, or any other cause beyond SELLERS' control before shipment shall operate as a cancellation of the sale to the extent of such nondelivery. However, in case the merchandise has been prepared and ready for shipment before shipment deadline but the shipment could not be effected due to any of the abovementioned causes, BUYERS shall extend the shipping deadline by means of amending relevant L/C or otherwise, upon the request of SELLERS.

15. ARBITRATION:

All disputes, controversies, differences or claims arising out of, relating to or connecting with this contract, or the breach, termination or invalidity thereof, shall be finally settled by arbitration referred to the Arbitration Association of the Republic of China in accordance with the Arbitration Law of the Republic of China and the Arbitration Rules of Chinese Arbitration Association, Taipei. The place of arbitration shall be in Taiwan.

The award rendered by the Arbitrator(s) shall be final and binding upon both parties concerned.

16. PROPER LAW:

The formation, validity, construction and the performance or this contract are governed by the lows of Republic of China.

IN WITNESS WHEREOF, the parties have executed this contract in duplicate by their duly authorized representative as on the date first above written.

BUYERS　　　　　　　　　　SELLERS
XYZ CORPORATION　　　　　ABC CORPORATION

_____　　　_____
Manager　　　　　　　　　　　Manager

重點複習

1. 貿易從業人員從事國貿業務開發時，應有作為：

   (1)應主動推銷；

   (2)注意國際禮儀；

   (3)態度應誠懇實在。

2. 貿易從業人員行銷商品時最應重視「買賣雙方的長期利益」。

3. 在國外參展向客戶介紹商品規格時，應該抱持著「不論對象是誰，均應詳細為其解說」。

4. 從事國際貿易時，一般而言，買賣雙方相距遙遠，遵照買賣雙方契約規定或合意進行交易。

5. 為行銷商品到其他國家，貿易業者常至海外參展，應「尊重智慧財產權，以正常方式取得品牌授權生產出口」。

6. 貿易從業人員經手國外客戶資料時，「應保守機密」。

7. 代表公司招待國外客戶時，應：

   (1)注意國際禮儀；

   (2)尊重客戶文化背景；

   (3)事先瞭解客戶有無飲食禁忌。

8. 代表公司與國外客戶洽談交易時，應：

   (1)遵守誠信原則；

   (2)努力爭取公司的最大利益；

   (3)注意傾聽，瞭解客戶需求。

9. 「報價人片面撤銷原報價」不得列為報價終止的原因（出口商得以修正原報價方式）。

10. 報價的法律意義：

(1)未確定交易條件的報價僅為要約的誘因；

(2)確定報價為《民法》上之「要約行為」；

(3)Counter Offer 將使得原報價失效，產生新的要約。

11. 貿易契約書可由雙方會同製作，亦可由單方製作。

12. 「罷工暴動」與信用風險無關（是不可抗力因素）。

13. 國際貿易契約以確認書方式簽約，由賣方製作者，稱為「Sales Confirmation」。

14. 「Order Sheet」契約是由買方草擬製作。

15. 出口商寄發招徠函時通常不會附加「報價單」。

16. 「智慧財產權」不屬於國際貿易契約中的主要條件。

17. 國際貿易中所稱之 Pro-Forma Invoice 又稱為：

(1)預約發票；

(2)估價發票；

(3)預期發票。

18. 國際貿易中，最常採取之報價方式為「書面報價」（傳真及 E-Mail 也稱為書面報價）。

19. 還價又可稱為「相對報價」。

20. 「漲價」不屬於不可抗力條款。

21. 合約條款：Partial Shipments Prohibited, Transshipment Forbidden 是「不許分批裝運，不許轉運」。

22. 臺灣出口貨品一批的英文報價，以「US$ 50 per dozen CPT Hamburg」為正確。

23. Inquiry 對發函者無法律上之拘束力。

24. 若交貨條件無約定交貨日期，應於「合理期間內交貨」。

25. 一般契約以「基本條款」為最優先。

26. 國際貿易型態中，代理交易係「以本人名義，以本人計算」。

27. 原則上，穩固報價不得變更，然在「不可抗力」方面有例外。

28. 對於接受（已經 Order）之撤回：

(1)接受一旦生效，非經對方同意，不得撤銷；

(2)撤回通知較接受先到達，可以撤回；

(3)撤回通知與接受同時到達，可以撤回。

（雖已 Order 或 Contract，但買方尚未開出 L/C，均屬於未確定的狀態，此時買方如撤回 Order，賣方又奈其何？）

29. 賣方對穩固報價之效力，最好：

(1)在有效期限內不得任意撤銷；

(2)不得變更；

(3)以對話報價時，有限期限為立即接受。

30. 有關 Pro-Forma Invoice：

(1)又稱預期發票；

(2)實務上，常因其具有報價之文句與條件，而被視為報價單；

(3)實務上，常因其具有 Sales Confirmation 之條件，而被視為合約的一種型態。

31. 生產廠商自行建立國際行銷網路，以自有品牌或商標銷售產品稱為「OBM」。

（OEM 為「委託代工」Original Equipment Manufacturing，

ODM 為「設計加工」Own Designing & Manufacturing，

OBM 為「自有品牌」Own Branding & Manufacturing）

32. Original Equipment Manufacturing 係指「原廠委託製造」。

33. 將商品委託國內製造商生產後，以國外廠商之品牌在市場上行銷，這種製造交易方式稱「OEM」。

34. 進出口廠商在招攬交易的函件中，標示出 Our reference: The Bank of Taiwan Head Office, Taipei，是為了要「方便交易對手進行信用

調查」。

35. 對話報價之場合，契約成立之時點應在被報價人「立即」接受時。

36. 「不可抗力條款」屬於契約的一般條款（General Condition）。

37. 「承諾」已經不是還價。

38. 報價經還價後，原報價「失去效力」。

39. 「報價是向非特定人發出」不是「有效報價」的要件（必須 Subject to Final Confirmation 後才是有效報價）。

40. 某出口商向國外進口商報價後，即於報價有效期限內同時接到國外進口商的接受和撤回接受的電傳，因只是「報價」尚未簽約，故「可以撤回」。

41. 我方於 8 月 1 日對外報價，有效期限至 8 月 5 日止，對方於 8 月 3 日回電還價並請我方回覆，此時，國際市場價格上漲，我方未予答覆。對方又於 8 月 5 日來電表示接受我方 8 月 1 日的報價，則「接受無效」（對方已經還過一次價，則原報價已經不存在）。

42. 某項出口報價於 7 月 25 日以郵寄形式送達進口商，但在此前的 7 月 23 日，出口商以傳真告知進口商報價無效，此行為屬於「報價的撤回」。

43. 未訂有效期限的報價稱為「Free Offer」。

44. 報價單上載有 Offer Subject to Goods Un Sold 是屬「非穩固報價」。

45. 書面報價之生效時間國際上大多採「到達主義」。

46. 契約中規定「shipping weight, any loss in weight exceeding 3% to be allowed for by the seller」，若賣方依契約所定重量包裝出口貨物，在貨物運抵目的港時，如果起岸淨重比裝運淨重少了 5%，則買方應付「98%」的貨款（3% 是許可的範圍，不扣款，另外的 2%

要扣掉2%的貨款)。

47. 買方詢價對被詢價（報價）的一方並不具有法律的拘束力。

48. 交易成立後，由當事人的一方將交易內容製成書面契約書，然後由製作的一方寄交另一方簽署後寄回，稱做「Confirmation」（確認書）。

49. 反報價（還價）使原被要約人（開價）拒絕要約，要加上新要約特性，故原被要約人成為「報價人」。

50. 反報價（還價）是被報價者不能接受報價人（出價方）所提的一部分或全部條件，但尚有意交易時，由被報價人變更報價人所提的條件。

51. 若報價未訂有效期限，一般認為對話報價時被價人應「立即」回應接受與否。

52. 「還價」是（被報價方）要求變更報價中的付款條件。

53. 國際貿易所面臨之風險除運輸、價格、匯兌等風險之外，尚有「信用、商貸、政治等風險」。

54. 就貿易經營策略而言，其首要之決策是「產品的選擇」（新的貿易商首先要確定要經營的產品，才好尋找這方面的生產廠商或潛在的客戶）。

55. 貿易商選擇外銷產品之要領：(1)選擇自身所熟悉的產品；(2)選擇流行性之商品；(3)選擇貨源易於掌握之產品及選擇經市場調查、研究顯示有利之產品。

56. 國際貿易的準備階段中，作業流程的第一優先應為「市場調查及蒐集商情」。

57. 謹慎的貿易商尋找到潛在的交易對手後，應「徵信調查」。

58. 貿易契約是以「要約、承諾為成立之基礎」。

59. 「We make a firm offer ...」，為穩固報價。

60. 要約俗稱報價或發盤，若 A 在飯店大廳與 B 商談後，A 發盤給 B，但 B 拒絕接受，在旁之同行 C 側聽之後，欣然承諾 A 之發盤，則「C 之承諾是無效的」。

61. 一份穩固的報價單，其基本交易條件中絕對不可缺少「交貨及付款等條件」。

62. 當賣方對買方發出報價，被報價人還價，遭原報價人拒絕，後因市場價格上揚，原被報價人回頭承諾原報價之條件，則「原報價已經無效，應重新報價」。

63. 當一份報價單附註 This offer is subject to our final confirmation，而被報價人洞察市況將上揚立即做出承諾，則報價人「視本身之報價為要約之引誘，做出承諾與否之決定」（對報價人言，雖已報價，但這時也已發現市場上揚，以自身之利益做出再報價，如前次之報價已註明 This prices are expiry on May. 31. 2007. 在這時間內，被報價人做出承諾，報價人即應接受承諾）。

64. 進出口貿易業務中所利用的市場資料中屬次級資料者為「本國公會及各職業團體所發布之經貿刊物」。

65. 於招攬交易時，所寄送的價目表（Price List）其主要性質為「僅供買方參考」（for your reference）。

66. 積極物色貿易對手的方法：(1)參加商展；(2)刊登廣告；(3)派員出國。

67. 「該商品在該市場的供需情形」屬於市場調查的個別調查項目。

68. 信用調查的 4C 是：(1)Character；(2)Capital；(3)Capacity；(4)Condition。

69. 調查對方有關經營能力，技術能力等的事項是屬於下列信用調查項目中的「Capacity」。

70. 「寄發信函」是尋找貿易對手的方法中，成本最低的。

71. 信用調查之目的，是為了：(1)減少商業風險；(2)瞭解交易對手的信用；(3)取得辦理輸出保險之文件。

72. 「樣品交易」屬於以實物約定品質的買賣。

73. 有關貿易契約中的一般條件，可視為基本條件的補充條件。

74. 商品價目表的寄送視為「要約的引誘」。

75. 「穩固報價」對於報價人具有約束力。

76. 「連續假日」不能屬於不可抗力事故。

77. Pro-Forma Invoice 指的是「預約發票」。

78. 「Purchase Order」為買方所製作之書面契約或確認書。

79. 廠商接獲詢價函後，下一步驟是「報價」。

80. 「報價經有效的接受」即能使契約有效成立。

81. 簽訂貿易契約之基本原則：(1)充分表達當事人意思；(2)條款內容具體明確；(3)顧及法律規定。

82. 「報價單」屬於國際貿易契約文件。

83. 國際貿易契約中，「售貨確認書」是由賣方製作並以確認書方式簽訂者。

84. 當承諾由買方發出時，賣方為了使對方瞭解其已收到承諾，通常再發出另一封文件，稱為「售貨確認書」。

85. 書面報價方式有：(1)電傳；(2)E-mail；(3)傳真；(4)書信。

86. 「明確提出變更報價中的付款條件」被視為還價。

87. 「發出報價單」為貿易的要約。

88. 以取得輸出許可證為條件之報價屬於「Conditional Offer」。

89. 「接受大部分的報價內容」是「有效接受」的要件。

90. 買賣契約中規定，保險單上載明之保險為不計免賠額比率均要賠償之文字係為「I.O.P.」(Irrespective of Percentage)。

91. 下列對於遲延交貨地處理方式：(1)若為賣方的故意或過失，由賣

方負責；(2)若為買方的故意或過失，由買方負責；(3)若為不可抗力因素，雙方可不負責。

92. 對於還價之效力，等同於：(1)使原報價失效；(2)為新的報價；(3)拒絕原報價。

93. 契約生效之條件：(1)具備法定必要之方式或約因；(2)當事人有訂約之能力；(3)當事人合意。

94. 國外某進口商來電「接受貴公司12月12日的報價，但請降價4%」，此來電屬於「還價」。

95. 一般價目表上所列的價格通常僅做為對方參考、賣方可視情況調整。

96. 對於天災、人禍等偶發事故之發生所造成損失責任歸屬與處理，一般係規定於契約中之「force majure clause」（不可抗力）。

97. 在國際貿易中，若擔心因外匯管制或貿易管制而受限制，則應於報價或契約中表明「Offer subject to approval of export or import license」。

98. 一般而言，「CWO 訂貨付現」付款方式對出口商最有保障。

99. 在買方議價能力較賣方強勢的買方市場中，賣方所能提供最具競爭力的付款安排為「記帳」（但記帳方式最不安全）。

英文

100. We are interested __in__ importing your products.

101. Please send us your catalogue __and__ price list as soon as possible.

102. We are waiting __for__ your reply by e-mail.

103. This offer is subject __to__ our final confirmation.

104. We are looking forward to __hearing__ from you soon.

105. Please send us your __latest__ price list and samples.

106. __In__ reply to your letter of 3 June, we have the pleasure in sending the price list for your reference.

107. The quotation is subject __to__ your acceptance received by 3 June.

108. __Enclosed__ , please find our up-to-date catalogues.

109. For any further question, please __feel free__ to contact us.

110. Please do not __hesitate__ to contact us, if you have any further questions.

111. We are glad to receive your letter of 20 June, __enquiring__ about our BEL bags.

112. The goods will arrive __as follows__ .

113. Under the trade term CIP, the __seller__ must contract for the cargo transportation Insurance.

114. __In accordance with__ the terms of payment as stipulated in the contract, please establish an irrevocable letter of credit in our favor.

115. If you are prepared to increase your __discount__ to15%, we shall be pleased to purchase the complete stock.

116. The goods are ready for __shipment__ .

117. Shipment should be made within 60 days __after receipt of L/C__ .

118. The trade term FOB should be followed by named port of shipment .

119. "We found that your price is higher than the average in the market after careful examining" 下係用於還價之場合 。

120. "Your goods are ready for shipment, please expedite L/C for earlier shipment." 是用以催促對方盡速開狀 。

6

信用狀分析

第一節　信用狀的由來

國際商會（International Chamber of Commerce, ICC）於 1933 年制定了《信用狀統一慣例與實務》（*Uniform Customs and Practice for Documentary Credits, UCP*），後經 1951、1962、1974、1983、1993 及 2007 年六次修訂，即 2007 Revision Publication 600（簡稱 UCP 600），透過信用狀的進行，以達到國際貿易目的，是目前國際上最通行的方式。

信用狀是由買方（進口商）向其當地銀行，請求以其銀行之名義，開發一種付款承諾書，授權給賣方（出口商）所在地之某一銀行，通知賣方，只要賣方按照承諾書中之規定履行，願意付款承兌，或承購賣方之出口文件（單據）。此承諾書，就叫做信用狀（Letter of Credit）。

第二節　信用狀的衍生

一、*eUCP*（電子信用狀）

因為當時 UCP 500 僅適用於「書面單據」，但為了因應電子時代的來臨，國際商會為了補充 UCP 500 有關電子單據單獨提示或併同書面單據提示之效力，特於 2002 年推出 eUCP，做為 UCP 之補充條款。當信用狀適用 eUCP 條款時，亦同時適用 UCP。

二、ISP 98（國際擔保執行條款，亦稱擔保信用狀）

　　商業信用狀在內容、執行及擔保格式上，在實際交易時多少存在著不適當性，《國際擔保執行條款》（*International Standby Practice, ISP 98*）係針對信用狀統一慣例（UCP 500）中，有關擔保信用狀規定的主要補充性規範。國際商會（ICC）銀行技術與執行委員會於 1998 年 4 月 6 日同意認定上開條款，並以國際商會第五九〇號出版物發行，於 1999 年 1 月 1 日正式生效。

　　不同於當時《信用狀統一慣例》（UCP 500）及《請求保證統一規定》（URDG）的商業信用狀與獨立銀行保證，擔保信用狀的開出是當支付期限已到期或義務不履行之後才予以執行。與 UCP 500 來做比較，ISP 98 規定與之最大的差異在於「電子提示」。擔保信用狀允許使用電子提示，藉由通訊系統的接收、儲存、回傳與訊息處理的功能來達成交易。

　　擔保信用狀係採信用狀的形式來做為保證的功能，擔保信用狀的支付是當申請人違反契約義務並欠受益人款項時，以之做為依據。而其基礎義務（Underlying Obligation）是一種履約（Performance）形式的表示，例如營建契約或供應契約。或者是一種支付方式，如貸款償還等。在國際貿易實務上，擔保信用狀已逐漸成為一種第二順位的支付工具，如在石油貿易中，很難有一套文件能用來確認信用狀的實際操作，故在此種情況下，就會使用擔保信用狀來補強一些較不嚴謹的提交文件，否則在石油運送所同意的期限內，供應商就可能無法順利取得貨款。

三、ISBP（國際標準銀行實務）

　　國際商會在義大利羅馬召開的 2002 秋季年會中，以絕對多數意見通過了《關於審核跟單信用證項下單據的國際標準銀行實務》（*International*

Standard Banking Practice for the Examination of Documents under Documentary Credits, ISBP）。

UCP 500，於 1994 年 1 月 1 日生效。當時國際商會銀行委員會的主要目的在於適應運輸行業的最新發展，並加強 UCP 的作用，以減少所提單據存有大量不符合的情況。ISBP 旨在統一並規範全球各地銀行在審核信用狀項下單據的不同做法，減少單據的不符，降低單據的拒付率，以便使信用狀的操作更為簡便。

四、*SWIFT* 信用狀

所謂 SWIFT，係 Society for Worldwide Interbank Financial Telecommunication 的簡稱。中文譯為「環球銀行間財務通信系統」。它是一套用於全世界各銀行間資訊傳遞、資金調撥、信用狀開發等的一種高性能、低成本、安全、迅速、電文標準化，而且可以與各種電腦連線作業的電信系統，其功能幾乎可以完全取代電報作業。

SWIFT 為一國際性非營利法人組織，總部設於比利時首都布魯塞爾，於美國、荷蘭分別設有國際作業中心（Operation Center）。SWIFT 自 1973 年 5 月間成立以來，到 1997 年 12 月底止，參加者已高達 168 個國家，3,070 家銀行，每天傳送電文高達 210 萬次以上。組織宗旨在使全球各國的銀行及金融機構得以透過標準化電文格式，從事資金調度及清算、收發信用狀、交易確認和對帳及傳遞訊息等資訊，可加速和簡化國際銀行、金融機構匯款服務作業，提升處理效率，降低通訊成本。

SWIFT 作業系統的作業流程，已經將 UCP 規範統一電子化，所以經由 SWIFT 傳輸來的信用狀內容，通稱為 SWIFT 信用狀。SWIFT 有下列優點：安全、經濟、自動化。

第三節　信用狀的英文名稱

嚴格來說，信用狀可以分爲兩大類：

一、*Clean Letter of Credit*

光票信用狀（又稱無跟單信用狀），如 Stand-by L/C 擔保信用狀，Bid-Bond L/C 押標保證金信用狀，Performance-bond L/C 履約保證金信用狀，一般國際貿易較少用到這類信用狀，所以不在此贅述。

二、*Documentary Letter of Credit*

跟單信用狀，信用狀內容規定，必須隨附單據（文件）才能取得款項之信用狀，一般國際貿易是商業行爲，如商業發票與提單等是進口報關與提貨之必備文件，所以通常信用狀必須具備詳細的規定，故此稱爲跟單。在實務上常見的寫法以 Documentary Credit 及 Letter of Credit 爲多，簡寫爲 CREDIT 、 L/C 、 LC 或 D/C 。

第四節　信用狀的特性

一、獨特性

開狀銀行所開發的信用狀是以進口商的開狀申請書爲基礎所開立的，與買方及賣方（進口商與出口商）之間的訂貨單或買賣契約書無

關，也不受其約束，買賣契約書只能視之為買方與賣方雙方私下的約定書，除非信用狀上有規定買賣契約書是信用狀的一部分時才是例外。也就是說，銀行只審核出口商文件與信用狀內容所規定者是否一致，不必審核文件與買賣契約書是否相符。

二、信用狀所有當事人所處理的是文件，不是貨物

也就是說，銀行（押匯銀行與開狀銀行）只審核文件是否符合信用狀的規定，至於真正出口的貨物數量、品質、規格等是否照信用狀的規定，銀行不必查核，也不負任何責任。

三、以善良管理人的注意力審核文件

押匯銀行只需要以善良管理人的注意力（Reasonable Care）去審核文件，以確定文件表面所示與信用狀條款是否相符，至於該文件的真實性及格式，銀行不負責任。

從以上三點可見，出口商得到信用狀的好處比進口商多，所以信用狀通常稱出口商為受益人（Beneficiary）。

第五節　信用狀的關係人

1. **開狀申請人**：Applicant、Accreditor、Opener、Accountee
   向開狀銀行申請開發信用狀的人，通常指買方Buyer（進口商Importer）。介詞片語用法如下：

for account of buyer's name & address, by order of buyer's name & address ...（開狀銀行在買主的指示下開發信用狀）

on behalf of buyer's name & address ...（開狀銀行代表買主開信用狀）

2. **開狀銀行**： Opening Bank 、 Issuing Bank 、 Establish Bank
應進口商之請求，開發信用狀的銀行。

3. **通知銀行**： Advising Bank 、 Notifying Bank 、 Transmitting Bank
應國外開狀銀行之請求，把開來的信用狀登記處理好後，通知出口商的銀行，通知銀行與開狀銀行通常有往來關係。

4. **受益人**： Beneficiary 、 Drawer **出票人**
因出口商得到信用狀的好處最多，所以信用狀上通常指出口商為受益人，Beneficiary 是名詞，有些開狀銀行會用介詞片語代替，如 in favor of exporter's name & address 。

5. **押匯銀行**： Negotiation Bank 、 Negotiating Bank
指買進（承購）出口商的匯票及文件，然後墊押匯款給出口商的銀行。

6. **保兌銀行**： Confirming Bank
信用狀經開狀銀行授權保兌，且經保兌銀行接受正式辦妥手續之後，保兌銀行就有保證付款的責任，除非出口商文件與 L/C 規定不符合。所以出口商不會因為進口國之政治、經濟、軍事或開狀銀行倒閉等因素而不獲支付。

7. **付款銀行**： Paying bank 、 Drawee Bank
是指對持有出口商匯票的押匯銀行等有付款責任的銀行（依目前 UCP 600 的規定，指的是開狀銀行）。

8. **補償銀行**： Reimbursement Bank 、 Reimbursing Bank
開狀銀行可能因資金之調度或集中在國外等銀行，因而在信用狀中指定押匯銀行向此國外銀行要求付款。此銀行對押匯銀行及開

狀銀行作業而言，為補償銀行或清算銀行。

9. **託運人**： Shipper 、 Consignor

即委託船公司或者航空公司運送貨物的人。

提單中的託運人，通常是出口商的名字，但在三角貿易時送達進口商的提單，通常以中間商當提單的託運人，目的是要避免買主知道真正的出口商。

10. **受貨人**： Consignee

在信用狀上，很少規定提單的受貨人直接填買主（進口商）的名字，因為提單的受貨人如果是進口商的名字，對出口商及開狀銀行較沒有保障。事實上，開狀銀行為了要使提單更富流通性，所以對受貨人有各種不同的規定。

11. **匯票付款人**： Drawee 照 L/C 規定填

第六節　信用狀的種類

一、依開信用狀的方法分

有三種：

1. Air mail L/C only

開狀銀行直接開出航空信函信用狀（俗稱正本 L/C）出口商只憑正本 L/C 出貨做文件押匯，由於正本 L/C 甚易偽造，也不容易分辨真偽，所以事先沒有經過其他管道通知而直接收到正本信用狀的出口商不得不小心。

2. Cable L/C only

開狀銀行只開出電報 L/C，該電報 L/C 內容非常詳盡，出口商只

憑電報就可出貨押匯（Swift L/C 必定是這一種，不會再有 Air Mail 就可押匯，如是 TLX L/C，可能是這一種沒有 Air Mail L/C，也可能如下述3.）。

3. Cable L/C（指 TLX L/C、 Swift L/C）→ Airmail L/C Follow

開狀銀行先開出電報L/C，然後再郵寄正本L/C，出口商須憑電報 L/C 及正本 L/C 出貨，做文件押匯。此先收到的電報 L/C 視爲 Advice 通知，主要的內容均規定在正本 L/C 內。現今的Swift L/C 即是Cable L/C，這兩者主要是傳輸的方式不同，且已完全標準化及格式化，Swift L/C 已被視爲正本L/C，不用再寄 Airmail L/C。電報L/C 的優點是：電報如果有密碼，容易分辨眞假，而且電報傳遞速度快，出口商早日收到電報L/C 可以安心，也可早日安排生產，早日出貨押匯，取得貨款，也可以早日安排下批訂貨。

電報信用狀（TLX L/C）的電文中有以下三種文字，如爲其中一種時（大多在電文的最後），出口商即可憑電報 L/C 押匯，不用提示正本信用狀。

(1) This cable is the operative instrument.

　　從字面瞭解，這電報是可用的工具，也就是說，這份電報是可押匯的信用狀。

(2) No airmail confirmation to follow.

　　意即沒有航空郵寄證實書（指正本信用狀），也就是說這份電報已爲有效。

(3) 開狀銀行開發的 TLX 信用狀中有下列記載

　　This credit is subject to Uniform Customs and Practice for Documentary Credits（1993 Revision）International Chamber of Commerce Publication No. 500。

　　但在實務上，電文中，這段句子經常被縮成：This credit subject

to UCP 600，或者 This credit subject to ICC Publication 600 。

電文中有以上一句而沒有註明會寄 Air mail L/C 來，或者類似的句子（如 Airmail L/C to be followed，或 Details airmail L/C is the operative instrument）時，則出口商亦可憑以押匯。

二、依信用狀上有無註明Revocable 分

(一)Irrevocable L/C：不可撤銷信用狀

　　依 UCP（信用狀統一慣例）的規定，信用狀上面如果沒有註明 Revocable，就是「不可撤銷」之意。也就是說，該信用狀在其有效日期內，不得任意修改或取消 L/C，除非經與 L/C 有關係的當事人同意（包括進口商、出口商、開狀銀行、保兌銀行等）。所以出口商如果發現 L/C 有錯誤、不合理的規定，或者做不到的條件時，必須徵求進口商的同意，請求進口商到原開狀銀行辦理修改，開狀銀行同意後，才會開出修改書（Amendment）再寄送通知銀行轉給出口商，如此才可辦理押匯。

　　相反的，進口商４９修改或取消信用狀，也須取得出口商及開狀銀行的同意，否則出口商接到開狀銀行的進口商片面的信用狀修改書時，可將不同意書及這份不利的信用狀修改書一併送交給通知銀行，如此，則視修改無效，仍然維持原 L/C 的規定。但須注意，這樣做容易與對方進口商發生不愉快，所以出口商所辦妥的押匯文件，易被進口商在文件中故意挑剔，造成拒付（un-pay）或殺價以爲報復。所以信用狀的修改，仍以事先經過雙方協議爲妥。

(二)Revocable L/C：可撤銷信用狀

　　依 UCP 規定，信用狀上有註明 Revocable 就是「可撤銷」的信用狀，這種信用狀只要文件尚未送押匯銀行，開狀銀行可未經利害關係人

同意，隨時修改或取消。所以，可撤銷信用狀對出口商而言，是一點保障都沒有，如果有註明 Revocable 的信用狀，出口商應請求買主修改信用狀，改爲 Irrevocable 字樣（或者刪掉 Revocable 這個字）。

三、依即期或遠期分

(一)Sight L/C：即期信用狀

指開狀銀行（或者補償銀行）於收到（見到）出口地的出口商經押匯銀行寄來的匯票及押匯文件（有些銀行不要求提示匯票押匯），即行付款。所以押匯乃是押匯銀行先撥付押匯款給出口商，再向開狀銀行（或補償銀行）要回該筆已墊出之押匯款。押匯銀行僅自出口商的押匯款中扣除向開狀銀行要回押匯款所需來往日數之利息，一般扣 12 至 18 天（視地區之不同），民國 90 年的年利率是 8.5%，但要注意升降。

其應扣除之利息計算是：

押匯金額 × 8.5% × 12 ÷ 360（收 12 天利息的話）＝出口押匯利息（出押息）

(二)Usance L/C：遠期信用狀

指開狀銀行在信用狀上載明，於見到出口商的押匯匯票及文件後，經過一段時日（通常應載明日數），到期時才付款（注意：此時貨物已由進口商先行提走）。由於這段時間牽涉到利息的問題，所以又分爲兩種方式的遠期信用狀：

1. **買方遠期信用狀，即利息由買方負擔**（Buyer's Usance L/C）

   在信用狀上載明 Discount Charges are for account of buyer 或者 Interest is for buyer's account 這種信用狀，出口商於押匯時，押匯銀行只扣除 12 至 18 天之押匯利息及其他的費用之後，便即時將其

餘款項撥付給出口商，而這到期日之遠期利息，於到期日一起向國外開狀銀行要求支付（押匯銀行如果要開狀銀行收到匯票及文件時馬上付款的話，也可以，但是開狀銀行會照匯票的面額付款）。所以對出口商而言，買方遠期信用狀，與即期信用狀類似。

2. **賣方遠期信用狀，即利息由賣方負責**（Seller's Usance L/C）

在遠期信用狀上沒有載明利息由何方負擔（或有載明由賣方負擔）時，這遠期日數之利息即由出口商負擔，於押匯時，押匯銀行由押匯金額中將押匯利息及遠期日數之利息一併先行扣除。

遠期日數之利息＝押匯金額×年利率×遠期天數÷360

（按民國 90 年之年利率大約為 8.5%，請注意變動）

※ 出口商對遠期信用狀應注意事項：

1. 信用狀之（付款）到期日必須肯定：如載明買方收到貨後 60 天付款（at 60 days after receiving the goods）的信用狀，對出口商不利，因為貨到日期不肯定，貨物如在運送途中耽擱，到期日就往後拖延。或發生意外，貨物沒有到達目的地，則根本就沒有到貨日期。

以下一例可供參考：

Payment by 60 days after sight draft under irrevocable L/C.

（不可撤銷信用狀項下，自見票日後起算 60 天付款之信用狀）

這一種 L/C，按理說到期日應該可算肯定，但也曾發生開狀銀行故意拖延付款之事，所以出口商如願意接受遠期信用狀，而又不希望付款時間被拖延時，最好用下一例：

> at ×× （30 、 60 、 90 etc.） days after shipment.
> （出貨之後第××天到期）

2. 對落後地區的本地銀行或小銀行（不瞭解其信用狀況）開來的遠期信用狀，不如即期可靠，因夜長夢多，怕在到期日前發生變故，如開狀銀行因進口商倒閉，收不到貨款而要賴，或本身外匯短缺（或貨幣貶值）而藉故拖延、拒付，甚或可能開狀銀行本身倒閉。

3. 出口商在報價後答應國外買方開出遠期信用狀時，一定得要求其在信用狀上載明：利息由買方負擔（Interest is for buyer's account）。

4. 出口商報的是即期 L/C 的價錢，但開來的卻是遠期信用狀，應請買主修改爲即期 L/C。

5. 出口商如在報價前同意報遠期 L/C 的價錢，應將此遠期利息及承兌佣金計算在報價成本內，如此出口商就不致於吃虧了，不過承兌佣金，各銀行收費標準不一，最便宜的每一次約 USD 25，貴的每一次約 USD 200，如果遠期 L/C 的貨分成五次出口，就要收五次的承兌佣金。

> 注意：一般出口商在向國外買主報價，沒有說明遠期信用狀之利息該由何方負擔時，買方多半不會在開來的遠期信用狀上主動載明「利息由買方負擔」。

四、以信用狀可否轉讓分

(一)Transferable L/C：可轉讓信用狀

依 UCP 的規定，信用狀上有載明 Transferable 才是可轉讓的信用狀。

1. 信用狀轉讓的原因

(1)出口貨有配額（Quota）限制時，出口商會要求買主開來可轉讓之信用狀，以防一旦自己的出口配額用盡，必須借用其他同業的配額出口時，就可以把該信用狀（名義上）轉讓給有配額的同業，然後以該同業的名義辦理出口押匯。如紡織品成衣類出口到有配額限制的美國、加拿大、歐洲經濟聯盟等地，出口商常以此方法來解決配額問題。

(2)出口商是國外買主的代理商或分公司，為了便於向廠商訂貨，請買主開可轉讓 L/C，即可將該可轉讓信用狀附上同意轉讓書交給廠商，則此信用狀可視為該廠商所有，由廠商自行出口辦理押匯。

2. Transferable L/C 按轉讓的金額區分為：

(1)全額轉讓

原受益人把信用狀全部金額轉讓給新受益人（受讓人，第二受益人）。

注意：可轉讓的信用狀都可辦理一次全額轉讓。

(2)部分轉讓（又稱分割信用狀）

原受益人把信用狀的一部分金額轉讓給新受益人，該信用狀必須是規定可轉讓，且可以分批裝運的，才可以辦理分割。

3. 轉讓方法

(1)私下辦理轉讓

當信用狀上並沒有規定轉讓必須在通知銀行辦理，而新受益人（受讓人）同意接受私下轉讓時，方法是由原受益人打轉讓書（Letter of Assignment）併信用狀一起交給新受益人，憑以辦理出貨，及到銀行辦理押匯。如該信用狀是分割時，新受益人於辦理押匯後，應將該信用狀自押匯銀行取回退還原受益人。

私下辦理轉讓的信用狀，新受益人應注意該信用狀的真假或是否曾經變造，慎防受騙。以往曾發現有新受益人被害之例，不得不小心。

(2)在通知銀行辦理轉讓

信用狀上已有規定，或者應新受益人之要求。把填妥的通知銀行轉讓申請書、原信用狀正本及影印本、廠商印鑑卡連同手續費，一起送通知銀行辦理即可。以後新受益人只要憑通知銀行辦理過的轉讓申請書、信用狀影本等就可押匯。這種方法的好處是信用狀如經變造或原受益人隱藏不利的信用狀修改書，會被通知銀行先發現，所以對新受益人較有保障。

注意：信用狀只能由原受益人轉讓給新受益人，新受益人不能再轉讓給其他人。

(二)Non-Transferable L/C ：不可轉讓信用狀

依 UCP 規定，信用狀上沒有註明 Transferable 這個字，就是不可轉讓的信用狀，只能由原受益人出貨押匯。

五、依照信用狀金額可否回復（循環）使用分

(一)Revolving L/C ：金額可回復使用信用狀

如果信用狀上面載明 Revolving（或 Restore），才是可回復使用的信用狀（表示 L/C 的金額押匯用完之後，可以按 L/C 的回復規定回到原來的金額，再利用這張 L/C 出貨及押匯）。

回復使用的方法要看信用狀的規定，有好多種方式。有的規定每個月或每三個月回復使用一次，也有規定出口商必須接到買主申請而由開狀銀行發出，經通知銀行的通知，才可回復使用二次。當然，定期的回

復對出口商而言，比較肯定而且有利。如信用狀有載明：

　　L/C amount USD 20,000 & this L/C is revolving once per month. 意即出口商每個月可以出口 USD 20,000 價值的貨。再者，可回復使用的信用狀上如註明 Cumulative（累積）時，指在某一次出貨數不足而少押匯的部分，可以累積到以後出貨時再押匯，此種信用狀稱為可回復且可累積的信用狀（Revolving and Cumulative L/C）。如信用狀上沒有註明 Umulative，則在某一期出貨數不足而少押匯的金額，不能累積到以後再補出貨押匯，此種信用狀稱為可回復但不可累積的信用狀（Revolving but Non-Cumulative L/C）。

(二)Non-Revolving L/C：金額不可回復使用的信用狀

　　信用狀上如果沒有註明 Revolving，就是金額不可回復使用的信用狀。大多數的信用狀屬於此種。

六、依照信用狀有無保兌分

(一)Confirmed L/C：保兌信用狀

　　開來的信用狀已先經過另一國際聲譽卓著的大銀行保兌（保證兌付之意），是謂保兌信用狀。

　　保兌的原因，可能鑑於進口國的政治動盪不安、戰亂、社會不安定、外匯短缺、工商業落後、民風不佳、開狀銀行為小銀行等原因，由出口商事先向買主要求向 Prime Bank（在銀行界有領導地位的銀行）開出信用狀，或經由具有國際知名度的銀行保兌（Confirmed by International Well-Known Bank）。

　　經保兌後的信用狀對出口商具安全感的原因是：保兌銀行只能因出口商的押匯匯票和文件不符信用狀之規定而拒付外，不能以其他理由拒

付。保兌銀行一般在信用狀上面的保兌詞句是：

> We confirm the credit and thereby undertake that drafts drawn and presented in compliance with the terms and conditions of this credit will be duly honored by us.

　　如果出口商未要求，而買主開來的信用狀亦未保兌，出口商在出口地徵得通知銀行同意保兌時，須向買主要求修改信用狀，由開狀銀行授權通知銀行為保兌銀行後，再由出口商前往該銀行辦妥手續，則保兌責任即由出口地之通知銀行負責，但出口商須支付保兌費用。不過信用狀上雖已註明可為保兌之字樣，但通知銀行仍有拒絕保兌之權利。

　　注意：出口商向買主要求開保兌L/C時，不妨用下面的詞句：

　　Payment is to be made by an irrevocable L/C at sight which must be advised through 出口商已經選好的保兌銀行名字及詳細地址 and add their confirmation.（如果出口商在出口地沒有找到合適的保兌銀行則 Payment is to be made by an irrevocable L/C at sight which must be confirmed by Int'l well-known bank，表示由開狀銀行指定保兌銀行）。

(二)Unconfirmed L/C：非保兌信用狀

　　是指開狀銀行開發來的信用狀未經過保兌。大多數的信用狀屬於此類，因為是國際信譽卓著的銀行所開發，自無保兌的必要了。

七、依照信用狀有無轉開分

(一)轉開信用狀（包括三角貿易 Back to Back L/C 及 Local L/C）

　　有關三角貿易的 Back to Back L/C，其付款條件與一般的 L/C 類似，

非本章主題，不在此贅述。

　　Local L/C（本國信用狀）與一般國外開來的信用狀不同，是由於國內貿易商不願將信用狀轉讓（Transfer）給工廠，怕此一工廠與國外買主直接接觸，又不願以訂金向工廠訂貨，怕工廠不按期交貨或根本不交貨（不過退票率高時，有些工廠會不肯接受支票），所以把國外買主開來的信用狀（Master L/C 或 Original L/C）拿到有往來的外匯銀行抵押，要求轉開國內信用狀（Local L/C）給工廠（由工廠按照 Local L/C 的規定出貨，送單據到其押匯銀行押匯，貿易商則補送押匯文件到 Local L/C 的開狀銀行，然後由該銀行寄貿易商的文件到外國的開狀銀行，這樣外國的買主和工廠就不會有接觸了。國內信用狀上面的買方是貿易商，受益人是工廠，開狀銀行也是國內的外匯銀行，三者均在國內，所以稱做本地信用狀或國內信用狀）。其與國外開來的 Master L/C（或 Original L/C）不同之點為：

1. 金額較小，其差額為貿易商的利潤。

2. 船期及有效期限提前。

3. 付款條件通常比原信用狀要求的嚴苛。其付款條件通常有下列三種規定：

　(1)工廠（受益人）的匯票，文件必須與 Local L/C 所規定一致。

　(2)Local L/C 的 Opening Bank 所收到的貿易商匯票文件要與原信用狀的規定一致。

　(3)等貿易商的押匯匯票及文件經 Local L/C 的開狀銀行寄送給原信用狀的開狀銀行時，囑付該開狀銀行付款時付 Local L/C 這一部分的錢給工廠的押匯銀行，餘款則付給 Local L/C 的開狀銀行。

　由此觀之，Local L/C 的受益人不應把 Local L/C 看成與普通一般的信用狀無異，因為當貿易商的押匯匯票和文件被國外的開狀銀行拒付時，該 Local L/C 的受益人也會受到牽連。

八、依信用狀有無限制押匯銀行分

(一)Straight L/C（直接信用狀）：限制押匯銀行的信用狀

目前大多數的信用狀，都指定必須在通知銀行或開狀銀行之出口地的分行押匯，目的是要賺轉押匯手續費。當信用狀有此規定時，出口商只要把匯票及文件送到與自己往來的押匯銀行，由押匯銀行先行付押匯款，再將出口商的匯票及文件轉送到信用狀上指定的押匯銀行，由此銀行負責再將匯票及文件寄到國外的開狀銀行，這信用狀上所指定的押匯銀行，又可稱為轉押匯銀行，這種程序，稱為轉押匯。換言之，當出口商的押匯銀行跟 L/C 上所指定的押匯銀行不同時，就會發生轉押匯（Renegotiation），有轉押匯時，押匯手續費由 0.1% 變成 0.2%，而且會增加郵費及出押息。

(二)Negotiation L/C（押匯信用狀或流通信用狀）：沒有限制押匯銀行的信用狀

沒有指定押匯銀行的信用狀，即出口商自行向其往來銀行押匯後，不須再經過轉押匯程序。但是，如果國外的開狀銀行在臺灣有分行時，通常會把開來的信用狀經由其分行通知，且限制在其分行押匯。

第七節　信用狀常用名詞之解釋

一、有效日期（*Expiry Date*、*Expiration*、*Validity*）

有效日期是指信用狀受益人（出口商）利用信用狀押匯的有效期限，所以當押匯日期超過信用狀有效日期時，稱為信用狀過期（L/C

Expired），信用狀過期與信用狀規定不符，將給予開狀銀行及進口商（Applicant 申請人）拒付的理由，所以出口商一定要在信用狀有效日期前押匯。

二、裝運期限

(一)最遲裝運日（Latest Shipment Date）

如果在信用狀上載明是 December 31, 2000，則表示出口貨最遲必須在該日裝運，亦即提單上的 on Board Date 不得遲於這一天，否則稱為慢裝運（Late Shipment）。

(二)早裝運（Early Shipment）

如信用狀上載明 Shipment from December 1 to December 26, 2000，表示貨必須在 2000 年 12 月 1 日至 26 日間裝運出口，如果提單上的 on Board Date 比 12 月 1 日早，稱為早裝運（Early Shipment）。

> Before Apr. 30, 2006.（在該日(含)之前）
>
> On and about Apr. 30, 2006.（在該日前後各增減五日內）

三、分批裝運（Partial Shipment Allowed 或 Permitted）

分批裝運表示出口商可以把信用狀的貨物分批裝運出口，文件亦可分批辦理押匯。

> （一）可以分批裝運
>
> Partial shipment allowed.

Partial shipment permitted.

（二）禁止分批裝運

Partial shipment not allowed.

Partial shipment not permitted.

Partial shipment prohibited.

Partial shipment forbidden.

出口商必須把信用狀所規定的貨物整批裝上同一艘船（海運）或飛機（空運）一次裝運出口。

註：關於是否可以分批裝運的問題，如信用狀沒有明確之規定時，按 UCP 之解釋是可以分批裝運的。

四、轉運（*Transshipment*）

（一）可轉運

Transshipment allowed ，或 permitted.

（二）禁止轉運

Transshipment not allowed.

Transshipment not permitted.

Transshipment forbidden.

Transshipment prohibited.

可轉運是指貨物從起運地到目的地，在途中有發生卸貨及重裝的現象（或解釋為：可以在中途其他地點轉換運輸工具，如船與船的聯運、海陸、海空聯運等）。

不可轉運是指貨物從起運到目的地，中途不能發生卸貨及重裝的現

象（或解釋為：中途不能轉換其他運輸工具）。但如貨物裝載於貨櫃 Container、拖車或子船時，則可例外。

註：關於是否可以轉運的問題，如果信用狀沒有明確規定時，UCP 也沒有訂定標準。

五、匯票（Drafts、Bill of Exchange）

(一)意　義

此處所謂匯票，不同於一般郵局匯款之匯票。一般而言，匯票有兩種，郵局的匯票（Money Order）是指匯票上受款人執該票向其當地之郵局領取票面上的款項，這是開匯票人將此匯票寄給受款人時，金額已在郵局付清，故受款人可直接到郵局提取該款項，是謂「順匯」。目前所謂的 D/D、M/T、T/T、Money Order 等均是順匯。而押匯用的匯票，乃是出口商遵照信用狀之規定出貨，並且備妥所規定的文件，並簽發匯票讓購給押匯銀行，憑以向開狀銀行催收貨款，是謂「逆匯」。

所以匯票上面必須註記：

Drawn under L/C No.（號碼）　Dated（開狀日期）　Issued by（開狀銀行）

(二)匯票之出票人（Drawer）

簽發匯票的人，即出口商，須在匯票的右下方 For Value Received 下面打上公司名稱（或蓋公司戳章）並簽名。

(三)匯票之付款人（Drawee）

按照信用狀規定，在匯票左下方填註匯票付款人的名稱、地址。一般信用狀對匯票付款人的規定有以下四種：

1. Drafts Drawn on Us（or Ourselves）

   開出以我們爲付款人的匯票（Drawn on 是開出以「誰」爲付款人之意，Us 是指第一人稱，即開狀銀行Opening Bank 自己）。

2. Drafts Drawn on You（or Yourselves）

   You 是第二人稱，指通知銀行Advising Bank ，因此出口商在匯票上以通知銀行爲付款人，這種信用狀通常會發生轉押匯（即出口商向其押匯銀行押匯後，押匯銀行再將文件轉給通知銀行押匯，再由通知銀行將文件轉寄給開狀銀行）。

3. Drafts Drawn on Applicant（Accountee 、 Accreditor 、 Opener）

   開出以信用狀之申請人（即進口商）爲付款人的匯票。

4. Drafts Drawn on Agency or Branch of Opening Bank

   開出以開狀銀行之代理行或分行爲付款人的匯票。

六、押匯單據

(一)商業發票（Commercial Invoice）

　　是由出口商於出貨後交付給進口商的「交貨清單」，也是「買賣的憑證」，這是國際貿易進行中必要的單據，也是進口國海關憑以課徵進口關稅審核統計時所必備。此發票由出口商自行製備，內容是使進口商知悉所運送的貨品名稱、規格、單價、數量、價格條件、總金額等，這些內容必須與信用狀所規定的完全一致。

(二)包裝單（Packing List）

　　這是出口商於裝貨運送時寄交給進口商的單據，以利於清點及明瞭每件內部包裝之品名與數量，俾免於運送途中遺失而能順利到達目的地，也方便海關人員查驗。

(三)提單

1. 海運提單（Ocean Bill of Lading, Ocean B/L）

(1)意義

由運送人（船公司）或其代理人（船務代理）所簽發，證明該
項運送貨物已收取或裝載於運輸工具（船）上，並約定負責將
該項貨物運往目的地交與提單上之持有人的憑證，是屬有價證
券。由此可知，其內容實包含以下意義：

A. 船公司或船務代理收到貨物之收據。

B. 運送契約。

C. 提貨的憑證（是有價證件，其價值是憑它提貨）。

(2)提單之產生

出口商通常在貨物確定能完成之日前（大約 1 至 2 週前，視船
期多寡，如出貨旺季時，宜盡早提前）向船公司預定船位，辦
理 Shipping Order（S/O）。S/O 是一套文件，其格式各船公司不
同，可向船公司索取，船公司接受預定後，當貨物出口時，船
公司即按出口商送來的 S/O 內容打成提單表格簽證後，交付給
出口商，即是正式提單。船公司製作的海運提單，通常一共是
三份正本（經簽名）、四份複本（不簽名，出口商如需多要幾份
複本，可事先在 S/O 上註明）。三份正本的用意，是由於有些地
區運送工具及郵政不發達，易將文件寄失，為了防患未然，而
便於押匯銀行將文件及提單分次先後寄給開狀銀行。提單背面
印有海牙規則之運送條款，只要以三份正本中的任何一份來提
貨，其他正本即自動作廢。以信用狀為付款條件之國際貿易，
通常均指定要將此三份（Full Set）正本用於押匯，所以出口商
要特別注意，不宜私下寄一份正本給進口商。

- **Full set clean on board ocean bill of lading made out to**

shipper's order, blank endorsed and notify applicant.

全套無瑕疵貨物已裝運上船之正本提單，提單上的受貨人（Consignee）由託運人（即 Shipper 出口商）指定，提單背面由託運人空白背書，被通知人是開狀申請人（即進口商）：

Clean Bill of Lading：是該提單船公司沒有在上面批註有包裝破損，淋濕或箱數不足等文句，是謂沒有瑕疵的提單（清潔提單）。

Full Set B/L：指三份正本全套均要用於押匯 B/L Made out（簽發）to（給誰提貨、受貨人）。

Shipper's Order（**由託運人指定**）：提單之受貨人由託運人指定，所以提單上並沒有真正的指定提貨人，提貨權仍在託運人（出口商）的手上，但託運人並不打算自己在目的地提貨，必須把提貨權轉讓出來，只要用（Blank Endorsed）空白背書的方法，即出口商在提單背面蓋上自己公司英文名稱戳章及簽名，該提單即可由持有人提貨。

Notify Applicant：以開狀申請人為被通知人（當貨物運抵目的地時，在進口地的船務代理便會把到貨通知書發送給提單的被通知人，讓被通知人知道要做提貨的準備）。

On Board：船公司在提單上註有 on Board Date，始確定該貨物已經上船。

- **2/3 Clean on board bill of Lading issued to order, blank endorsed and notify ××× customs broker, marked freight collect.**

全套三份無瑕疵貨物已裝運上船，註明運費待收之正本提單，受貨人由託運人指定，提單之背面由託運人空白背書，二份用於押匯，貨到時通知×××報關行（即進口商指定之進口地報關代理人）。

B/L Issued to Order ：提單上之受貨人等待指示（to Order），即並沒有眞正的受貨人，所以仍須託運人在提單背面背書，才能將提貨權轉移給提單持有人。

2/3 Bill of lading ：兩份正本提單用於押匯，至於另一份正本，通常 L/C 規定由出口商私下寄給買主（這種做法對出口商較不利）。

- **Full set less one bill of lading drawn to order of opening bank's name, marked freight prepaid.**

  整套提單減少一張正本，以開狀銀行爲提貨人，並註明運費已付。

  Full Set Less One B/L ：整套（三份正本）減少一份之提單，即只要兩份押匯。

  B/L Drawn to the Order of Opening Bank's Name ：提單簽發給開狀銀行指定的人提貨，也就是 Consignee: to the order of opening bank's name 之意，這張提單的提貨權已經在開狀銀行的手上，所以出口商在提單背面背書已無意義。

  Marked Freight Prepaid ：註明運費預付，可知運費由出口商付，必然是 CIP 、 CFR 、 CPT 或 CIF 之貿易條件。

2. **空運提單**（Airway Bill）

  (1)意義

  航空公司（Air Lines）或航空貨運代理公司（Air Cargo Agent）自託運人（Shipper ，即出口商）收到貨物後所簽發之收據，同時又是託運人與航空公司所締結的航空運輸契約。

  (2)英文名稱

  有 Airway Bill 、 Air Waybill 、 Air Consignment Note 等，一般簡稱爲 A.W.B. 。

(3)署名

空運貨物之收貨，可由航空公司自辦或指定代理公司代辦，但我國之航空公司大多有指定代理公司，即提單仍由航空公司印妥（因其為真正的受託運人、運送人 Carrier）交由指定的貨運代理公司（Carrier's Agent）收貨並簽發。

所以提單之運送責任是航空公司，而其上之簽名則是航空貨運代理公司。

(4)用途

航空貨運代理公司所簽發的 A.W.B. 共有正本一式三份：

第一份 Original 1 ，**綠色**：由航空貨運代理公司留存作帳用。

第二份 Original 2 ，**粉紅色**：由航空貨運代理公司隨貨物隨機一併送至目的地，由該地之代理公司轉交給進口商憑以提貨。

第三份 Original 3 ，**藍色**：註明 Not-Negotiable（不能流通轉讓及提貨），由航空貨運代理公司交付給託運人當作收據，及憑以押匯之用。

由上可知，真正的提貨單是 Original 2 ，會隨機到達目的地。而出口商拿到的 A.W.B. 是 Original 3 ，沒有提貨的價值，只能憑以押匯。至於進口地的進口商在向開狀銀行申請開發信狀時，只繳付少部分保證金，大部分的貨款尚未付清，所以當進口商尚未付清餘款之前，該批貨還不能視為歸進口商所有，而 Original 2 是由進口地之貨運代理公司直接交付到進口商手中。為了防止進口商沒有付清貨款逕行提貨，所以作風較保守的開狀銀行在所開發的信用狀上，通常要求在 A.W.B. 上的提貨人（Consignee）註明為開狀銀行。在信用狀上一般之記載方式如下：

> Airway bill evidencing goods consigned to us marked freight payable at Destination notify applicant.
>
> 空運提單註明收貨人是我們（即開狀銀行），貨到被通知人為申請人（即進口商），運費待付。

(5)空運提單之種類

- 主提單（Master Airway Bill）：由航空公司將已印妥名稱之空運提單交給其指定的航空貨運代理公司，代表該航空公司所簽發的提單。

- 分提單（House Airway Bill）：由 Air Cargos Consolidator（航空貨運承攬業）自行簽發已印妥 Title 為其空運公司名稱的空運提單，稱為 House A.W.B.。依 UCP 的規定，空運提單須由運送人或其代理人簽發，所以只有 L/C 註明 House A.W.B. Acceptable 時才可以用空運公司名稱所簽發的空運提單押匯，否則一定要用 Master A.W.B.或空運公司以航空公司代理之名義所簽發之分提單押匯。當然，航空貨運代理公司本身也具有簽發分提單的資格。以上 Master A.W.B.與 House A.W.B.在外型上是相似的，不同之處在於：Master 抬頭的公司名稱是航空公司，House 是空運公司名稱的抬頭，且 Master 的號碼是以三位阿拉伯數字開頭（如 160 代表國泰航空公司在 IATA 的編號），而 House 則是英文字母開頭流水號。

(四)保險單（Insurance Policy）

1. 意義

是證實保險人（Underwriter 保險公司）與被保險人（The Assured，即貨主）間保險契約成立的正式文件，內容載明雙方當事人所約

定的權利及義務。

2. 出口保險單之製作

出口商基於國外買主 C&I 或 CIF 之貿易條件，保險費用由出口商負擔，所以當貨物在出口前，向出口地之保險公司按信用狀之規定填妥要保書，再由保險公司簽發保險單給出口商，即完成投保手續。

3. 投保時應注意之事項

(1)投保時間：在貨物裝船前辦理爲妥。

(2)保險條件：出口商替進口商投保，而且以 L/C 爲付款條件時，須完全按照信用狀之規定。如果信用狀上沒要求之保險條件（如內陸運輸），而出口商自己欲加保險時，可在要保書上註明，但請保險公司勿在保險單上表示出來。

(3)保險單上必須要有保險公司之有權簽字人簽字才有效。

(4)保險單大多數爲空白背書（即出口商本身爲被保險人，由被保險人在保單背面空白背書，即可轉讓給持有人），也有少部分信用狀會指定背書給開狀銀行。

4. 信用狀上一般有關要求保險單據之條款

Insurance Policy for full CIF Value plus 10% Covering Institute Cargo clauses（All Risk）Institute War Clauses and Institute Strikes Riots and Civil Commotions Clauses showing Claims payable in H.K.

保險金額為照 CIF 金額加 10% 投保，投保險別為全險，附加兵險與罷工、暴動、內亂險，索賠之賠款地點為香港。

Marine Insurance Policy for full CIF Value plus 20% Covering Institute Cargo clauses （A）Institute War Clauses（Cargo）and Institute Strikes Clauses（Cargo）showing Claims payable in U.S.A.

水保單，保險金額為照CIF金額加20%投保，保險條件為A條款附加兵
險與罷工、暴動、內亂險，索賠之賠款地點為美國。

▌附件6.1▌ SWIFT 信用狀範例

Dear Sirs:

We wish to inform you that at we have received a swift message, from our correspondent
（IT169550）dated 20021214. with reads as follows: （以上是通知銀行的台詞）

MT700 ISSUE OF A DOCUMENTARY CREDIT	（此三行是信用狀之首）
1553　021214BKTWTWTPAXXX313316550	
1653　021214GFSBJPJZAXXX2475173342	
：27：sequence of total	（一共有二頁）
1/2	
：40A：form of documentary credit	（是不可撤銷信用狀）
Irrevocable	
：20：documentary credit number	（信用狀號碼）
02-21-12164	
：3lC：date of issue	（開發日期是2002年12月14日）
021214	
：31D：date and place of expiry	（2003年1月4日前在臺灣有效）
030104 Taiwan	此為最後押匯日
：50：applicant	（信用狀申請人）
X.Y.Z Trading Co.	
1-52. MINAMISEMI, SAGIYAMA, GIFU-CIYT,	
GIFU-PREF., JAPAN	

：59　：beneficiary　　　　　　　　　　　　（信用狀受益人）

　　　A.B.C. CO., LTD

　　　4TH FLOOR, PALACE BUILDING NO.356

　　　NANKING EAST ROAD, SEC 3. TAIPEI

　　　TAIWAN

：32B　：currency code, amount　　　　　　（總金額，是 CIF SHANGHAI）

　　　USD 6.327.00　　　　　　　　　　見 45A

：39A　：percentage credit amount tolerance

　　　3/3

：41D　：available with ... by ...　　　　　　（任何銀行均可押匯）

　　　ANY BANK BY NEGOTIATION

：42C　：drafts at ...　　　　　　　　　　（以 Invoice 全額開發匯票）

　　　DRAFT AT SIGHT FOR FULL INVOICE COST

：42D　：drawee　　　　　　　　　　　（匯票上的被發票人填我們的名字）

　　　US　　　　　　　　　　　　　即付款人

：43P　：partial shipments　　　　　　　（分批裝船是被許可的）

　　　ALLOWED

：43T　：transshipment　　　　　　　　（轉運是被禁止的）

　　　PROHIBITED

：44A　：loading on board in charge at/from ...　　（在臺灣的港口裝船）

　　　TAIWAN PORTS

：44B　：for transportation to ...　　　　　（目的地是上海）

　　　SHANGHAI

：44C　：latest date of shipment　　　　　（最後裝船日是 2002 年 12 月 25 日）

　　　021225

：45A　：description of goods and/or services　　（CIF SHANGHAI）

　　　FABRIC AS PER SALES CONFIRMATION N0.FOBO23

CIF SHANGHAI

：47A ： additional conditions　　　　　　　　　（附帶條件）

+3 PERCENT MORE OR LESS IN QUANTITY ALLOWED

+NOTIFY ON INVOICE MUST SHOW FACTORY IN CHINA

+L/C NO. MUST NOT INDICATED ON B/L AND INSURANCE POLICY

+ONLY OCEAN B/L OR B/L ISSUED BY LINER IS ACCEPTABLE

+COMBINED TRANSPORT BILL OF LADING IS NOT ACCEPTABLE

+A DISCREPANCIES FEE FOR USD 50.00 OR EQUIVALENT

TO BE ALWAYS FOR ACCOUNT OF BENEFICIARY, SHOULD BE DECUCFED FROM THE AMOUNT CLAIMED FOR EACH PRESENTATION OF DISCREPANT DOCUMENTS

：7IB ： charges　　　　　　　　　（關於費用）

ALL BANKING CHARGES （INCLUDING ADVISING COMMISSION, PAYMENT COMMISSION, NEGOTIATION COMMISSION AND/OR REIMURSEMENT COMMISSION） OUTSIDE JAPAN ARE FOR ACCOUNT OF BENEFICIARY

：48 ： period for presentations　　　　　　　　（押匯期限）

DOCUMENTS MUST BE PRESENTED FOR NEGOTIATION WITHIN 10 DAYS AFTER THE DATE OF SEIPPMENT BUT WITHIN CREDIT VALIDITY

：49 ： confirmation instructions

WITHOUT

：53A ： reimbursement bank

CHASLJS33

：78 ： instructions to the paying bank

REIMBURSEMENT CLAIMS BY TZLECOMMUNICATIONS ARE PROHIBITED NEGOTIATING BANK MUST AIRMAIL THE DRAFTS） AND ALL OTHER DOCUMENTS TO US （ADDRESS: THE GIFU SHINKIN BANK, INT'L

DIV., 6-11 KANDAMA 1. GIFU-CITY, GIFU 500-8562 JAPAN） IN ONE LOT IN REIMBURSEMENT: YOU ARE AUTHORIZED TO CLAIM REIMBURSEMENT FROM THE CHASE MANNATTAN BANK, NEW YORK, BANK TO BANK REIMBURSEMENT DEPARTMENT（ADDRESS: 4 METRO TECH CENTER 8TH FLOOR BROOKLYN, NEW YORK 1 1245 U.S.A.）

重點複習

1. 信用狀交易的特性：受益人（出口商）為了獲得開狀銀行的付款，其所提示的單據必須完全符合信用狀上所載之條件。

2. 轉開信用狀的敘述：轉開信用狀的金額應比 Master L/C 的金額低；轉開信用狀又稱為背對背信用狀；轉開信用狀主要用於三角貿易。

3. 「信用狀」是開狀銀行給出口商附條件的付款保證書；是由進口商向銀行申請簽發；與買賣契約是彼此獨立的。

4. 若裝運條件為「shipment on or about Sep. 15, 2006.」則「Sep. 10 至 Sep. 20」符合契約所規定的交貨日期。

5. 若裝運條件為「shipment within 5 days after the date of L/C issuance」，而 L/C 簽發日為 Sep. 10，則根據 ISBP 的規定，「Sep.15」交貨日期符合契約規定。

6. 在信用狀中之 Consignee 係指「受貨人」。

7. L/C 中如規定「nsurance to be covered by applicant」者，其貿易條件可能為「FOB」或「CFR」。

8. 如 L/C 規定 Shipment on or about July 15，賣方應於 July 10 至 July 20 之間裝運貨物。

9. 「10 bags stained by rain」屬於不清潔提單。

10. "WE HEREBY CERTIFING THAT ONE SET OF THE N/N DOCUMENTS HAS BEEN DIRECT SENT TO APPLICANT BY AIRMAIL" 通常此段英文會出現在「受益人證明書」中。

11. 除非 L/C 允許，提單上「on Deck」註記，將被視為有瑕疵。

12. 提單上如有「Freight Collect」字樣，其貿易條件為 FOB。

13. B/L 的受貨人欄為「To order of issuing bank」者，該 B/L「須由開狀銀行背書」。

14. 只有「原信用狀的開狀申請人」可請求銀行辦理 L/C 的轉讓。

15. Transferable Credit 是指：可轉讓信用狀。

16. 可轉讓信用狀「只可轉讓一次」。

17. L/C 中未特別指定「押匯銀行」者，稱為 General Credit。

18. 當 L/C 受益人對開狀銀行的資信不熟悉或不信任時，往往要求其所開出的信用狀須經「保兌」。

19. L/C 應規定提示單據的特定期間，若 L/C 未規定，則受益人最遲應於裝船日後「21 天」向銀行辦理押匯，但不能晚於信用狀有效期限。

20. 當買賣雙方就同種商品在某一定期間連續分批交易時，最適合使用「Revolving L/C」。

21. 不以貨款清償為目的，而以擔保債務清償或契約履行為目的所開出的信用狀為「Standby L/C」。

22. 在間接貿易的情況下，中間商不願買主與製造商接觸，而將買主開來的 L/C 向往來銀行申請另外一張 L/C 給供應商，稱為「Back-to-Back L/C」。

23. 遠期 L/C 中，若未規定利息由誰付，則由「賣方」負擔。

24. 「Deferred Payment L/C」規定受益人不須簽發匯票，只要憑貨運單據，即可向指定銀行提示，而在可確定之日獲得付款。

25. L/C 上規定受益人必須將有關單據持往開狀銀行或指定銀行請求付款，且 L/C 上註明只對受益人保證付款的是「Straight Credit」。

26. 依 UCP 600 之規定，除信用狀另有規定外，保險單據須與信用狀同一貨幣表示，且保險最低金額視情形為貨物之 CIF 或 CIP 價值

加計「10%」。

27. Third Party B/L 是指以 L/C「受益人」以外的第三者為託運人的提單。

28. 目前我國銀行界，對於提單的 Consignee 欄記載「to Order」者，習慣要求由「託運人」在提單上背書。

29. 依據 UCP 600，銀行不接受「Cover Note」保單（Cover Note 又名暫保單）。

30. 提單上之「Notify Party」欄位，除 L/C 另有規定外，通常應為「開狀申請人」。

31. 提單上無記載關於貨物不良批註者為「Clean B/L」（Clean B/L 又名清潔提單）。

32. 目前我國進、出口之外貿付款採「匯款」方式居多。

33. 中間商不願意讓供應商與買主直接接觸，或為了避免商機外洩，應使用「Back-to-Back Credit」信用狀。

34. 以「FOB」條件成交，且信用狀也以此條件開發，則銀行將會要求買方提出預約保險單證。

35. 若信用狀未有明確規定，則通常以「開狀申請人」做為商業發票的抬頭人。

36. 郵遞信用狀內規定「All documents are to be transmitted by Bank of Taiwan, Taipei to us in one cover.」其中「us」指的是「開狀銀行」。

37. 信用狀受益人第一次到銀行辦理押匯所簽署的「質押權利總設定書」，是在「押匯銀行」簽署。

38. L/C 上之 Quantity Term: Approximately 1,000 M/T ，出口商交貨「可增減 10 ％」。

39. L/C 上之 Quantity Term: About 1,000 M/T net shipping weight, loss in

weight exceeding 2% shall be for seller's account. 卸貨時缺量達6.9%，則買方應付「95.1% 之貨款」。

40. L/C 上之 latest shipment date: on or about Nov. 20, 2006 出口商交貨期應為「Nov. 15-Nov. 25, 2006」。

41. 合約簽訂日期為 Nov. 6, 2006，L/C 上列 Shipment as Soon as Possible，出口商可「不予理會」（L/C 上並無明確的裝船有效日，出口商得盡其所能盡早出口，早出口則早押匯取款）。

42. 信用狀交易中，銀行作業之核心為「Documents」（以 L/C 為審查重點，文件應符合 L/C 所規定）。

43. 依據 UCP 600 之規定，信用狀如果沒有標明 Presentation Period，則受益人應「於裝船日後 21 日內押匯，且不得遲於信用狀有效期限」。

44. 以擔保債務之清償或契約之履行為目的之信用狀為「Stand-by L/C」。

45. 若信用狀部分條款如下：「This credit is available with the advising bank by negotiation」，則該 L/C 係「Restricted Credit」（Restricted Credit 為限制讓購信用狀，一般只限在通知銀行押匯）。

46. 依 UCP 600 之規定，銀行審核單據之時間限制為「收到單據後 7 個營業日內」。

47. 除非信用狀另有規定，否則 Commercial Invoice 上之抬頭人為「L/C Applicant」。

48. 依 UCP 600 之規定，匯票上之 Drawee 應為「Issuing Bank」。

49. 除非信用狀另有規定，否則「Cover Note」單據將構成押匯瑕疵。

50. 匯票之發票日（Date）應在「信用狀有效期限內」。

51. 「Certificate of Origin, Customs Invoice 及 Consular Invoice」單據

具有與「產地」相同之作用。

52. Shipment on or about May 20, 2006. 指的是5月20日的前後「5天」。

53. 以箱數、組數、個數訂定交貨量時，若無特別規定，則交貨量「須按約定量交貨」。

54. L/C中規定按7月、8月、9月分三批裝船，出口商於7月裝完第一批後，8月沒裝船，擬於9月再裝船，則「L/C對第二批、第三批已無效」。

55. 信用狀的特性不包括「銀行融資特性」。

56. 信用狀的關係人中的清償銀行，在信用狀交易過程中「只代開狀銀行清償押匯款，不審單據」（清償銀行是開狀銀行指定的代為付款銀行）。

57. 信用狀若指定讓購銀行，即稱為「限押信用狀」。

58. 信用狀上沒有標示Irrevocable，即是「按USP 600之規定，視為不可撤銷」。

59. 保兌信用狀的保兌銀行，若開狀銀行開狀後倒閉，「則應負第一債務人之義務」。

60. UCP 600規定可轉讓L/C僅有以「Transferable」標示，始得轉讓，其餘皆無意義。

61. 信用狀各項條件係依據買賣契約而來，但一旦開出後即與買賣契約脫勾，是依據信用狀「獨立抽象特性」而來。

62. 在信用狀付款條件下，貨物在運輸途中滅失，則「受益人只要提示嚴格符合信用狀要求之單據，即可獲得開狀銀行付款。」（貨物滅失屬保險公司責任）

63. 信用狀受益人提示偽造之單據押匯，但押匯銀行僅就單據表面文字，加以審核符合信用狀之規定，無從辨識其真偽而付款，開狀申請人不能要求押匯銀行或開狀銀行賠償，是依信用狀的「文義

性」而定的。

64. 信用狀開出後，開狀申請人宣告破產，受益人提示嚴格符合之單據押匯，則開狀銀行「須受單付款」。

65. 國外進口商的在臺採購代理，於收到進口商開來之可轉讓信用狀時，可以按採購需要「轉讓一次給多數人」。

66. 開狀申請人於貨到贖單之前，運用公關先入倉檢驗貨物，發現品質嚴重不符，則可以「請開狀銀行嚴審單據，並依買賣契約準備索賠」。

67. 開狀銀行審單拒付時「應在審單後 7 個營業日內一次提出拒付理由」。

68. 受益人從通知銀行領回 L/C 審核時，發現某些條件與買賣契約不符，「應請開狀申請人修改 L/C」。

69. L/C 上規定受益人須提示事實上不可能取得的附屬單據時，受益人應「要求開狀申請人修改 L/C」。

70. Expiry: April 10, 2006 at counter of negotiating bank 是指「L/C 有效日期在出口地押匯銀行櫃檯」。

71. L/C 金額 USD 32,500.00 其大寫金額為「US dollars thirty two thousand five hundred only.」。

72. 工商時報分類欄刊登奈及利亞商人攜帶 L/C 來臺採購，「因其未經通知銀行，難以判斷其真偽，礙難接受」。

73. L/C 上的 Beneficiary 為「Shipper」。

74. This credit is freely negotiable with any bank, who are authorized to pay you the face amount of draft on due date. 是屬於「讓購」信用狀。

75. L/C 對於因颱風而導致的遲延裝運「不受不可抗力因素限制，得以拒付」。

76. 一般的 L/C 與 Stand-by Credit 的相同點是「兩者皆由開狀銀行開出」。

77. 下列三者是同一個人：(1)買賣契約的賣方；(2)貨物契約的託運人；(3)匯票的出票人。

78. 若信用狀沒有規定是否可撤銷，則「一律視為不可撤銷」。

79. 信用狀最終的付款責任由開狀銀行擔負。

80. 在直接信用狀下，開狀銀行的確定付款保證對象為「信用狀受益人」。

81. 信用狀內記載之「Confirmation」意義為「保兌」。

82. 「一律為保兌信用狀」不是 SWIFT 信用狀之特色。

83. 若信用狀未規定單據提示期限，依 UCP 600 規定，受益人應於「21 日」內提示單據。

84. 信用狀條款「This credit is transferable in beneficiary's country.」是合理的。

85. 「We hereby engage with the drawers, endorsers, and bona fide holders of the drafts will be duly honored.」顯示此信用狀為「讓購信用狀」（「讓購」即可押匯之意）。

86. 延期付款信用狀（Deferred Payment Credit）與承兌信用狀的最主要差別在於，「到期日前，受益人對於價款融資之方便性不同」。

87. Clean B/L 之意義為「B/L 上無船公司附加條款批註貨物包裝不良。」

88. 出口押匯實際上屬於押匯銀行對信用狀受益人的「授信融資業務」。

89. 在信用狀內所稱之「You」指的是「信用狀受益人」。

90. 在信用狀內所稱之「We」指的是「開狀銀行」。

91. 關於信用狀之修改，應由「受益人要求進口商向開狀銀行申請修改」。

92. 若提單內關於運費之註記為「Freight Collect」，則貿易條件可能為「FOB」。

93. 若提單內關於運費之註記為「Reight Prepaid」，則貿易條件可能為「CIF」。

94. 補償交易的進行如須開發信用狀，一般以「背對背信用狀」為佳。

95. 開發信用狀是在國際貿易過程中的「履約階段」。

96. 信用狀交易下，出口商於「出口押匯時取得交易貨款」。

97. 信用狀之保證金結匯是在「申請開狀時」。

98. 所謂出口押匯係指「L/C」方式之出口結匯。

99. 「Transhipment Permitted」表示准許轉運。

100. 信用狀未規定裝運數量不得增加或減少時，「kgs」貨物計算單位容許有5%的上下差異。

101. 依 UCP 600 之規定，除信用狀另有規定外，「商業發票」不必簽署。

102. 信用狀條款中註明「Insurance to be covered by the Buyer.」時，可能為「FOB 或 CFR」貿易條件。

103. 信用狀送達賣方之途徑，以「通知銀行轉交」最常見。

104. 可轉讓信用狀，其轉讓之次數最多以「1 次」為限。

105. 信用狀中「可轉讓」一詞，依據 UCP 600 規定，僅限於使用「Transferable」。

106. 限押信用狀之下的部分轉讓，通常以「押匯銀行」為辦理分割轉讓之銀行。

107. 依據 UCP 600 之規定，信用狀不得變更「貨物數量」轉讓。

108. 通知銀行對於「SWIFT」信用狀，因已具有自動核押功能，不須另作複核作業。

109. 依據 UCP 600 之規定，信用狀有效期限因颱風導致銀行停止營業，其有效期限「不可順延」。

110. 信用狀之押匯銀行接到瑕疵單據時，適當之處理方式為：(1)修改單據；(2)電報押匯；(3)改為託收。

111. 信用狀之 Opening Bank 稱為「開狀銀行」。

112. 信用狀修改的正式通知方式有：(1)CABLE ；(2)TELEX ；(3)SWIFT 。

113. 買方讀寫信用狀開狀申請書之要領，應「將契約內容全部詳載於信用狀」。

114. 用電報（Cable）開發的信用狀，通知銀行會「核對押碼」判斷它的真假。

115. 經通知銀行通知之信用狀，對賣方的主要好處為「能確認真實性」。

116. 有權使用信用狀，享受信用狀利益的當事人，稱為信用狀的「受益人」。

117. 應信用狀受益人之請求，讓購或貼現信用狀項下匯票及單據之銀行稱為「押匯銀行」。

118. 有必要開發保兌信用狀之國家，通常係「外匯短缺國家」。

119. 「擔保信用狀」，不以清償貨款為目的。

120. 信用狀所載付款期限為 90 days after sight，係指「承兌日期後 90 天付款」。

121. 「背對背信用狀」，較適合中間商不想讓買主及供應商直接接觸的交易。

122. 若信用狀未規定提示單據的期限，依 UCP 600 規定，應在裝運

日後「21 天」內提出押匯。

123. 最適合三角貿易使用的信用狀是「背對背信用狀」。

124. 進口商對同一出口商之相同產品重複訂貨時，最適合開發來支付貨款的信用狀是「循環信用狀」。

125. 如果開狀銀行信用不佳，對出口商而言，該信用狀最好是「經保兌」。

126. 押匯銀行發現押匯文件具有輕微瑕疵但可更正時，通常採取「請出口商自行更正」的方式。

127. 信用狀係開狀銀行對受益人承諾保證「符合條件確定付款」。

128. Buyer's Usance L/C 所載明之貼現利息或承兌費用，係由「買方」負擔。

129. 信用狀內容出現「This Credit is available with any bank by negotiation」，表示該信用狀係「自由讓購信用狀」。

130. 信用狀內容出現「This Credit is available with the advising Bank by negotiation」表示該信用狀係「限押信用狀」。

131. UCP 600 規定保險單之簽發日期不得遲於「裝船日期」。

132. 信用狀規定裝運日期為 on or about August 10，則在「8 月 5 日至 8 月 15 日」完成裝運即符合規定。

133. 信用狀如規定受益人開發遠期匯票，其票據期間利息（貼現息）由賣方負擔者，稱為「Sellers Usance L/C」。

134. L/C 上若註明 ±15% 的數量單位，若與 UCP 600 的規定不同，應以「L/C 上所載」為準。

135. SWIFT 信用狀之特色為：(1)自動核對密碼；(2)開狀銀行確切保證字眼之省略；(3)遵循 UCP 600 之規定。

136. 有關信用狀受益人的說明，「受益人大部分是出口商」。

137. 凡信用狀內容有不符買賣契約之約定時，「出口商應請進口商

修改信用狀」。

138. 對外匯短缺的國家或信用不良的廠商出口貨物,宜要求對方採用「保兌之 L/C」付款方式。

139. 根據 UCP 600 規定,開狀銀行收到單據後,須在最長五個營業日內決定是否接受,否則「視為接受」。

140. 一般情況下,主要信用狀(Master L/C)與次要信用狀(Secondary L/C)之金額,以「主要信用狀較高」。

141. 依 UCP 600 規定,除信用狀上另有規定外,銀行「可以」接受提單簽發日期早於開狀日期。

142. 依 UCP 600 規定,信用狀有效日期及提示單據之截止日,若適逢銀行休假日,則「可順延至下一個營業日」。

143. 遠期信用狀內容如未載明貼現息由誰負擔時,該信用狀的貼現息應由「受益人」負擔。

144. 信用狀交易下,匯票(Bill of Exchange)之付款人通常為「開狀銀行」。

145. 根據我國銀行界慣例,信用狀的受益人到銀行押匯時所提示的匯票受款人(Payee)通常是「押匯銀行」。

146. 是否符合信用狀內容所規定之最後裝運日期,係審查「提單」日期做比較得知。

147. 進口商應憑「提貨單 D/O」單據,辦理進口報關提貨事宜。

148. 押匯銀行受理押匯是一種融資行為,其所代墊款項之利息費用由「信用狀受益人」負擔。

149. 如果 L/C 規定有效期限為 4 月 28 日,最後裝船日為 4 月 20 日,且規定必須於運送單據發行後的 8 天內辦理押匯,而提單裝船日期為 3 月 31 日,提示單據辦理押匯之有效期限應為「4 月 8 日」。

150. 信用狀規定貨物數量為100,000公斤的玉米，禁止分批裝運，下列裝運數量均符合L/C規定之寬容範圍：(1)95,000公斤；(2)100,000公斤；(3)105,000公斤。

151. 「Commrciall Invoice」的商品記載應與L/C上所規定者相符。

152. 開狀銀行應買方的要求開出信用狀，賣方是因為有「開狀銀行信用」才願意裝運貨物出口。

153. UCP 600規定銀行對單據有效性及傳送遲延或錯誤「不負任何責任」。

154. 信用狀與買賣契約之法律關係為「相互獨立」。

155. 信用狀統一慣列（UCP）之適用於信用狀交易，係「信用狀當事人」決定。

156. 在信用狀未規定裝運數量不得增加或減少時，「重量」計算單位容許有5%上下差異。

157. Seller's Usance信用狀之利息由「受益人」負擔。

158. 進口商應出口商的請求修改信用狀上之條款時，則進口商應向「原開狀銀行」申請修改。

159. 除信用狀另有規定外，修改信用狀次數之限制為「一次」。

160. 依信用狀統一慣例，除非另有規定，銀行原則上將拒絕「傭船提單」。

161. 在信用狀作業上，有關係的各方所處理者係為「單據」。

162. 買方到往來銀行開信用狀給賣方，買方被稱為「申請人」（Applicant）。

163. 信用狀經另一銀行Confirmed者，稱為「保兌信用狀」。

164. 依UCP 600規定，通知銀行收到信用狀後，最遲應於「未規定期限」完成信用狀通知手續。

165. 依UCP 600之規定，信用狀一經保兌，則保兌銀行所負之確定

義務與下列「開狀銀行」完全相同。

166. 信用狀未註明天然氣之交貨數量不得增減，但受益人於裝運時多裝了3%，依UCP 600之規定，則其押匯金額應為信用狀金額的「100%」。

167. 對信用狀修改書之接受或拒絕，受益人應知會「通知銀行」。

168. 不可轉讓信用狀項下所須提示之匯票，其發票人應為「信用狀受益人」。

169. 依UCP 600之規定，在信用狀交易中，負最終付款義務的當事人是「開狀銀行」。

170. 如信用狀要求的運送單據為航空運送單據，則適用CFA貿易條件。

171. 依UCP 600規定，信用狀的轉讓費用由「信用狀之第一受益人」負擔。

172. 有關eUCP 1.0，係自「2002年4月1日起正式實施」。

173. 電子信用狀統一慣例（eUCP）共有「12條」條文。

174. 國際信保函慣例（ISP 98）於「1999年1月1日」起正式實施。

175. 有關電子信用狀統一慣例（eUCP 1.0）與信用狀統一慣例（UCP 500），當同時適用eUCP 1.0與UCP 500，卻產生不同結果時，應優先適用eUCP 1.0之規定。

176. 倘信用狀正本不慎遺失，受益人應「登報聲明作廢，請通知銀行補發影本」。

177. 依UCP 600規定，開狀銀行審查單據之時間，係自提示之日後「最長五個營業日」，決定提示是否符合。

178. 依UCP 600規定，倘匯票期間為30 days from on board date，而提單的裝船日期為7月1日，則匯票到期日為「7月31日」。

179. 有關商業發票之簽發細節，依UCP 500與UCP 600兩版本規

定，其相異點為「須以信用狀同一幣別簽發」。

180. 新版信用狀統一慣例 UCP 600，共有「39 條」條文。

181. 新版信用狀統一慣例 UCP 600 於「2008 年 1 月」起正式實施。

182. 有關本地信用狀之敘述：(1)係依據國外 Master 信用狀而轉開給國內製造商；(2)為規避匯率波動風險，信用狀金額之幣別皆以原國外信用狀之幣別開發；(3)又稱為背對背信用狀。

183. Deferred Payment Credit 係指「延期付款信用狀」。

184. Re-Negotiating Bank 係指「再押匯銀行」。

185. 在限押信用狀之下，其有效期限係指單據最遲應在有效期限當日或之前送達「限押銀行」。

186. 對出口商資金運用而言，「Usance 60 days after B/L date」較為有利。

187. 若信用狀規定提示四份商業發票，「四份」之英文為「Quadruplicate」。

188. 信用狀正本在提示押匯銀行辦理押匯完畢後，該信用狀正本，押匯銀行將「交還受益人」。

189. 有關信用狀之有效期限，應以「受益人國家為準」，對受益人較為有利。

190. 在信用狀交易中，「開狀銀行」不可能同時亦為讓購銀行（Negotiating Bank）。

191. 信用狀內容規定提示單據中要求之 Packing List「不可以」用 Weight List 代替。

192. 依據 UCP 600 規定，信用狀條款中若未明確註明是否允許「分批裝運」與「允許轉運」時，則應視為「可允許分批裝運和轉運」。

193. 信用狀有關提單之敘述為 "FULL SET OF CLEAN ON BOARD

OCEAN BILLS OF LADING MADE OUT TO ORDER OF SHIP-PER MARKED 'FREIGHT PREPAID' NOTIFY BUYER WITH FULL ADDRESS."，受益人押匯時必須提示「全套、運費預付及指示式提單」。

194. 若 L/C 上規定必須由某一指定銀行辦理押匯，而受益人又與該指定銀行無往來時，則可透過「轉押匯」來完成押匯手續。

195. 當信用狀要求提示 INVOICE IN 3 COPIES 時，則「提示 3 張副本」將不被接受。

196. 運送人為防止誤遭索賠，收貨時如貨物或包裝有瑕疵，會將該狀況載明於提單上，該提單稱為「Unclean B/L」。

197. L/C 中規定提單（B/L）上 Consignee 的表示方式，「to order of shipper」對出口商最有利。

198. L/C 規定海運提單的受貨人為「TO ORDER OF S HIPPER」時，所提示的提單須由「CONSIGNOR」背書。

199. 實務上常見信用狀規定、2/3 set of Clean on board Bill of Lading，此句意指「發行三份正本提單只須提示二份」。

200. 「信匯」付款方式為順匯。

201. 有關信用狀作業規則，「UCP 600 適用於書面單據提示，eUCP 適用於電子提示」。

202. 依據 Incoterms 2010 規定，在 CIF 或 CIP 交易情形下，買賣雙方若未約定保險金額時，該保險金額最少應為「契約金額加一成」。

203. 依據 UCP 600 規定，貨物數量及裝運日期前面如冠以「about」時，分別解釋為「增減 10%；前後 5 日內」。

204. 依據 UCP 600 規定，「可轉讓信用狀不可以再轉讓給第一受益人」。

205. 受益人（出口商）尋求信用狀保兌之原因：
    (1)擔心開狀銀行之支付能力。
    (2)擔心進口國政情不穩，有戰爭、革命、內亂之虞。
    (3)擔心進口國外匯短缺，無法兌換外匯、支付貨款。

206. 依 UCP 600 規定，信用狀如未就單據提示期間予以規定，銀行將不接受遲於裝運日後「21 日」始向其提示之單據。

207. 倘信用狀申請人已具結辦理擔保提貨，日後開狀銀行接到押匯銀行提示之瑕疵單據時，申請人「不得以單據瑕疵理由拒付」（信用狀申請人是當事人，已具結擔保提貨，已經向開狀銀行結清所有款項，即表示並不在乎未來單據是否有瑕疵，開狀銀行已視同結案，自不接受日後之要求拒付）。

208. 出口商對於出現瑕疵單據時之可能做法有：(1)改正單據；(2)保結押匯；(3)改押匯為託收。

209. 在信用狀付款方式下，銀行審單的原則乃是出口商所提示的單據必須「與信用狀的規定相符」。

210. 有關信用狀業務：
    (1)進口商辦理擔保提貨後，便不得就日後到達之單據有瑕疵為由主張拒付。
    (2)若擔保提貨之貨品價位較正式到單時之單據價值（金額）少，則進口商須承擔較大的正式單據金額。
    (3)賣方負擔利息之遠期信用狀（Seller's Usance），匯票期限為 120 days after sight on issuing bank ，則該到期日應以 issuing bank 的承兌日為起算日。

以下為 L/C 的部分內容，回答第 210-221 題：

41A ：AVAILABLE WITH ... BY ... : ADVISING BANK BY NEGOTIATION

42C ：Draft at ... .Drawn on ... : AT 30 DAYS AFTER SIGHT Drawn on US

43P ： PARTIAL SHIPMENTS : NOT ALLOWED

43T ： TRANSSHIPMENT ： ALLOWED

46A ： DOCUMENTS REQUIRED

+ SIGNED COMMERCIAL INVOICE IN TRIPLICATE.

+ FULL SET OF CLEAN SHIPPED ON BOARD BILL OF LADING MADE OUT TO ORDER OF SHIPPER NOTIFY APPLICANT AND MARKED "FRIGHT PREPAID"

+ INSURANCE POLICIES IN DUPLICATE ENDORSED IN BLANK, FOR FULL CIF INVOICE VALUE PLUS 10%. COVERING ICC (A) AND INSTI-TUTE STRIKES CLAUSES（CARGO）.

49 ： CONFIRMATION INSTRUCTIONS ： WITHOUT

211. 「匯票的付款人」是「開狀銀行」。

212. 規定必須在「通知銀行」押匯。

213. 使用「遠期匯票」。

214. 「PARTIAL SHIPMENTS: NOT ALLOWED」的意思是「不可以分批裝運」。

215. 商業發票須提出「三份」。

216. 信用狀上提單規定受貨人為「to Order of Shipper」時，此提單必須由「受益人」背書。

217. 有關提單的規定是：(1)清潔提單；(2)裝船提單；(3)須提出全套。

218. 提單上的「貨到通知人」是「進口商」。

219. 保險單須提出「二份」。

220. 保險單的保險金額規定為 CIF 金額的「110%」。

221. 保險單投保的附加險是「罷工險」。

222. 對此信用狀的種類，是「SWIFT 信用狀」。

以下為 L/C 的內容，回答第 222-231 題：

27	Sequence of total 1/1
40A	Form of Doc. Credit IRREVOCABLE
20	Doc. Credit Number 8539378
31C	Date of Issue 040920
31D	Expiry Date 041115 IN TAIWAN
51A	Applicant Bank UNION BANK OF CALIFORNIA INTERNATIONAL LOS ANGELES BRANCH
50	Applicant WATERMAN CO. L.A.
59	Beneficiary COLONCO. TAIPEI TAIWAN
32B	Amount Currency USD Amoun 213,800.00
41D	Available with by WITH ANY BANK BY NEGOCIATION
42C	Draft at ... AT 45 DAYS AFTER SIGHT IN DUPLICATE
42D	Drawee ONAPPLICANT FOR FULL INVOICE VALUE
43P	Partial Shipment ALLOWED
43T	Transshipment ALLOWED
44A	Loading in Charge TAIWAN PORT
44B	For Transport to … LOS ANGELES
44C	Latest Date of Ship 041031
45B	Descript of Goods 500 BALES（200,000 POUND）OF YARN NE 32/1 ON CONE "GOKF" RAND
46B	Documents required ＋ SIGNED COMMERCIAL INVOICEIN TRIPLICATE ＋ SIGNED PACKING LIST IN TRIPLICAATE. ＋ FULLSET OFCLEAN ON BOARD OCEAN BILLSOF LADING MADE OUT "OORDER OF UNION BANK OF CALIFORNIA INTERNATION-

AL L.A." MARKED "REIGHT PREPAID" AND NOTIFY APPLICANT

+ MARINE INSURANCE POLICYIN DUPLICATE, FOR 110 PCT. OF THE INVOICE VALUE. COVERING ICC (A) AND INSTITUTE WAR CLAUSES（CARGO）

+ INSPECTION REPORT ISSUED AND DULY SIGNED BY MR. S.L. LAW CERTIFYING THAT THE ORDERED MERCHANDISE AS BEEN INSPECTED.

+ BENEFICIARY'S CERTIFICATE CERTIFYING THAT ONE COPY OF INVOICE P/L AND NON-NEGOTIABLE B/L HAVEBEEN SENT DIRECTLY TOAPPLICANT THROUGH DHL.

47A   Additional Condition DISCOUNT INTEREST AND CHARGES ARE FOR ACCOUNT OF BENEFICIARY

49   Confirmation WITHOUT

71B   Charges ALL BANKING CHARGES OUTSIDE STATES ARE FOR ACCOUNT OF BENEFICIARY.

78   Instruction to pay/acc/neg bk THE NEG BK MUST SEND ALL DOCUMENTS TO US

IN TWO CONSECUTIVE AIRMAIL THIS CREDIT IS SUBJECT TO THE UCP 1993 REVISION ICC PUBLICATION NO 500

223. 此信用狀為「不可撤銷、無保兌」。

224. 賣方押匯時提單的背書方式為「不須背書」。

225. 本交易的貿易條件為「CIF L. A.」。

226. 裝船後提示單證期限「21 天」。

227. 此信用狀的付款期限為「遠期，見票後45 天」。

228. 最後裝船日應為「OCT. 31, 2004」。

229. 匯票付款人應為「買方WATERMAN CO.」。

230. 商業發票的抬頭人為「買方 WATERMAN CO.」。

231. 提單的發貨人為「賣方 COLON CO.」。

232. PER 後面應填入「to order Of BANK OF TAIWAN」。

以下為 L/C 的內容，回答第 232-239 題：

MT 700

Received From ：*** ＝ Orn ： 0919 05HMBKTWTPBMCA 99448

CIBADEHAxxx ＝ Srn ： 1812 04GIBADEHXXX27907

*CIGOZENTRALE UND BANK

*HAMBURG

Sequence of Total	*27	： 1/1
Form of Doc. Credit	*40A	： Irrevocable
Doc. Credit Number	*20	： 81 138l63
Date of Issue	*31C	： 060513
Date and place of Expiry	*3Ld	： Date 060910 counter of negotiating bank
Applicant	*50	： Winnie Co., Ltd.
		： 101 Wood Ave., Hamburg, Germany
Beneficiary	*59	： Great Trading Company
		No. 1, Sec.1. Nanjing E Rd., Taipei, Taiwan
Amount	*32B	： Currency USD Amount 45,000.00
Available with/by	*4lD	： Any Bank by negotiation
Drafts at drawn on	*42	： Drafts at 30 day after sight for 100 percent of invoice value drawn on ourselves
Drawee	*42D	： Ourselves
Partial Shipment	*43P	： Allowed

Transshipment	*43T	：Prohibited
Ship/Desp./Taking	*44	：Shipment from Taiwan not later than 060831 For Transportation to Hamburg
Shipment of Goods	*45A	：1,200 sets of K/D products as per Order No.RA-5678 FOB Taiwan
Documents Required	*46A	：

+ Commercial Invoice in 3 copies, duly signed, indicating Order number RA-5678

+ Full set of clean on board marine Bills of Lading made out of to order and blank endorsed marked freight collect notify applicant

+ Packing List 3 copies

Additional Conditions　　　*47A　：

+ One set of non-negotiable shipping documents should be mailed to the applicant within 3days after the shipment effected

+ Insurance to be effected by applicant

Details of Charges	*7lB	：All banking charges outside Germany are for Beneficiary account
Presentation of Period	*48	：Documents to be presented within l O days after the date of transportation documents but within the validity of credit
Confirmation Instruction Trailer	*49	：without
Trailer		：AUT/7A32

233. 此信用狀的種類為「遠期、末限押信用狀」。

234. 此信用狀的裝運期限為「8月31日」。

235. 此信用狀指定之提單上的「被通知人」（Notify Party）為「Winnie Co., Ltd.」。

236. 此信用狀「允許分批裝運」。

237. 此信用狀的押匯期限是「運送單據發行後10天內，且在信用狀有效期限內」。

238. 此信用狀的匯票付款人為「開狀銀行」。

239. 此信用狀的匯票付款期限是「見票後30天付款」。

240. 此信用狀規定提單上之「受貨人」（Consignee）欄上應填寫「to Order」。

7

海上貨物運輸

第一節 | 海上貨運之型態

一、定期航線（Liner）

依一定航線定期停靠一定港口的運送服務，即為定期航線（Liner Ship，又稱為定期船）。

1. **傳統式雜貨船**（Conventional Vessel）

   傳統式雜貨船是船上甲板的前後桅杆上有自備吊杆，可將陸上貨物起吊裝入船艙內，再將甲板覆蓋後，運送至次一港口下卸之船舶，這是典型的早期貨輪，俗稱「散裝輪」。

2. **貨櫃船**（Container Vessel, C/V，或 Container Ship, C/S）

   貨櫃Container 是由大小統一規格，堅固材料製成的櫃子，事先在碼頭上將貨物置放在內，待貨櫃船到達，再將整只貨櫃吊上船隻運送至目的地卸下。載運貨櫃的船即叫貨櫃船。其營運特性為：

   (1)船期與停靠之港口事先排定，並通知各港口之託運客戶。

   (2)船方係以公共運送人（Common Carrier）的身分經營，通常受各港口所屬政府機構之監督，其物件為一般託運人（Shipper）所有，即貨主。

   (3)託運之程序為先簽裝貨單 Shipping Order（S/O），裝船後，憑大副簽收單 Mate's Receipt 向承運人船公司或其代理行換取提單 Bill of Lading（B/L），而以提單為運輸契約之證明。

   (4)參加運費同盟（Freight Conference）營運時，必須遵守同盟規章，信守同盟會員職責。

   (5)通常有大規模的組織，其停靠港口會有相當的人事和工具配備與設置。

二、不定期航線（Tramp）

船舶無一定船期，無一定航線，無一定港口，只要何處有貨可載，即開往該港口，通常以整船出租（Chart）型態營運。如木材船、穀類船、礦砂船等。

三、散裝船（Bulk Carrier）

如穀類散裝船、礦砂船、煤炭船，即貨物不必事先包裝，而直接輸送至船艙內之運送船。此類船舶航線和航程即為不定期。

第二節　貨櫃化運輸

一、船隻（Ship）

1. **半貨櫃輪**（Semi-Container Ship）

   為運載到達目的地或港口之設備的不同而設計，該船型只有一部分的貨艙容積，是經過特殊設計做為載運貨櫃之用（備有垂直船格構造），其餘貨艙部分仍裝一般雜貨。

2. **全貨櫃輪**（Full-Container Ship）

   船舶具有特殊艙格的設計，使船上所有的空間僅能作為貨櫃運輸用途。

   (1)吊上吊下型（Lift on ／ Lift off）。

   (2)駛進駛出型（Roll on ／ Roll off）。

3. **子母船**（Lighter Aboard Ship, LASH）：

這是 1969 年發展出的一種新式單位化運輸工具。由母船（LASH Ship）、小型子船（LASH Lighter or Barge）及母船上裝卸設備三部分構成。每組子母船擁有一艘特大母船，及數十艘子船，有時也載運貨櫃，每一艘子船相當於一個大型貨櫃。

子母船的作業程序爲，母船循一定航線航行，沿途在預定港口外海裝上或卸下子船。當母船在海上繼續航行的同時，卸下的子船被拖進港內停靠碼頭，卸下進口貨物，然後裝上出口貨物再拖離碼頭，等待母船下一航次經過時吊上運走，同時又卸下新子船。如此母船便可以航至各目的地港而無須停靠碼頭，子船則可在港內碼頭或接運水道的內陸口岸裝卸貨（子母船 (LASH) 與接駁子母船 (Feeder Service) 不同）。

二、貨櫃（Container）

1. **貨櫃之定義**（Container）

貨櫃是一個包裝容器，具備下列條件：

(1)具備永久不變的性質，以及足夠的強度，適合反覆使用。

(2)特殊設計，適合多種運輸工具，中途無須將貨物重新裝載。

(3)配有特殊櫃角裝置，適合搬運。

(4)易於裝塡卸空。

(5)具備一立方公尺以上之容積。

2. **標準貨櫃**

標準貨櫃寬與高均爲 8 呎，長度爲 10 呎、20 呎、30 呎及 40 呎等四種，高度也有 8 呎半及 9 呎半的，20 呎與 40 呎長的最常見。

3.貨櫃化運輸之利益

(1)對船舶營運人（Carrier）而言

A.加速船舶周轉——裝卸速度快。

B.降低運輸成本——裝載量大。

C.減少貨物理賠——運輸途中貨物漏損情形減少。

(2)對託運人（貨主Shipper）而言

A.節省包裝材料費用。

B.減少貨物破壞、汙染及被竊。

C.降低保險費負擔。

D.縮短到達時間，易於配合市場需求。

三、貨櫃裝運之型態

1.整體裝運

由貨主自行裝櫃、封櫃及計數，船方不負任何責任。一般簡稱 C.Y.（Container Yard），歐洲地區稱為 F.C.L.（Full Container Load）。

CY 是將貨櫃由貨主向船公司辦理領櫃，然後雇貨櫃車將貨櫃拖至貨主的指定地點裝載，裝載完成後，再拖回船公司的貨櫃集散場。

2.併櫃裝運

當託運人的貨物不足裝滿一櫃時，必須將貨物送至貨櫃集散站（Container Station）交由船公司安排，與其他託運人的貨物合併裝櫃。一般簡稱 C.F.S.（Container Freight Station），歐洲地區稱為 L.C.L.（Less than Container Load）。

託運人的貨物於裝滿若干貨櫃之後，如果尚有少量不足裝一個貨

櫃的餘數，稱爲超溢貨（Over-Flow Cargo），此時可採併櫃裝載，將該少量貨物送交船公司處理，但因須等待與其他託運人的貨物合併貨櫃後再啓運，故常較同批整櫃裝載的貨物延遲抵達目的地，而且船公司對這部分常另出提單，將使收貨人增多提貨手續。爲避免此項缺點，如託運人無意按超溢貨物併櫃裝載，亦可向船公司申請專用一個貨櫃，按最低滿櫃收費額繳費，則可整批貨物同時啓運。

方式有：整裝／整交　　　　FCL/FCL ＝ CY/CY ＝ H/H

　　　　整裝／散交　　　　FCL/LCL ＝ CY/CFS ＝ H/P

　　　　併裝／整交　　　　LCL/FCL ＝ CFS/CY ＝ P/H

　　　　併裝／散交　　　　LCL/LCL ＝ CFS/CFS ＝ P/P

（H 表 House，P 表 Pier）

第三節　船公司之裝卸條件

海運費與裝卸條件有關：

一、定期船條件（Liner Term or Berth Term）

定期船所承載之貨物，貨主除支付海上運輸的運費外，不必負擔裝卸之責任，而由船方負責。意即海運費已包含裝卸費用在內，稱爲 Berth Term，一般之雜貨裝運，船方報價均是如此，除非另有說明。

二、不定期船條件

通常僅適用於散裝貨或部分傳統貨（Break-Bulk Cargo, B.B. Cargo）

1. F.I.（Free In）：船方不負責裝貨，但負責卸貨。
2. F.O.（Free Out）：船方不負責卸貨，但負責裝貨。
3. F.I.O.（Free In & Out）：船方不負責裝貨、卸貨。
4. F.I.O.S.（Free In, Out & Stowed）：船方不負責裝卸、堆積。
5. F.I.O.T.（Free In, Out & Trimmed）：船方不負責裝卸、平艙。
6. F.I.O.S.T.（Free In, Out, Stowed & Trimmed）：船方不負責裝卸、堆積、平艙。

第四節　海運費之種類

一、不定期貨運運費的決定因素

不定期貨運，其運費費率並無運費表可以依據。某一地區船噸供應超過需求（即貨源過少）則運價看跌；反之，船噸供應不敷市場所需（即貨源充足），則運價漲。部分交易係簽訂長期運輸合約，其費率事先擬定，不受市場船噸需求影響。其他因素包括：

1. 政治局勢之變化。
2. 運輸之淡旺季。
3. 農作物之收成。
4. 大國生產計畫之更改。
5. 能源代替之變動。

6. 同業之競爭。

7. 市場之心理。

8. 政府之干預。

二、定期貨運費率的決定因素

零星貨物的運輸，通常由定期貨運船舶（Liner Ship）承擔。定期貨運之運價係按運價表規定收取運費。

決定定期貨運費率的主要因素包括：

1. 運輸成本——船舶所能承載之數量及航程遠近。

2. 貨物負擔運費之能力——貨物價值之高低。

3. 貨物之特性及其所需之服務——易碎或易腐敗之貨物。

4. 合理報酬——船公司利潤。

5. 同業競爭。

6. 政府之政策。

三、運費計算的基準

船公司報價常使用特定貨物運費率（W/M at Ship's Option）。

W/M 是 Weight or Measurement 的簡稱，指每重量噸（Weight Ton，即 1,000 kgs）或每體積噸（Measurement Ton, Cubic Meter），貨物的重量噸大於體積噸，就按重量噸計算；體積噸大於重量噸，按體積噸計算，船方有選擇的權利（Ship's Option）。

1. 呎碼噸或容積噸

以貨物包裝的周邊所占容積，做為運費計算的基礎。國際上以每一立方公尺（CBM）為起運單位。1 CBM（Cubic Meter）＝

35.315 cu.ft.（Cubic Feet）。

輕貨（即每公噸 M/T，不足一立方公尺(CBM)之貨物）以容積噸或體積為計算基準。

2. **重量噸**

一般而言，重貨（每 1 立方公尺之重量超過 1 公噸(M/T)之貨物）以重量噸為計算基準。

1 M/T（Metric Ton）＝ 1,000 kgs（公斤）＝ 2,20462 lbs（磅）

3. **特種計算基準**

(1)從價運費

係依照貨物之發票（Invoice）價值的3-5% 做為運費。通常適用於高價貨物，如：鈷60。

(2)按件或按櫃計算運費

即以每一單位包裝或個體做為計算運費之基準。例如：輸往日本的香蕉，以每簍或每箱（車輛以每輛）運費若干計算。

(3)以自然單位計算

例如馬、牛、羊或狗，以每匹、頭或隻計算運費。通常也會參照年齡大小調整運費之高低。

(4)起碼運費（或稱最低運費）

即每張載貨證券之最低運費負擔額，雖然按重量或呎碼計算，其運費雖未達該最低之負擔額，但得比照最低額支付。

4. **附加運費**（Surcharge）

若託運之貨物因本身的特性或受偶發因素影響，承運人（船公司）除按運價表收取基本運費外，還附加收費。此等基本運費之外加收的運費，通稱為附加運費（Surcharge）。

(1)一般附加費

因貨物本身的特性而衍生：

A. 超重附加費（Heavy Lift Charge）：單位包裝或裸裝（Nude）之貨物，其重量超過一定標準（通常以5公噸或10公噸為限），須收超重附加費。貨櫃貨物則不同，超出部分的重量，按其超重幅度，每公噸加收運費若干。一般定期貨運的運費，運價表均有規定。

B. 超長附加費（Overlong Charge）：貨物的長度超過規定之限度（通常為10公尺以上，貨櫃除外），則按長度另外收取附加費。

C. 笨拙附加費：包裝或裸裝之單位貨物，其體積過於龐大笨拙，承運人通常予以限制，並按其單位體積的大小，酌收附加費。

(2) 臨時附加費

因偶發事故而加收的附加費。

A. 燃油附加費（Bunker Surcharge）：船用燃料油價格突然上漲至某一幅度時，承運人按照基本運費的百分比加收運費，以彌補其增加之燃料油成本（俗稱BAF）。

B. 幣值附加費（Currency Charge）：因計算運費的貨幣貶值而加收（俗稱CAF）。

C. 繞道附加費：因無法通過蘇伊士運河，繞道好望角而發生之附加費。

D. 港口擁塞附加費（Congestion Surcharge）：因裝卸貨載之港口發生異常擁塞，以致耽擱貨物裝卸時，由承運人按基本運費加收一定百分比的運費，以彌補船期損失。

注意：船公司的海運費一律以美元（USD）為計價標準，除非另有併櫃費、吊櫃費或打墊板費，則用新臺幣計價。

第五節　運費計算實例

一、散裝方式

可打電話直接向船公司洽詢，要注意告訴對方：(1)貨品名稱（與價值、特性有關）；(2)運達之目的地（與船程遠、近有關）；(3)包裝方式（紙箱或木箱等，與安全性有關）。

船公司回答運費：如 USD 65 ＋ TWD 200/CBM

（每一立方公尺美金65元，外加打墊板費新臺幣200元）

假設美金的賣出匯率是 TWD 32.5，則：

每立方公尺是 $65 \times 32.5 + 200 = $ TWD 2,312.5

某貨物包裝是 35 cm × 30 cm × 28 cm，重 55 kgs，共65箱

試問總運費是多少錢？船公司是按體積噸或重量噸計費？

每箱是　$35 \times 30 \times 28 = 29,400$ 立方公分

體積共　$29,400 \times 65 = 191,100 = 1.911$ 立方公尺（CBM）

重量共　$55 \times 65 = 3,575$ kgs $= 3.575$ 公頓（ton）

按體積頓，總運費共　$2,312.5 \times 1.911 = $ TWD 4,419

按重量頓，總運費共　$2,312.5 \times 3.575 = $ TWD 8,267

兩者比較，重量頓較有利，故按重量頓計收。

※如果包裝體積是立方吋，要除以1,728換算成立方呎，再除以35.315換算成立方公尺（CBM）。

二、併櫃（CFS）方式

詢問的方式和上述一樣。

船公司回答運費，如 USD 82 ＋ 3.48% ＋ TWD 350，如果沒有說明單位（Ton 或 CBM），即指每 1 CBM 而言。如以重量（M/T）計算，船公司會強調說明。82 是該批貨物的基本運費，3.48% 是油料調整附加費或幣值調整附加費，新臺幣 350 是每 1 CBM 體積的併櫃費，運費的計算方式如下：

> USD 82 ＋ 3.48% ＋ TWD 350
>
> 美金部分　82 ＋（82 × 0.0348）＝ 84.8536
>
> 因向船公司繳交運費時以美金折算新臺幣，如果銀行「買入」匯率是 30.00，「賣出」是 30.10，則按銀行賣出的匯率 30.10 計算，得 2,554，再加 350，共求得 TWD 2,904（即每 1 CBM 運費應付船公司 TWD 2,904）。

三、整櫃（CY）方式

如船公司報價以小櫃為 USD 1,850 元，另加 TWD 1,200 吊櫃費（俗稱的小櫃是指一個 20 呎長貨櫃，即 1 TEU，40 呎長貨櫃俗稱 2 TEU）（TEU, Twenty-foot Equipment Unit，即一個 20 呎長貨櫃單位）。

四、以歐洲海運基本費率及附加費計算方法舉例
（兌換率 USD 1 ＝ TWD 32.00）

> 計算結果：
>
> 體積　USD 80/CBM ＋ CAF 0.5% ＋ THC TWD 320
>
> 重量　USD 96/CBM ＋ CAF 0.5% ＋ THC TWD 320
>
> 包櫃費率　USD 1,850/20 ＋ CAF 0.5% ＋ THC TWD 3,600
>
> 　　　　　USD 3,700/40 ＋ CAF 0.5% ＋ THC TWD 4,390

計算結果	體積運費折合	USD 90.40/CBM
	重量運費折合	USD 106.48/ton
	包櫃運費折合	USD 1,971.75/20'
		USD 3,855.7/40'

※ THC ： Terminal Handing Charge

五、假設基隆至德國漢堡機器運費，船公司運費報價

今有四批小型包裝機器擬出口至德國 Hamburg 港，其裝箱明細表如下：

A 種機器 75 箱，每箱體積長 28" × 寬 14" × 高 25"，重量 40 kgs

B 種機器 60 箱，每箱體積長 78 cm × 寬 43 cm × 高 75 cm，重量 240 kgs

C 種機器 250 箱，每箱體積長 23" × 寬 17" × 高 25"，重量 75 kgs

D 種機器 600 箱，每箱體積長 60 cm × 寬 50 cm × 高 26 cm，重量 40 kgs

試分別計算每批貨物之運費。

解答如下：

(1)A 種機器

每箱體積　28" × 14" × 25" ÷ 1,728 = 5.671296 cu.ft.

總體積為　5.671296 cu.ft. × 75 ÷ 35.315 = 12.04 CBM

總重量為　40 kgs × 75 ÷ 1,000 = 3 ton

其運費體積計算為　USD 90.40/CBM × 12.04 CBM = USD 1,088.42

重量計算為　USD 106.48/ton × 3 ton = USD 319.44

兩者比較，體積運費較高，船公司收取較高者，故按體積計算運費，

本批貨物為 12.04 收益噸，運費為 USD 1,088.42。

(2)B 種機器

每箱體積　78 cm × 43 cm × 75 cm ÷ 1,000,000 = 0.25155 CBM

總體積為　0.25155 CBM × 60 ＝ 15.093 CBM

總重量為　240 kgs × 60 ÷ 1.000 ＝ 14.4 ton

其運費體積計算為　USD 90.40/CBM × 15.093/CBM ＝ USD 1,364.41

重量計算為　USD 106.48/ton × 14.4/ton ＝ USD 1,533.31

兩種相較，重量運費較高，船公司收取較高者，故按重量計算運費，本批貨物為 14.4 收益噸，運費為 USD 1,533.31。

(3)C 種機器

每箱體積　23" × 17" × 25" ÷ 1,728 ＝ 5.656829 cu.ft.

總體積為　5.656829 cu.ft. × 250 ÷ 35.315 ＝ 40.05 CBM

總重量為　75 kgs × 250 ÷ 1.00 ＝ 18.75 ton

從船公司得知，一個 20 呎長貨櫃可裝 900 cu.ft.（25.48 CBM）最重為 17.8 ton，可知本批貨物已超過一個 20 呎 CY，部分溢裝成併櫃 CFS

（A）900 cu.ft. ÷ 5.656829 cu.ft. ＝ 159 箱（CY）

整櫃 20 呎貨櫃之包櫃運費是 USD 2,001.52

（B）其餘 91 箱裝成併櫃

體積為　5.656820 cu.ft. × 91 ÷ 35.315 cu.ft./CBM ＝ 14.58 CBM

重量為　75 kgs × 91 ÷ 1,000 ＝ 6.825 ton

其運費體積計算為　USD 90.40/CBM × 14.58 ＝ USD 1,318.03

重量計算為　USD 106.48/ton × 6.825 ＝ USD 726.73

比較以上兩者，體積運費較高，船公司收取較高者，故按體積計算運費，收取 USD 1,318.03

（C）總運費 CY ＋ CFS

USD 2,001.52 ＋ USD 1,318.03 ＝ USD 3,319.55

(4)D 種機器

每箱體積　60 cm × 50 cm × 26 cm ÷ 1,000,000 ＝ 0.078 CBM

總體積為　0.078 CBM × 600 ＝ 46.80 CBM

總重量為 40 kgs × 600 ÷ 1,000 = 24 ton

本批貨物可考慮裝成三種選擇：

（A）裝成一個 40 呎貨櫃，運費為 USD 3,887.35

（B）裝成二個 20 呎貨櫃，運費為 USD 4,003.04

（C）裝成一個 20 呎貨櫃，其餘裝成併櫃

　　　即 326 箱 CY 運費 USD 2.001.52

　　274 箱 CFS 運費：

　　　體積　0.078 CBM × 274 = 21.37 CBM

　　　　　　USD 90.40/CBM × 21.37 CBM = USD 1,931.85

　　總運費　USD 2001.52 + USD 1,931.85 = USD 3,933.37

比較（A）、（B）、（C）三者，對出口商言，以（A）裝成一個 40 呎貨櫃運費最划算，故答案為 USD 3,887.35。

第六節　貿易公司足務工作的內容

1. **查明運費，對外報價**

   對國外以 CFR 或 CIF 報價時，欲查明海運費率，可查閱報紙船期版，或打電話向船公司詢問。

2. **聯絡工廠，向工廠訂貨**

   要求在信用狀有效日期前製造完成，俾有足夠時間安排船期。

3. **分析信用狀內有關之裝船規定**

4. **聯絡船公司**

   確定運費、船期、艙位預定（辦理 S/O）。

5. **裝船**

(1)CFS（或裝散裝輪）

在結關日前將貨物送至貨櫃場（裝散裝輪則直接送至碼頭）結關、報驗、查驗、裝船。

(2)CY

領取空櫃（大多數船公司僅限結關日前三、四天才可領櫃）裝櫃、送櫃、結關、報關、查驗、裝船。

「報驗」與「查驗」大多交由報關行代辦，「裝船」係船公司責任。

6. **領取提單 B/L（Bill of Lading）、繳交運費（在 CFR 或 CIF 時）或裝櫃費**

確定船舶開航後，即可向船公司領取提單，如須繳交運費，在臺灣通常可開3至5天期的支票，在中國大陸可能就要支付現金。

7. **辦理押匯**

按照信用狀規定，備齊文件向銀行辦理押匯。

第七節　超過裝船期限之補救方法

超過裝船期限（逾信用狀中的限定日期）之補救方法為：

1. 向國外客戶要求修改信用狀中的裝船期限（即請求延長裝船期限）。

2. 請求船公司幫忙（請船公司將 B/L 上之 on Board Date 記載在 L/C 規定日期以前，以符合規定，利於押匯）。

3. 以備運提單押匯（新頒之《信用狀統一慣例與實務》1993 修訂本中，有說明備運提單可以押匯）。

4. 要求以船舶貨運承攬業之複合運送提單押匯（若信用狀特別指明要 Ocean B/L，或 Marine B/L 除外）。

5. 以保證書（Letter of Indemnity, L/I）押匯。保證書可向押匯銀行索取，於押匯時一併向銀行提出，用意是：如果不獲開狀銀行付款時，可由出口商負責償還原押匯款之保證。

第八節　提單（Bill of Lading）

承載證券俗稱「提單」，為運送人（即船公司）應託運人（即貨主 Shipper）之請求所簽發的單據，屬有價證券。該單據具備下述性質：

1. 運送人承認收到託運貨物的收據。

2. 託運人與運送人間的運送契約。

3. 代表貨物所有權的物權證明文件，可背書轉讓予善意持有人。

一、提單的種類

1. **直航提單**（Direct B/L）

   提單上只記載裝船及卸貨港，而沒有轉船港口的記載。

2. **轉船提單**（Transshipment B/L）

   提單上除了有裝船港及卸貨港之外，尚有轉船港口的記載。

3. **聯運提單**（Through B/L）

   貨物經由兩個以上海上運送人，或兩種以上不同運送方式所完成之運送服務。

   簽發提單的運送人收取聯運費率，並安排貨物聯運事宜，但簽發

提單的運送人對各聯運人之行為僅負保證之責,各航段之運送人僅對自己的航段負責,對於聯運途中發生毀損與滅失,而無法判定事故發生於何一航段時,視為發生於海上運送途中,適用《海牙規則》(*Hague Rule*)的損失。

4. **複合運送提單**(Multimodal Transport B/L)

貨櫃在運送途中,貨物經由兩種以上不同運送方式所完成之運送服務,包括海陸(鐵、公路)空運送之任何兩種,但最少必須包括一部分海上運送。簽發提單之運送人收取聯運費率,並同意對自起運地至目的地之全程負責,目前簽發此種提單者為兼營內陸運輸的運輸業者,包括船運業者及船舶貨運承攬業。

5. **陳舊提單**(Stale B/L)

又稱過時提單。信用狀中通常規定賣方必須於裝船後若干日,將提單及有關貨運單據提示押匯。於規定期限內未提示之提單,稱為陳舊提單。如果信用狀缺乏該項期限之規定,則以21日為期限。

6. **收貨證明書**(Forwarder's Cargo Receipt, FCR)

為貨運承攬業運送人所簽發的貨運收據。其格式與一般船公司所採用的提單相似,惟須於信用狀中特別授權,託運人始准以該種文件押匯。收貨證明書並非物權證書,僅為收到貨物之收據,只是承攬運送業與託運人之間的一種契約,託運人與海上運送人並無任何關係。目前船舶貨運承攬業簽發此種收貨證明書FCR的已不多見,取而代之的是簽發複合運送提單。

7. FIATA **提單**

國際貨運承攬業聯盟(Federation International des Associations de Transitaries ef Assimil'es)制定之統一格式的複合運送提單。此種提單的效率較佳,除非信用狀有特別規定Ocean B/L 或 Marine B/L

外，一般歐洲地區的客戶皆可接受此種提單。

8. Sea Waybill **海運單**

託運人將貨物交運送人（船公司），由運送人發交給託運人的收據，託運人即通知 Consignee 已經出貨，於貨物運抵目的地後，向運送人出示證明爲 Consignee ，即可領取貨物。此 Sea Waybill 無所謂正本副本，不能做爲押匯的文件，多是 T/T 付款，而且以海運行程近的運輸爲主。一般運送人要視客戶的性質，再決定是否接受，出口商要事先問明白。

二、提單背面重要印刷條款簡述

1. 本提單的法律基礎係根據與《1924 年統一海運提單國際公約》，俗稱《海牙規則》（*Hague Rule*）具有同樣性質的其他立法，如《1936 年美國海上貨物運送條例》。

2. 運送人對於下列事項所致貨物之毀損滅失不予負責：

   (1)海上危險——包括惡劣天候、碰觸、擱淺。

   (2)火災。

   (3)航行疏忽。

   (4)天災。

   (5)戰爭、敵對之行爲和政府之逮捕。

   (6)檢疫限制。

   (7)罷工、暴動。

   (8)企圖救助其他船舶或生命。

   (9)船舶或機器潛在瑕疵。

   (10)託運人（Shipper）之過失行爲。

   (11)貨物之固有瑕疵及性質。

(12)包裝和標示不充分。

3. 運送人對於貨物之毀損與滅失須負責者，除貨物價值標示於提單上，運費亦採從價運費（AD Val Orem）者外，通常根據C.I.F.總額賠償，惟以最高賠償額為限，各船公司採用的最高賠償標準不同，茲列述如下表：

根　據	最高賠償限額
1924 年海牙公約	每件 100 英磅
1936 年美國海上運送公約	每件 500 美元
1968 年海牙規則協議書	每件 10,000 金法郎（折合 431.15 英磅），或每公斤金法郎（折合 1.29 英磅）
1978 年漢堡規定	每件 835 單位貨幣（折合 538 英磅），或每公斤 2.5 單位貨幣（折合 1.61 英磅）
1962 年《中華民國海商法》	每件特別提款權 666.67 單位，或每公斤特別提款權 2 單位，此處的特別提款權（Special Drawing Right，簡稱為 SDR，1 單位 SDR 相當於 1.38 美元）

4. 運送人有權將貨櫃貨物裝載於甲板上，貨櫃被裝於甲板上或艙內，將視同艙內貨，適用《海牙規則》之規定。

5. 運送人於接受託運之貨物時，視為運費全部賺得，不得退還，無論將來船舶或貨物滅失與否。

6. 運送人為保證收取應收運費、延滯費、救助費、共同海損分擔費用之清償，可對貨物行使留置權，並予以拍賣，優先扣取運費及有關費用。

7. 索賠期限：自貨物受取日或應受取之日起，一年內不行使而消滅。唯如索賠案子特別複雜，可以書面信函要求順延期限，每次延期半年，可延長兩次。

第九節 | 海牙規則（The Hague Rules）

海上運送人因其法定責任較陸上運送人為輕，故往往於提單中任意加附條款，以免除其責任，嚴重損害貨主權益，影響提單信用與交易的安全。於是 1921 年各國代表在荷蘭海牙集會，討論統一規範的辦法，並確定運送人應盡最低之責任限度。於 1924 年正式訂定《統一海運提單國際公約》，俗稱《海牙規則》，規範船方與貨主的權利義務，各國或直接採用或納入國內法，至今該規則已成為海上貨物運送的寶典。

第十節 | 海損索賠

如果貨物輸出時，已向產物保險公司辦理貨物運輸保險，而該貨物之損失，又在保險之責任範圍內，則可向保險公司索賠，將求償權代位給保險公司，由保險公司再向船公司索賠。索賠時須備文件包括：

1. 提單
2. 裝卸短損證明

   於提領貨物時，由卸貨港的倉庫管理員作成之短損報告（Damage or Loss Report）。
3. 檢驗公證報告

   於提領貨物後發現短損，即請公證人（Surveyor）檢驗，而做成的檢驗公證報告（Inspection Survey Report）。
4. 賣方之商業發票（Commercial Invoice）與裝箱單（Packing List）
5. 索賠計算表

   索賠金額計算的方法。

221

第十一節 ‖ 專有名詞

1. IPI——Interior Points Intermodel **內陸點一貫運送**

   自遠東地區運往美國的貨櫃在港口卸載後，由船公司代辦保稅運輸通關，並負責將貨櫃經由鐵路運往內陸各主要城市的貨櫃基地，然後進口商在貨櫃基地的海關辦理通關提貨手續。

2. O.C.P.——Overland Common Points **內陸共同地點**

   美國或加拿大落磯山以東內陸各州之共同地點，稱之為 O.C.P. 貨物。船公司僅負責至卸貨港，從卸貨港至 O.C.P. 地區的內陸運輸費，概由貨方（買主）負責。通常出口商（裝貨人，Shipper）將貨物交運時，必須指定目的地（Destination）。但是輸往美國或加拿大內陸的貨物，僅指定太平洋沿岸的卸貨港（如 Vancouver BC、Seattle、San Francisco 等各橫斷大陸鐵路的終點）。至於卸貨後內陸運輸送往的目的地，則任由進口商或其代理人指定。例如：提單上的卸貨港欄載有 San Francisco O.C.P. 或 O.C.P. Via San Francisco。唯此制度已隨著 IPI 服務的發展而顯著不重要。

3. GRI——General Rate Increase **一般運費調高**

   船公司在旺季時所為的運費調高行為，在臺灣基本運費調高，交通部通常要求公告三個月以上。

4. IA——Independent Action **單獨行動**

   單獨行動指的是運費同盟之會員為爭取貨源，對單一貨品在特定的運送點間所採取之單獨價格調整行為。但行動前須先徵得主管機關及其他會員的同意。

5. TSR——Trans Siberia Routine **西伯利亞鐵路線**

   蘇聯（現為俄羅斯）西伯利亞大鐵路為著名的陸橋運輸，橫貫西伯

利亞，跨越歐亞兩大洲，東起海參威附近的東方港（Vostochny）西抵黑海的敖得薩（Odessa）和列寧格勒（Leningrad）或稱聖彼得堡（St. Petersburg）。

6. Mini-Land Bridge　迷你路橋

利用貨櫃輸送至美國東岸及海灣地區各港口的貨物，船公司將貨櫃用船輸送至西岸港口，再經由美國橫越大陸的火車輸送至目的地。船公司簽發聯運提單，並收取聯運的運費。

7. Micro-Bridge　微橋

貨櫃貨物輸往美國內陸各大城市，船公司經由美國西岸或東岸港口，將貨櫃利用火車卡車轉送至內陸各大城市，其與O.C.P.之貨物不同，船公司簽發聯運提單，並收取聯運運費。

8. Land Bridge　陸橋

位於兩大洋之洲，船公司利用大陸鐵路做為中間橋樑，將貨櫃以船舶載運至大陸某一港口，再以鐵路火車接運到另一海洋航線的起點，然後以貨櫃船裝運至目的地。世界上主要的「陸橋」有二：一為北美洲大陸，一為蘇俄歐亞大陸（西伯利亞鐵路線）。

9. F/F —— Freight Forwarder　貨運承攬業

本身沒有船和陸上運送工具，專門接受貨主委託代理陸空、陸海、海空聯運等業務之業者（Forward 意即轉運）。

10. N.V.O.C.C.—— Non-Vessel Operating Common Carrier　無船舶公共運送人

指建立並維持自訂之運費，簽發提單自負一貫運送責任，以自己名義使船公司運送貨物，而不論是否擁有該運送工具的業者，主要以招攬併裝貨物為主。

11. C.T.O.—— Combined Transport Organization　複合運送業

以自己名義負責安排一切複合運送作業，直接對貨主承擔全部運

送過程中可能發生的延遲、貨物的滅失或損毀等責任，並發行複合運送單據的業者。

12. Inland Haulage Cost　**內陸運輸費用**

指出口貨櫃由託運人倉庫、工廠拖至 CY（貨櫃場），或進口貨櫃由 CY 拖至收貨人倉庫、工廠的費用。

重點複習

1. 海運提單（B/L）的功能：(1)收到特定貨物的收據；(2)運送契約的憑證；(3)物權證書。

2. 一個TEU代表一個「20呎」長貨櫃單位。

3. 貨櫃運輸的整個行程中，須經過海運→陸運→海運的聯運方式者，稱為「陸橋運輸」。

4. 一個體積噸是指「1立方公尺」。

5. 貨櫃裝卸作業方式中，CFS/CY極可能是「不同託運人，同一受貨人」。

6. 貨物自裝運地運至目的地須由二個以上的運送人（船公司）運送時，由第一個運送人所簽發涵蓋全部運送路程的提單，即為「Through B/L」。

7. Sea Waybill的特性是「認人不認單」。

8. 複合運送單據的特性是：「複合運送人不以輪船（含陸運）為限，對全程負責」。

9. 依《海商法》第151條規定，要保人或被保險人自接到貨物之日起，「一個月」內不將貨物受損害通知保險人或其代理人時，視為無損害。

10. 定期船運輸的裝卸條件，依世界航運習慣為「Berth Term條件」。

11. 「CFS/CY」適用於貨櫃中貨物屬於不同Shipper，但是為同一Consignee。

12. 「Negotiable B/L」是可經由背書而將提單所表彰的貨物所有權轉讓給他人的提單。

13. 如貿易條件為CIF，其提單上的運費為「Freight Prepaid」。

14. 一般雜貨或零星貨物，多以「定期船運輸」方式運輸。

15. 遠東地區各國運送貨物到歐洲時，先以船隻運到海參威（Vladi-vostok），由西伯利亞鐵路接運至波羅的海（Baltic Sea）沿岸港口，再以貨櫃船運往西歐、北歐及英國港口的方式，稱為「陸橋作業」。

16. 依我國《海商法》第 144 條，船舶失蹤經相當時間而無音訊，逾「2 個月」時，可將被保險貨物委付。

17. B/L 之簽發日期，原則上應在保險單據日期之「後」。

18. Third Party B/L（第三者提單）又稱為 Neutral Party B/L，常使用於三角貿易的交易中，Shipper 非 L/C 受益人（依 UCP 之規定，此為押匯瑕疵，應拒付）。

19. Charter Party（C/P）指的是：「傭船契約」。

20. 提單上「Consignee」是指：「受貨人」。

21. 「海運貨運單 Sea Waybill」及「海運提單 Ocean B/L」的分別是：前者為認人不認單，後者為認單不認人。

22. 以下皆為可轉讓提單：(1)To order of shipper；(2)To order of nego-tiating bank；(3)To order of buyer（to order of ...，是「由...指定」之意，為可轉讓）。

23. 利用定期船，在交貨裝船後憑「M/R」換取 B/L，以便押匯（M/R 是 Mate's Receipt 的簡稱）。

24. 某美商大賣廠商開來可轉讓 L/C，且不限制裝櫃方式，給在臺採購經理。該採購經理向北市地區五家廠商採購，則其裝櫃出口時最好採「CFS-CY」。

25. 在 CY-CFS 的貨櫃作業條件下，在出口地裝貨的人是「出口商或工廠」。

26. 若屬 CFS 貨，且屬於重貨，則運費計價單位應為「重量噸」。

27. 關於聯合運輸與複合運輸之第一運送人承擔的責任，前者於轉交給第二運送人時，責任同時移轉，後者則是第一運送人負全程運輸責任。

28. 傳統定期輪因貨物本身屬性或運送需要，而可能有「超長、超大、超重費」之加收費用。

29. 在貨櫃運輸過程中受外在政治、經濟影響，使船公司增加成本而增加之附加費為「BAF」。

30. 「遠東至北美」屬國際遠洋貨櫃船的三大主要航線之一。

31. 某批貨物的才積為 13.59 CBM，重量為 4.5 公噸，基本運費率為 80 美元 M/W，則基本運費為「1,087.20 美元」。

32. 提單上面載有確定的船名、航次、裝船日期及簽章者，屬「on Board B/L」。

33. 在貨櫃運輸的 B/L 簽註 Shipper's Load and Count，則該 B/L 屬「Clean B/L」。

34. 若運送人簽發清潔提單，「部分貨物外包裝完好，但箱內貨物短缺」，承運人可以不賠（外包裝完好，必定是貨物已提領後始發現箱內貨物短缺，此時與承運人已無涉，有可能是運送人短裝）。

35. 提單 Consignee 一欄標示 to Order of 是為「可轉讓提單」。

36. 在提單的 Shipper 一欄標示受益人以外之人，是「Third Party B/L」。

37. 「未記載 B/L 的簽發年、月、日」，將使 B/L 無效。

38. 一份 Received B/L 要成為 on Board B/L，則應「加蓋 on Board，並加註日期及有權簽章人簽名」。

39. B/L 是「海運提單」（Bill of Lading）。

40. 海運提單的功能包括：(1)收據功能；(2)契約功能；(3)貨物所有權功能。

41. 裝櫃、拆櫃皆由貨主（指出口商和進口商）負責之託運條件為「CY/CY」。

42. 裝櫃、拆櫃皆由船方負責的託運條件為「CFS/CFS」。

43. 40 呎貨櫃簡稱為「FEU」（FEU 是指 Forty Equivalent Unit）。

44. 國貿實務中，計算包裝尺寸經常用才積噸（CFT），一才等於「1,728 立方吋」。

45. 國貿實務中，計算海運運費經常用體積噸（CBM，立方公尺），1 CBM 約為 35.315 立方呎。

46. 「海牙規則」適用於國際海上貨物運輸。

47. 貨物須以兩種以上不同運輸工具才能到達目的地時，所簽發涵蓋全程的運送單據稱為「複合運送單據」。

48. 海運提單（Ocean B/L）上，如加註 Freight Collect 字樣，則其貿易條件為「FOB」。

49. 海運提單（Ocean B/L）上，如加註 Freight Prepaid 字樣，則其貿易條件為 CFR 或 CIF。

50. 利用定期船運，不論貨物數量的多寡，在貨物裝船後憑著「Mate's Receipt」來換取 B/L。

51. Short Form Bill of Lading 又稱為「背面空白提單」。

52. 20 呎貨櫃簡稱為「TEU」（Twenty Equivalent Unit）。

53. 海運提單是由「出口地的船公司」簽發。

54. 「LCL/FCL」為併裝／整拆。

55. 直接提單又稱為「不可轉讓提單」。

56. 可轉讓提單是指「不記名提單」。

57. Charter Party B/L 是指「傭船提單」。

58. Received B/L 是指「備運提單」。

59. 「Shipment During July 2007」裝運條件，對出口商安排船期比較

有彈性。

60. 國際貨運承運人對於油料或燃料漲價而增列之附加費用，稱為「BAF」（Bunker Adjustment Factor，又稱「燃料調整附加費」）。

61. 若貨物在出口地由託運人自行裝櫃，到達目的地後由船公司負責拆櫃，則貨櫃裝卸方式為「FCL/LCL」。

62. 若提單之託運人（Shipper）非為信用狀之受益人，則該提單稱為「Third Party B/L」。

63. 除非信用狀另有規定，否則銀行只接受「清潔裝船提單」。

64. 裝船通知（Shipping Advice）是由「出口商」向國外之「進口商」發送。

65. 陸橋作業係陸運與「海運」配合之複合運送。

66. 海運提單應載明之事項，包括：(1)船艙名稱及航次；(2)託運人名稱或／及地址；(3)包裝嘜頭、貨物名稱、件數、重量及才積噸。

67. 根據 UCP 600，「不清潔提單」（Unclean B/L）不被銀行接受。

68. 對貨主而言，貨櫃運輸之優點有：(1)減少被竊損失；(2)減少貨物搬運破損；(3)減少裝卸及倉儲費用。

69. 一般用以裝運車輛、鋼板、木材、電纜的貨櫃為「平床貨櫃」（Flat Bed Container）。

70. 海運貨物如按重量噸計算運費，主要是依據「Gross Weight 毛重」重量。

71. 海運／海洋提單上以預先印定措辭，表明貨物業已裝載或裝運於標名之船舶，則提單上之「簽發日期」將視為裝載日期及裝運日期。

72. 貴重物品如珠寶、鑽石等，其計算運費之單位是以「從價法」方式計費。

73. 不可轉讓海運貨單（Sea Waybill），是「認人不認單」。

74. 除信用狀另有規定外，通常提單之內容不須記載「貿易條件」。

75. 海運提單上註明「Shipper's Load, Count & Seal」字樣，係指該批貨物運送方式應為「CY」。

76. 若信用狀上規定提單必須「Endorsed in Blank」意指該份提單「不須背書」。

77. 提單上收貨人（Consignee）欄如為「to Order of Issuing Bank」，是指提單必須經由「開狀銀行」背書後，才能提貨。

78. Forwarder's Cargo Receipt 係由「貨運承攬業者」簽發。

79. CFS/CFS 的貨櫃作業方式，在起運地的裝櫃作業及目的地的拆櫃作業由「船公司」負責。

80. CY/CY 的貨櫃作業方式，在起運地的裝櫃作業由「出口商」負責。

81. Multimodal Transportation 係指「二種以上不同運輸方式」。

82. 「Airway Bill」不是物權證券。

83. 相同的 Shipper、不同的 Consignee，則其貨櫃運輸作業方式為「CY/CFS」。

84. 提單（B/L）所載之被通知人（Notify Party）通常為「買方或其代理人或其報關行」。

85. 在定期船的運費結構中，CAF 是代表「幣值調整因素」（CAF 幣值調整附加費）。

86. 如海運提單上表明受貨人為「to Order」時，則該提單應由「託運人」背書，始能流通轉讓。

87. 「CY/CY」運送方式適合同一託運人（Shipper）及同一受貨人（Consignee）。

88. 國際海運實務上，進口商必須憑提單向船公司換「提貨單」（D/O）辦理進口通關手續。

89. 海運貨單（Sea Waybill）與承攬運送收據（Forwarder's Cargo Receipt）具備「貨物收據」的共同特質。

90. 貨櫃運輸之運輸路線所稱的「Land Bridge」，係採「海—陸—海」複合運送。

91. 船公司報出的「ALL IN」運費，包括「幣值附加費、基本費率、轉船附屬費」在內。

92. 貨物自遠東地區運往美國中部或東部之運輸作業，可利用「OCP」方式。

93. 「指示式提單」是必須經過背書才能轉讓的提單。

94. 定期船運輸的裝卸條件，依據世界航運習慣為「Berth Term」。

95. Multimodal Transport 係指「至少二種以上不同運輸方式」。

8

航空貨物運輸

第一節 航空貨運（Air Cargo）之優點

國際航空運輸協會（International Air Transport Association, IATA）於 1945 年成立於古巴之哈瓦那，會員為世界各國的航空公司（Air Lines），該協會統一制定國際民航客貨運規章及費率，由會員一體遵守，後因國際客貨運競爭激烈，或礙於政治原因，約半數退出，但在做法上及客貨運規章上，大多仍以 IATA 所訂者為範本。目前該協會會址設在日內瓦。

一、對進口商而言

1. 貨到迅速，使庫存、管理成本減至最少。
2. 航空貨運的破損率及遺失率較海運為低。
3. 運輸時間短，保險費率低。
4. 季節性或流行性之商品，以及不適於長時間運輸之貨品，如新鮮食品、花卉、動物、放射性物質、新聞紙類等，能適時運到，爭取時機。
5. 交貨迅速，建立商譽，爭取客戶好感，避免失去既有市場及客戶。

二、對出口商而言

1. 空運包裝成本較海運為低，可節省包裝費。
2. 報價 CFR BY Air，其中空運運費的計算，是按照空運之「實價」計算（即出口商已計入報價內），比較 FOB 報價（空運費由買方自行負擔），比買主計算空運運費為低，較易獲得訂單。

第二節　民用航空運輸業與航空貨運代理

依照我國《民用航空法》的規定，民用航空運輸業簡稱為「航空公司」。航空公司為提供載具（Carriage）之運送人（Carrier），透過經營貨運航空公司（Cargo Agent）或運輸業者（Forwarding Agent）承攬貨物。航空貨物運輸之飛機，分為「客貨兩用飛機」及「全貨運飛機」兩種。

「航空貨運代理」（Air Cargo Agent）是指經航空公司指定代為承攬貨運業務，經航空公司授權代表航空公司簽發提貨單（Air Waybill），並賺取佣金之業者。正式的航空貨運代理可加入IATA為IATA Cargo Appointed Agents。由航空貨運代理公司代航空公司簽發的提單，稱為主提單（Master Air Waybill, MAWB）。

第三節　航空貨運承攬併裝業

航空貨運承攬併裝業是指未經航空公司指定或授權，而承攬零星的航空貨運，以整批交運（同一目的地）賺取運費差額的業者。因係零星收受託運貨物，其簽發之提單係以該業者本身名義簽發，稱為分提單（House Air Waybill, HAWB）。貨物按不同目的地分別集中後，整批交給航空貨運代理業或航空公司，以其本身為託運人（Shipper / Consignor）領取之提單，即為上面所稱的 Air Waybill。但在承攬併裝業者而言，這是他的主提單，分提單係依據該主提單由併裝業者自行簽發的。而貨物抵達目的地後，尚須經過其在當地的併裝貨運分送代理店，通知不同受貨人或指定之報關行辦理報關提貨。

代理業與承攬併裝業共稱為「航空貨運（代理）公司」或「航空貨運承攬公司」。

第四節　貨載之收受

航空公司收受空運貨物，通常透過航空公司代理（Air Cargo Agent），自託運人處收受委運貨物。在交運貨物時，託運人應事先查明並遵守本國及進口國政府有關進出口規定及限制。世界各國的一般規定及限制，可在航空貨運運費表（TACT）所列 "INFORMATION BY COUNTRIES" 一章中查出，但並不詳盡。航空公司或其貨運代理業者，皆備有該項資料，但並無主動提示的義務，對託運人是否遵守各國政府或海關的規定，及是否因而造成損失，亦不負任何責任。

第五節　航空貨運公司的業務

1. 承攬出口商的空運出口貨物或空運進口報關業務。
2. 與航空公司簽有代理契約，代航空公司簽發貨運提單。
3. 代客包裝及出口報關。
4. 安排路線及訂位。
5. 辦理併裝業務。

第六節　航空貨運貨物包裝的基本要求

1.**保護性**（Protecting）

貨物包裝強度，應以能防止運輸途中可能發生的外來損害，如倒置、掉落、震動、壓擠、濕氣之侵蝕、溫度、臭氣、光線、放射線、蟲害、偷竊等原則，並避免貨物因本身的特殊性質而損及其他貨物。在可能情況下，應先做「運前包裝試驗」（Pre-Shipment Test）。

2.**易於搬運性**（Handing）

重量、體積、形狀、數量等要配合搬運作業及保管。可使用墊板（Pallets）或航空貨櫃（Igloo）包裝，以配合機械操作。

3.**易認性**（Easier Identification）

避免與其他貨物混淆而被誤運他處，故應使用特別記號（Caution Mark）以利識別。如嘜頭（Shipping Mark）託運人（Shipper）及受貨人（Consignee）之名址等，皆應清晰易辨，舊有標籤皆應撕除。

4.**便利性**（Convenience）

包裝應易於開啟，並可多次使用。

5.**配合生產作業性**（Manufacturing）

在大量生產時代下，包裝設計應配合生產線的作業方式，以機械化包裝代替人力。

第七節　航空貨運的標籤及標記

爲便於識別並提醒貨物處理人員在搬運時加以注意，以免造成錯送

或損壞起見，航空公司皆備有各種標籤及標記，供貨主貼附於貨物包裝上，一般常用的標籤及標記有下述各種：

一、識別單（Identification Form）

常用之識別單格式，應由航空貨運代理行根據航空公司、託運人或受貨人之要求，將之填妥後附貼於每件包裝上。

AIR ／ WAYBILL NO	
DESCRIPTION	
TOTAL NO. OF PIECES	WEIGHT THIS PIECE（OPTIONAL）
TOTAL WEIGHT THIS CONSIGNMENT（Optional）	
TRANSFER STATION（S）（Optional）	
Other Optional Information	
HWB NO.	

二、特殊貨物標準標籤 (Standard Labels and Tags for Special Consignments)

下列四種常用標準標籤，可向航空公司索取後，按貨品性質附貼於包裝上之Consignee名址下：

標籤名：此端向上（This Side Up）
規格：4×6吋白底黑色文字及圖記
文字：僅有承運航空公司名

標籤名：**易腐物**（Perishables）

規格：4×6吋白底藍色圖記

文字：僅有承運航空公司名

標籤名：**易碎品**（Fragile）

規格：4×6吋紅底白色文字及圖記

文字：除承運航空公司名外，"Fragile" 不得超過兩字

註：須特別小心搬運的貨品，應附貼於包裝的每一邊。

標籤名：**活生動物**（Live Animals）

規格：4×6吋白底綠色圖記

文字：僅有航空公司名及 "Live Animals"

第八節 | 須與航空公司預作安排之貨物

航空公司對於下列貨物，除非事先經貨主協調預作安排，原則上不得承運：

1. 貨物須轉運或轉機，並於轉運或轉機時須特別照顧者。

2. 貨物報價在10萬美元以上者。

3. 屬於下列特別貨物者：

　(1) 超大或形狀特殊貨品。

　(2) 活的動物。

　(3) 易腐品。

　(4) 危險物品。

　(5) 屍體。

此外，航空公司不得接受貨主指定裝運某一特定飛機，或經由某一特定航線，或指定某一時間在某一指定之機場辦理轉運，亦不得承諾在某一期間內完成運輸。航空公司並有不通知貨主而更換飛機班次或改變航線的權利。如航空公司認為有必要時，得於通知貨主後，將貨物留置於任何中途機場，其所發生之倉租概由貨主負擔，並由貨主承擔風險。不過此種情形多半在遭遇中途機場罷工、暴動或戰爭情形下才會發生，一般正常的航空貨運應不致如此，除非航空公司存心詐欺。

第九節　交運後託運人要求貨物異動之處理

一、貨物交運後，航空公司得應託運人要求辦理下列異動

1. 在起運地或目的地撤回貨物之交運。
2. 在運送途中任何地點終止運送。
3. 變更提單上之受貨人（Consignee）。
4. 要求將貨物運返起運地機場。

二、處理異動之要件

1. 應在受貨人領取貨物前，或已拒絕領取貨物後處理。
2. 辦理貨物之異動，應在不影響航空公司之作業或其他的情形下始接受處理，如果航空公司認為不便接受，得拒絕之。
3. 申請辦理異動時，應檢附空運提單正本。

三、異動貨物運輸費用

航空公司為應託運人要求辦理貨物異動，必須變更原定航程而增加運費時，應由貨主負擔，且異動前與異動後之運費總和，不得少於自起運點至新目的地間的全程正常運費。

第十節　退貨或拒領貨物之處理

貨物運抵目的地後，如受貨人拒絕提領貨物或未提領貨物，航空公司得遵照託運人在提單上的指示代為處理。如果提單上並無相關指示，航空公司可採取下列措施：

1. 將貨物運返起運地機場後通知託運人，並由託運人或貨主負擔因受貨人未提領貨物所發生之倉租或其他費用，及回程運費。如託運人或貨主在15日內未繳費並領回貨物，航空公司得於通知託運人或貨主貨物將被出售之後的10日後，將貨物整批或分批出售。
2. 貨物出售後，航空公司得由價款中扣除託運人應繳費用，餘款發還貨主。
3. 上述情形如係易腐食品（Perishables），航空公司得視情形自行處理。

第十一節　空運提單內容釋義

空運提單（Air Waybill）是航空貨運最重要的文件，又稱為 Air

Consignment Note 。

由航空公司或其代理者直接填發者爲主提單（Master Air Waybill），由航空貨運承攬併裝業（Consolidator）簽發者爲分提單（House Air Waybill）。依照規定，後者不得逕行發給託運人主提單。兩者的區別如下所述：

一、空運提單的意義

1. 爲航空公司收受承運貨物的收據。
2. 爲航空公司與託運人之間的運送契約。
3. 代表貨運單據（Freight Bill）。
4. 應託運人要求，爲貨物之保險證明單（Certificate of Insurance）。
5. 爲通關文件。
6. 爲航空公司貨運人員處理貨物之裝卸、運送及交貨的依據。

二、空運提單運送契約的有效期間

自發單人填發提單之日起至收貨人（Consignee）提領貨物日止。填發之日期，稱爲執行日期（Execution Date）。提單應由填發之航空公司或其代理者簽章始生效。

三、空運提單的不可轉讓性

Air Waybill 因係記名及直接式（Straight），故均載明爲不可轉讓Non-Negotiable），此與海運提單之可轉讓者不同。故嚴格說來，空運提單並非流通性之權利證券，但在貿易實務上，只要所發之 Air Waybill 或 Air

Consignment Note 經運送人或其代理簽署，即認為是正式單據，故國際商會 1974 年修訂之信用狀統一慣例，亦規定銀行可予受理；惟一般信用狀多規定開狀銀行為受貨人（Consignee），以確保其對貨物之控制權。由於空運提單有不可轉讓的特性，故受貨人一欄絕不可填「祈交付」（TO ORDER OF）字樣，應將特定之受貨人名址詳細填入。

四、提單號碼的意義

提單號碼為提單的主要部分，位於提單左上及右上角。航空公司的主提單號碼由 3 位數的阿拉伯數字起頭，為航空公司的代號或 IATA 統一編號，例如美國航空公司的代號為 001，地中海航空公司為 270，新加坡航空公司為 618 等，其後再跟著不超過 8 位數位的流水號碼，為航空公司自編之貨號及帳號。由航空貨運承攬併裝業（Consolidator）所發之分提單，則起首為該公司的英文代號，而非阿拉伯數字，其後為該公司自編的流水號碼，極易與主提單區別，但提單的內容並無二致。

五、提單的份數

全套提單一般皆包含三份正本（Originals）及六份複本（Copies），三份正本的背面皆有附印運送條款（Conditions of Carriage），複本則無。茲將各份正本之主要用途簡介如次：

Original 1（第一張，正本）：**綠色**
由航空公司或其代理人收存作帳及備查。

Original 2（第二張，正本）：**粉紅色**
隨同貨物送交受貨人。

Original 3（第三張，正本）：**藍色**

由託運人收執，做為貨運收據，並持以辦理押匯。

其他各份複本皆依運送途徑及有關單位而有不同用途，茲不贅述。

六、提單各欄內容釋義

航空公司或其代理填發提單，係根據貨主所填 Shipper's Letter of Instruction 資料而製發，故應力求正確，如因填寫不實而造成任何糾紛或損失，概由貨主自行負責。

為使業界瞭解空運提單的內容，一方面避免填寫錯誤，一方面亦可避免被不肖的貨運代理業者所乘，特分別將各欄予以編號分別說明如下（請對照附表8.1，空運提單）：

注意：加方框之號碼欄，表示該欄須特別注意其正確性，並應承擔其正確性之法律責任。

01　為起運地機場名，應填入該城市之 IATA 地名英文字母代號（三個字母）。

02　通常不必填，僅適用於電子作業資料傳送時，由運送人加填。

1　起運地機場名，通常即為起運地地名，亦即第一運送人（First Carrier）所在地，並得依託運人之請，將要求之特別航路註明。

2　最終目的地地名，應將英文全名拼出，為避免同名之困擾，應將可資區別之地區或國名加註，如 Berlin, Barcelona/VENEZUELA。如目的地有兩個以上的機場時，應列出機場名，如 New York JEK。

3　用於轉機時，將轉運機場名的三個英文字母縮寫填入，如超過一個轉運點時，不得填入。

④ 爲第一承運人（First Carrier）之英文簡稱。

5 用於轉機時，隨前項第3欄，將轉機之航空公司名稱的兩個英文字母縮寫填入。

6 受貨人帳號，便於由交貨之航空公司查檔，如無，可免填。

⑦ 爲受貨人之名址，應詳填，如有電話，亦應填入，以便盡速聯絡提貨。不可僅填信箱號碼，否則極易延誤提貨，尤其是易腐敗貨物，更應設法使航空公司易於通知受貨人。鑑於甚多非洲國家及中東國家進口商，常僅有信箱號碼而無確實地址，如僅填信箱號碼而無電話時，因通知不便，可能延誤而造成貨物腐敗，航空公司不負賠償責任。如貨物係運交銀行或受貨之代理人，應將該銀行或代理人的名址填入本欄，因爲對航空公司而言，該銀行或代理人爲直接受貨人。但可將最終受貨人的名址填入第40欄，並冠以Also Notify字樣，但後者與前者以在同一城市或附近地區爲限。

8 爲託運人帳號，如無，可免填。

⑨ 爲託運人名址，並應盡量將聯絡電話填入。

10 爲航空公司之貨運代理帳號。

11 爲代發提單之貨運代理名稱及其所在地地址。

12 爲前項代理之IATA編號。

13 爲交付之運費貨幣名稱簡寫，一般而言，皆係起運地之當地貨幣，如臺灣爲TWD。
但如係運費到付者，本欄雖填入起運地貨幣，34至39欄可填交貨地之當地貨幣名。

14 按前項之貨幣申報貨物價值，如不申報，可填NVD（No Value Declared）但不可填No Value字眼或留空白。如貨價每公斤超過US$ 20.00時，航空公司將按第29欄加收超值費。

15 申報通關價值，爲進口地徵收進口稅之依據，通常爲貨物之發

245

票價（Invoice Value）。

16 保險價值或保額。

17 在 Prepaid（預付）或 Collect（到付）欄以 * 記號表示運費及超值係預付或到付。

18 同上標明爲起運地發生之其他費用係屬預付或到付。請注意，中途轉運所發生的費用，除已預知者，可以要求託運人預付外，其餘一概應到付（Collect）。

19 爲帳目資料欄，如付款方式：Cash、Credit 或 Check 等。亦可填入保險費率等資料，如 Rate for Normal Risks（一般費率）或 Rate for War risks（戰爭險費率）。如無，可免填。

20a 爲包裝件數，按下述方式填入：

(1)如全屬同一運費率者，僅填件數，並將同一數字填入本欄下方之方格內。

(2)如其中有適用不同費率者，按各不同費率之包裝件數分別自上而下列出，並將總件數計入本欄下方的方格內。

(3)高價值物品（Valuables）如係相同之包裝，填法如上(1)及(2)。如包裝不同，雖係同一費率，亦應分別列出。

20b 如因轉機而適用聯運費率時，應將各轉機之地名縮寫（三個英文字母）列出。

21 依照20a項包裝件數，依次將其毛重（Gross Weight）填入（如使用貨櫃時，將貨櫃之空重(Tare Weight)在本欄內註明），注意僅填數字，而將重量單位填入第22欄。並將總毛重量填入本欄下方的方格內。注意如係高價值貨品，重量應計 0.1 公斤或 4 兩。

22 爲以上 2 欄各包裝件數使用之重量單位。

K ——表示公斤

L ——表示磅

23 為費率等級欄，多以下列英文代號表示：

C ——特別商品費率（Specific Commodity Rate）。

M——起碼運費（Minimum Charge）。

N ——正常費率（Normal Rate），低於 45 公斤者。

Q ——高貨量費率（Quantity Rate），即 45 公斤以上者。

R ——高品分級費率（Class Rate 或 Commodity Classification Rate）之低於 N 者。

S ——高品分級費率之高於 N 者。

U ——使用 IATA 標準貨櫃時之定價定量費率（Pivot Weight Rate），或貨櫃起碼費率。

E ——超過貨櫃標準重量部分之重量及其適用之費率。

X ——表示係使用貨櫃或統一打包者。

W——表示係由託運人自行裝櫃者。

23a 如適用特別高品費率（SCR）而有附加費（Surcharge）或折讓（Discount）時，將其百分率表出，譬如 50% Surcharge 應以 150% 表示。

24 如 23 項以代號 C 表示時，應將 IATA 商品編號列出，如為其他代號，可免填。

25 為收費重量欄，即基本運費根據本欄之重量乘以費率而算出。如係使用 IATA 標準貨櫃而係按櫃收費者，本欄不填。又本欄應與 21 欄對應。

26 與 25 欄相對應之費率，僅填數字，其使用之貨幣則與 13 欄同。如係高品分級費率（即 23 欄以 R 或 S 表示者），則須將其正常費率列出後，將適用之百分數列於第二行或逕將計算之結果列出。

27 為貨品名稱、數量、體積等之描述。如係按體積重量計算者，應將其體積列出；如係高價值貨品，應將包裝之長、寬、高列

出：如係危險貨品，應將品名寫出；如使用 IATA 標準貨櫃時，應將貨櫃識別號碼列出。

28　預付之運費數額。

29　預付之超值費（參考14欄）。

30　根據33欄應預付航空公司之其他費用。

31　為預付與航空貨運代理之費用。

32　為28-31各項預付費用總和。

33　為28及29欄以外之其他有關費用名稱及數額，費用名稱多少以英文代號表示：

A ——assembly（捆包費）

B ——clearance & handing（通關及裝卸費）

C ——container ／ kennel ／ pallet（裝箱或獸欄或墊板費）

D ——distribution（分貨費）

E ——insurance（保險費）

F ——pick-up and delivery（接貨及送貨費）

J ——C.O.D. Fee.（代收貨款費）

K ——taxes（稅金）

M——miscellaneous（雜項費用）

N ——transit（轉機費）

S ——storage（倉儲費）

R ——surf act charges（海陸運輸費用）

V ——disbursements fee（代墊費用）

以上費用如果是付與航空公司者（Due Carrier），以C表示；如係付予貨運代理業者，以A表示，並列於各種費用英文代號之後。如 JC 45.50 即表示應付與航空公司代收貨款費 45.50 元；BA 120.00 則表示應付與貨運代理報關費 120 元。

34　運費到付（Collect）時應向受貨人收取之運費數額。

35　向受貨人收取之超值費。

36　根據33欄應由航空公司向受貨人收取之其他費用。

37　根據33欄應由航空貨運代理者向受貨人收取之其他費用。

38　如爲代收貨款（C.O.D.），則此欄爲代收總數。

39　共三欄，由航空公司在目的地視收取有關費用情形加塡。

40　爲貨物處理補充資料，諸如：

- 嘜頭及識別號碼以及包裝特點等。
- 除第7欄外之第二通知人名址。
- 隨同空運提單之其他檔案名稱及號碼，如產地證明書、危險品證明書，或商業發票等。
- 其他貨物處理指示，但應冠以Request字眼。
- 如貨物無法投遞而須運返時之回程提單號碼及原提單號碼。

41　本欄由託運人或其代表人（航空貨運代理店）簽字，證明提單各欄所塡皆正確無誤，並同意提單背面所印之各條款。

42　爲製發提單日期，月份不可以數字表示，應塡寫其英文全稱或縮寫，如Jan. Feb.等。

43　爲製發提單地點。

44　爲製發提單之航空公司或其代理者的簽章。

　　以上42至44各欄經簽章後，即表示航空公司已依空運提單各欄資料所示承運託運人之貨物。

表8.1 提單內容

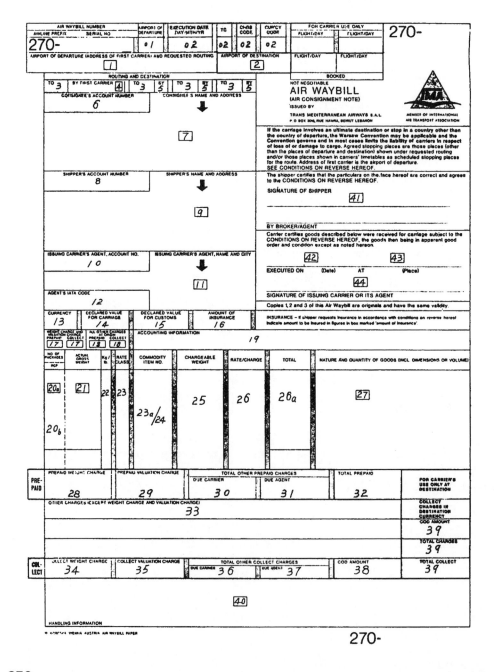

第十二節　提單之修改

1. 貨物交運後，如託運人認為提單內容有修改的必要時，航空公司得接受託運人的要求，在不修改貨物保險價值的條件下修改空運提單。
2. 託運人應以書面承諾負擔因修改提單而發生的費用。
3. 如有修改，應將提單全套正複本一律修改，並在修改位置加蓋航空公司的IATA編號與修改地地名，其修改或加註的文字，不得影響其他內容的清晰度。

第十三節　航空貨運運費表

《*The Air Cargo Tariff*》（簡稱TACT），分上下兩冊，上冊包括〈國際航空運貨規章〉（Rules & Regulations）及〈貨運程式〉（Procedures）；下冊則為〈運費率〉。所有規章及費率皆經IATA審訂公布後實施。目前全世界航空公司中，雖有約半數為非IATA會員，但其所使用之規章及費率，皆以IATA所公布者為藍本。

訂定運費費率之因素，極為複雜，一般按運送區域、貨物之種類而有所不同，並經常隨運送地區、經濟因素及營運成本而調整。

無論航空貨運代理或貨運承攬併裝業，其向貨主收取之運費，皆應按政府核定之航空公司費率收取，不得擅自更改或予以非法折扣；但目前因併裝業者較多，彼此惡性競爭的結果，常有未按規定收費的情事，時常引發糾紛。舉凡併裝業者，若以過度偏低之運費攬貨，出口業者皆應慎防爾後可能招致之貨物糾紛。

第十四節 | 空運費的計算

　　貨主根據費率表計算出來之運送費及服務費的總和，即為應交付航空公司或其代理者的運費。計算運費之基本單位，以1公斤（kg）或1磅（lb）為標準，按貨品的不同類別訂有各項適用費率，並按規定訂有各種折扣或佣金標準，通常均須經IATA核定，如果使用高於IATA規定的費率，稱為收費重量（Chargeable Weight），但對於體積大而重量輕的貨物，則須將體積折算為重量來收費，換算標準如下：

1. 英制 427 in³（立方吋）＝1 kg 或 194 in³＝1 磅（lb）

2. 公制 7,000 cm³（立方公分）＝1 kg

例如：

A. 某貨物經量度其大小為 162.2 cm × 155.6 cm × 141.1 cm，四捨五入後為：

　　　　162 × 156 × 141 ＝ 3,563,352 cm³，則

　　　　3,563,352 cm³ ÷ 6,000 cm³ ＝ 593.892 或 594 公斤

B. 或某貨物之量度為　63⁷⁄₈ in × 61¹⁄₄ in × 55¹⁄₈ in，四捨五入後為：

　　　　64 in × 61 in × 55 in ＝ 214,720 in³，則

　　　　214,720 in³ ÷ 366 in³ ＝ 586.7 公斤或 587 公斤

C. 上例 2.如改以磅為單位，則將體積之立方吋數除以 194 即為磅數：

　　214,720 in³ ÷ 194 in³ ＝ 1,106.8 lb 或 1,107 磅（lb）

　　有些國家採 427 立方吋或 7,000 立方公分當作 1 公斤，所以有兩種標準。

　　從以上的例子，可知要決定貨物究應按原重量計算運費，或按體積重量來計算運費，只須將算出來的體積與原重量比較，如體積重量大於原重量，即應按前者計算，反之則按後者計算。一般而言，依體積重量計算者較多，業者應注意其換算方法。

一、運費種類

1. **起碼運費**（Minimum Charges）

   爲航空公司對一批貨物之最低運費規定。即貨物重量按費率乘算仍未達起碼運費者，一概按起碼運費收費。該起碼運費，因運送地區不同而異，可向航空公司洽詢。

2. **特別商品費率**（Specific Commodity Rates）

   簡稱SCR。航空公司爲穩定某兩個地區間的貨源，對經常承運人的貨品類制定固定費率。此類費率視商品類別而有所不同，惟皆較一般商品費率（General Cargo Rates）低，以示優待。因此，在交運貨物時，託運人應先查詢貨物是否適用特別商品費率，可享受較低運費。

3. **一般商品費率**（General Cargo Rates）

   簡稱GCR。通常未列入特別商品費率的貨物，一概按一般商品費率收費，其費率較前者爲高。一般商品費率，又按交運貨物量而有下列各種不同的費率級距：

   (1)正常費率（Normal Rates）

   　　簡寫爲 "N"，即低於45公斤或100磅者適用此一費率。

   (2)高貨量費率（Quantity Rates）

   　　簡寫爲 "Q"，即自45公斤開始，再分爲100公斤、200公斤、300公斤、400公斤、500公斤等六種不同的費率級距，重量愈重，費率愈低。此爲航空公司爭取大宗貨源的手段之一，如此可使航空貨運承攬併裝業者有利可圖，而全力爭取不同貨主的少量貨物，於集中併裝後整批交運，賺取運費差額。

4. **商品分級費率**（Commodity Classification Rates）

   簡稱Class Rates。部分不歸類於爲特別商品的特殊貨品，如活的

動物（Live Animals）、高價值物品（Valuables）、報紙（Newspapers）、雜誌（Magazines）、期刊（Periodicals）、書籍（Books）、商品型錄（Catalogues）、盲聾用具及書籍（Braille Type Equipment and Talking Books for the Blind）、後送行李（Baggage Shipped as Cargo）、人類屍體（Human Remains）、機動車輛（Automotive Vehicles）、家具（Furniture）、放射性物質（Radioactive Material）等，航空公司多依照一般商品費率（General Cargo Rates）按貨品之性質、重量、包裝情況等制定一定的百分比收費，有高於 GCR 者，亦有低於 GCR 者。此外，部分活的動物所用之獸欄（Stalls），亦須另行收費。凡屬此類貨物，均須與航空公司預先妥為接洽，並瞭解其適用之費率。

5. **統一打包貨品特別費率**（Special Rates for United Consignments）

由貨主或其代理人自行將小件貨物，按照航空公司規定之規格固定於墊板（Pallets）或裝入貨櫃（Igloo or Container）或貨箱內，使能便利搬運及裝機作業者，航空公司皆訂有特別費率（Special Rates）優待，航空貨運承攬併裝業者，即利用零星攬貨而予以整件打包交運，以賺取特別費率之差額。航空公司之 *Air Cargo Tariff* 的第二冊內訂有詳細費率表，可向航空公司查詢。

6. **超值費**（Valuation Charges）

貨物之價值如超過每公斤 20 美元，並經貨主於交運時申報價值（Declared Value for Carriage）者，航空公司對於超值部分（20 美元以上部分）按 0.40% 加收超值費，一批貨物之最低起碼收費為 1 美元。

7. **政府物資**（Government Consignment）

航空公司對政府採購或輸出之物資或商品，一般皆訂有優待費率。

二、聯運費率

　　每一航空公司對其經營地區的任何兩點間（不論為直達或轉機）均訂有費率表可資應用。萬一某兩點間無聯運費率時，只須分段相加即可，但此時應注意，GCR 費率僅能與 GCR 相加，SCR 費率亦僅能與 SCR 相加。如某段無現成的費率表可應用時，則可採取聯合運費，按各段的標準分段計算，再予以相加。聯運時如涉及其他航空公司，應注意幣值匯率之兌換率。

三、服務費及有關費用

　　泛指航空公司所列運費表以外的其他服務費用，須向託運人或受貨人收取者。如倉租、保險費、代辦通關費、罰款、包裝修理費、代墊費用、轉運費用及貨運費等均屬之。茲將主要者加以說明如下：

1. **代交貨收款之服務費**（Cash On Delivery Service Charge or C.O.D. Charge）
　美、加地區為貨款的3%，起碼費用為 7.50 美元；其他地區為貨款的5%，起碼費用 11.50 美元。以上均須在空運提單上註明。

2. **代墊費用**（Disbursements）
　凡由託運人或航空公司替受貨人（Consignee）墊付之費用，稱為 Disbursement。如由目的地航空公司代收時，應向受貨人收取代墊服務費（Disbursement Fee）。美、加地區為 3%，起碼費 5.50 美元；其他地區為5%，起碼費10.00 美元。
　以上均應在空運提單上註明。如受貨人拒付時，應由託運人負責支付。

3. **文件處理費**（Documentation Charges）
　航空公司或航空貨運代理於製發空運提單後，通常向貨主收取少

許文件處理費或文件修改費用；但亦有部分航空貨運代理業者不向貨主收取而自行負擔者。

四、併裝費率

為航空貨運承攬併裝業者將攬得之零星貨物集中併裝（Consolidation），自居託運人身分，整批交運所享受之優待費率，亦有以所享費率差額部分分給託運貨主者。

頗多國家之該業公會訂有併裝費率表，由民航主管機關核定實施。目前我國雖無公訂併裝費率表，但在空運市場中早已由航空公司與併裝業者間取得某種默契，而各別使用併裝費率。

五、運費到付

航空公司對運費及有關費用是否同意以到付（Collect）方式向Consignee收取，或託運人以F.O.B.條件輸出，而運費由買方到付，是否可以接到承運，通常根據下列原則考慮：

1. 買方與賣方或受貨人與託運人應非同一人。
2. 受貨人非政府機關（除非託運人為政府機關之代理人，並能提供適當保證）。
3. 貨物非屬下列貨品：
   (1)人類屍體。
   (2)活的動物類（包括鳥、魚、昆蟲、牲畜、狗、貓、貝類）。
   (3)易腐敗物品。
   (4)非商品之後送行李。
4. 目的地國家之外匯管制法令許可。

5. 貨品之當地售價，應不低於到付運費數額。

空運提單背面所列承載條款，對於對方拒付運費而產生的費用連同運費，概由託運人員負責清償，因此大意不得。

六、保　險

航空公司對承運貨物，如經託運人要求並交付保險費者，則予承保。該承保貨物如發生損壞或滅失時，將由航空公司負責賠償。保險費率視貨物類別、運送地區及不同的承運公司而有差別，一般約在保額（Amount of Insurance）的0.5%左右。

此僅係航空公司承保之運輸保險，非一般貿易上 CIF 條件中之保險，因後者係向保險公司投保。

第十五節　託運人應備之文件

託運人應備之文件包括：

1. 託運單（Shipper's Letter of Instructions）：託運單亦稱為空運貨物委託書（Instructions for Dispatch of Goods by Air），航空公司及航空貨運代理業者均備有空白表格，供貨主填寫。
2. 商業發票（Commercial Invoice）。
3. 包裝清單（Packing List）。
4. 海關發票（Customs Invoice）。
5. 託運危險品申報書（Shipper's Certification for Restricted Articles）。

6.託運動物申報書（Shipper's Certification for Live Animals）。

　　託運人應依照航空公司的要求，備妥各項文件，以便據以塡發空運提單（Air Waybill）及方便進口國海關申報。所有文件均應詳細據實塡報，以免發生錯誤需要修改訂正，影響空運效率。

第十六節　空運出口應付之費用

1.國際空運運費（機場到機場）：如爲 Freight Prepaid 時，由出口商支付。
2.機場倉租，基本費若干，自進倉起三天之費用，國定假日及例假日除外，自第四天起每日每公斤收新臺幣若干。
3.機場搬運費：倉庫至機場之搬運及打盤費用。
4.報關費。
5.搬運車資（提貨及送貨到機場）。
6.其他。

第十七節　貿易商空運貨物出口應注意事項

1.若國外之對方未應允，勿以運費由對方支付（Freight Collect）的方式將貨運出。
2.對方拒收之貨物或不允付運費時，運費必須由託運人付。
3.出口貨物，須在機場進倉24小時（爲安全理由）以後，始能裝上

飛機（新鮮及活的動物除外）。

4. 空運貨物不論大小，均須按規定並遵守海關及出口之現行法令。

5. 事先訂位並向航空公司確認較妥。

6. 查驗由空運代理公司送來民航局的機場過磅證明，重量無誤再繳付空運費，以防虛報。

7. 國外信用狀上沒有說明可以接受 House Air Waybill 時，則應要求空運代理公司送來 Master Air Waybill，才可押匯。

第十八節　航空公司賠償責任限制

航空公司對於貨物損害賠償的最高限額為每公斤 20 美元，並不以超過貨物在目的地之實際價值為限。如託運人要求之賠償金額高於每公斤 20 美元時，應於交運時申報貨物價值（Declared Value for Carriage），並繳付超值費（Valuation Charge）。

第十九節　航空貨運之索賠

航空貨運較之海運，雖然快速且破損率較少，但航空公司自收貨至運送及發貨過程中，仍須經過 6 至 8 次之裝卸及搬動，更因飛機起落及航行中，因衝擠、顛動等因素，難免造成貨物破損、遺失，或因錯運及其他因素而發生遲延，以致造成貨主的損失，因而每有索賠事件之發生。航空公司對於索賠事件，均設有索賠部門，按一定程序處理，同時亦盡量將賠償責任減至最少，或設法不賠。因此，貨主對於索賠的各項文件

及程序務必熟悉，方不致吃虧。茲將相關的注意事項列述如下：

一、向何人索賠

1. 由託運人（Shipper）提出時：無論全程運送經過多少次轉機或由多少不同航空公司轉運，概向第一承運人（First Carrier）索賠。

2. 由收貨人（Consignee）提出時：一律向最後承運人（Last Carrier）索賠。如不經過轉運，則向承運之航空公司或其代理者索賠。

3. 如貨主所持提單，係屬航空貨運承攬併裝業所發之分提貨單（House Air Waybill），而非航空公司或其代理者簽發之提單（Air Waybill），則僅能經由該併裝業者及其發貨地代理者向航空公司索賠，不能直接向航空公司索賠。常有規模甚小之此類併裝業者，因無法處理該項索賠事件而一走了之，使貨主索賠無門，徒遭損失。

注意：如果貨物輸出時已向產物保險公司辦理貨物運輸保險，而該貨物之損失又適用保險責任範圍內，則可向保險公司索賠，將求償權代位給保險公司，由保險公司向航空公司索賠。

二、索賠的時限

1. 貨物有損壞或短少時：應於收貨後 7 天內提出。

2. 貨物遲延時：提貨後 14 天內提出。

3. 貨物遺失或滅失時：應於提單發單日起 120 天提出。

超過上述期限者，航空公司不予受理。

三、索賠時應備文件

1. 提單副本

2. 賠償要求函

此一函件特別重要，應說明損害內容並註明日期，以掛號寄交航空公司，或親自送達航空公司，並要求收件證明或簽章。

通常航空公司皆有類似下列例子的固定覆函格式：

Receipt of your letter dated ... is acknowledged without prejudice or liability.

The matter has been referred to our Head Office who will contact you shortly.

Be assured of our attention at all times.

此一覆函雖未承擔賠償責任，但千萬不可遺失，否則可能被航空公司拒絕承認已依收限收到索賠要求函，而拒絕受理。

3. 發票

即原售貨商業發票，載明貨量及貨價，為航空公司決定賠償的主要依據。

4. 裝箱單（Packing List）

5. 公證報告

貨物如有破損短少，應暫緩提貨，並立即請公證行將破損短少情形，會同航空公司做成公證報告書後再行提貨。

6. 貨物異常報告（Cargo Irregularity Report）

此為航空公司內部作業應備文件，為航空公司在全航程各站對貨物之情況動態報告，有助於鑑定責任所在。如能向航空公司取得此一文件，當有助於索賠。

7. 其他有助於索賠的文件

重點複習

1. IATA 是國際航空運輸協會。

2. 紐西蘭出產的櫻桃和奇異果，較適合以「空運」運輸方式運送來臺。

3. HAWB 是由「航空貨運承攬業」簽發。

4. 空運提單是「認人不認單」。

5. 依 IATA 之規定，航空貨物事故賠償每公斤最多以「USD 20」為限。

6. 由航空公司所簽發的空運提單為「MAWB」。

7. MAWB 與 HAWB 最大的不同點是「簽發人」。

8. 航空公司於承運貨物時，簽發給承攬業者或併裝業者的提單，稱為「MAWB」。

9. 依華沙公約的規定，空運貨物承運人對貨物的最高賠償責任為 1 公斤「20」美元。

10. 正本空運提單為一式三聯，出口商應持「Original 3」向銀行辦理押匯。

11. 空運運費表中，最低運費之等級代號為 M（M 為起碼運費 Minimum Charge）。

12. 空運運費表中，商品分級運費率的等級代號為「R 、S」（N 為低於 45 公斤，為正常費率；「低於 N 者，為 R」；「高於 N 者，為 S」）。

13. 持 MAWB 提貨時「認單不認人」，只要證明其為提單上之受貨人即可。

14. 我國航空公司於承運貨物時，簽發給承攬業者或併裝業者之提單

稱為「MAWB」。

15. 空運貨物之託運，將貨物運到機場進倉庫須經「12」小時後，始可報關檢驗放行。

16. 航空快遞業務（Air Express Service）公司派專人從發貨人處提取貨物後，運抵目的地，由專人提貨辦妥通關手續後，直接送達收貨人，此種運輸方式稱為「Door to Door Service」。

17. 空運貨物如係由委託航空貨運承攬商交運，收到貨物後，他們以本身的名義簽發給貨主之單據稱為「House Airway Bill」。

18. 實務上，IATA 統一格式的空運提單全套有正本 3 份，副本 6 份，其中「第 3 份正本」交給託運人（貨主）到銀行辦理出口押匯。

19. 有關 HAWB 的提單號碼，實務上「以空運承攬業者的英文名稱字首縮寫」編製。

20. 空運提單之提單號碼以阿拉伯數字起頭，後面以流水號標示者是「Master Airway B/L」。

21. 計算空運運費時，體積「6,000 立方公分」相當 1 公斤。

22. 空運運費以體積重量做為計價重量時，1 公斤相當於「366」立方吋。

23. 空運分提單（HAWB）與主提單（MAWB）之區別是 MAWB 提單號碼的前三碼是「阿拉伯數字」（此數字是 IATA 的登記號碼）。

24. 海、空運提單，具有：

    (1)空運提單的收貨人都是記名式的。

    (2)空運提單可以做為運送契約的憑證。

    (3)海、空運提單都具有收據的功能。

9

貨物運輸保險

第一節　貨物運輸保險的起源

　　保險觀念在十七世紀萌牙於英國，至今已三百餘年，由於國際貿易屬世界性，所以國際上有關貨物運輸保險的保險單一直沿用英國 Lloyd's S.G. Policy（勞埃士 Ship Goods 保險單，已有二百年之久），然而這份保單上的古老用語早已不合時宜。而且現代商業的性質與往昔不同，為了因應現實需要，倫敦保險人協會（The Institute of London Underwriters）於是制定協會條款，添附於保險單的一部分。又經多年研擬，新的貨物水險保險單及有關條款，根據倫敦保險市場的決定，於 1982 年元月 1 日開始使用，但原有格式可繼續使用至 1983 年 3 月 31 日止。也就是說，自 1983 年 4 月 1 日起將全面使用新的保險單與有關條款（本章所述，一律引用新的保險單與條款）。

第二節　海上貨物保險與國際貿易的關係

　　國際貿易的買賣雙方相隔遙遠，國度不同，因受地區及貨幣種類的限制，無法以一手交錢一手交貨方式進行，在交易型態上，大多數採用貨物與信用的交換方法。因此，國際貿易是否能順利進行，運輸上的風險與信用上的融通，於是成為此中最主要的關鍵。海上貨物保險對國際貿易的重要性，可以下述兩點說明：

一、擴大營業能力

　　若無保險，在貨物未交到買方手中之前，無人敢確定其在運輸途中

不會遭遇風險，因而出口商必須將貨物交到，始能收款，然後才能有從事次筆交易的資金，如此對於營業的周轉能力必大為降低。有了保險的保障，進口商肯在到貨前先付款，銀行也同意先予資金融通，貿易商才得以擴大營業能力。

二、保障資產，提高貿易意願

有了保險，資產不致因意外事故而蒙受重大損失，也無須因提存損失準備金而使資金凍結，不便運用，並且敢冒更多、更大的風險進行貿易。尤其保險可使企業家省去處理意外事故的精神與財力，全力發展事業，進而增加商場上的競爭力。

第三節　保險實務

一、保險之安排由買賣雙方在交易時的約定決定

買主出資向國外購買貨物，但在運輸途中，隨時有可能遭遇不測事故，致使貨物滅失或短損。所以買賣標的物（商品）利益的轉移與保險的安排，是由買賣雙方在交易時的約定決定的。一般而言，擁有保險利益者，方可（而且應該）安排保險。例品貨物的交易條件是 FOB 、CFR 及 FAS，由買方以本身為被保險人，在進口地向保險公司投保；如其交易條件是 CIF 或 C&I 者，則由出口商在出口地向保險公司投保。

二、投保時機

原則上，投保手續必須在運送風險開始以前辦理，以期保險當事人（保險人Underwriters，即保險公司）與被保險人（The Assured，即貨主）都能立於合理公平的地位，雙方對於保險標的物之已然受損與否，在不知情的狀況下共同訂立保險契約。

保險契約訂立時，保險標的物危險已發生或已消滅者，其契約無效，但為雙方所不知者，不在此限。訂約時僅被保險人知危險已發生者，保險人不受契約之拘束（也就是說，被保險人於投保時，知道危險已發生，則此保險單不生效力）。訂約時，僅保險人知危險已消滅者，被保險人不受契約之拘束（也就是說，被保險人於投保時，只有保險人知道曾經發生危險，且已被消滅，也不能拒絕投保）。

然而，為配合實務上之需要，投保之時機因進出口業務的劃分而有所區別，簡述如下：

1. **出口業務**

   由於出口保險需要船名及開航日期（空運則需要提單號碼及起飛日期），因此很多人的投保時間往往在貨物上船（機）取得提單以後、銀行押匯之前。這麼做雖較方便，卻稍冒風險，假使在貨物裝船以後，投保手續辦妥之前，即遭遇意外事故，所引起的損失究應由誰來負責？因為一般而言，保險人對於接受保險以前的任何損失概不負責。

2. **進口業務**

   鑑於銀行作業上的要求，投保總是在開狀之前，或者同時辦理。只要貨物並無在開狀之前先行裝船的現象，此種投保時機，自屬正確。惟有些以D/P或D/A付款條件交易者，往往由於各種進口許可證在申請上延誤時間，等到要辦理投保時，貨物恐怕已經在

運輸途中，隨時可能遇到各種危險，一般在進口用保險單上皆有明文規定，保險人不負責保險單簽發前所發生的任何毀損或滅失（Warranted Free From Any Liability for Loss or Damage which Occurred Before Issuance of This policy），為一特約條款，被保險人若以「不知損失已否發生」為抗辯，以今日電訊事業之發達，可能有理論與實務上的困難。為避免此種可能性而遭受無謂損失，進口商最好事先與保險公司聯繫預作安排。譬如，寄發 Order 給國外供應商時，即先填妥投保單，送交保險公司收存，待其他所需資料（如 L/C 或 I/L 號碼）齊全後，再通知保險公司完成手續。

第四節　危險的種類

一、海上基本危險（Basic Perils）

1. **屬於海的危險**（Perils of the Sea）
   (1)船舶沉沒（Sinking）
   (2)船舶擱淺（Stranding）
   (3)船舶觸礁（Touch and Go）
   (4)船舶碰撞（Collision）
   (5)船舶失蹤（Missing）
   (6)破船（Ship Wreck）
   (7)風暴（Heavy Weather）
   (8)海水侵害（Sea Water Damage）
2. **火災**（Fire）

3. 暴力盜竊（Thieves）

4. 投棄（Jettison）

5. 船長及船員的惡意行為（Barratry of Master and Mariners）

二、特殊危險（*Extraneous Risks*）

1. 戰爭（War Risk, W.R.）

2. 罷工暴動、民爲騷擾（即內亂）（Strikes, Riots, Civil Commotions, S.R. & C.C.）

3. 偷竊、挖竊、遺失（Theft, Pilferage and Non-Delivery, T.P.N.D.）

4. 雨水淡水浸害（Rain, and Fresh Water Damage, R. F.W.D.）

5. 破損（Breakage）

6. 漏損（Leakage）

7. 鉤損（Hook Hole）

8. 汙油（Oil and/or Grease Damage）

9. 汙染（Contamination with other Cargos）

10. 汙濡（Sweat Damage）

11. 彎曲（Bending）

12. 凹損（Denting）

13. 釘損（Nail Damage）

14. 酸損（Acid Damage）

15. 黴濕及發黴（Mildew & Mould）

16. 鼠咬（Rat Damage）

17. 蟲害（Vermin Damage）

18. 爆炸（Explosion）

19. 自燃發火（Spontaneous Combustion Damage）

三、海上損失的型態

1. **全損**（Total Loss）

   貨物與船體全部滅失時，稱為全損。

   (1)實際全損（Actual Total Loss ，又稱為 Absolute Total Loss）

   貨物與船體確因某災難之發生，於某日在某地全部滅失，此為不爭之事實。

   (2)推定全損（Constructive Total Loss）

   船體受損過鉅，救難費用或修復費用過高，放棄救援（但人員救回）。

   (3)假定全損（Presumed Total Loss）

   船隻失蹤，未在適當的時日內尋得線索。

2. **分損**（Partial Loss ，**又稱海損** Average）

   由於遇到災難，船體（也許受損）被救回，但貨物損失，稱為分損。

   (1)共同海損（General Average）

   由於共同的災難，為了挽救整個船體的安全，而使少部分貨物受損，此受損的少部分，應由全體來賠償。

   (2)單獨海損（Particular Average）

   並非由於共同的災難，而是由於該批貨物之特性易於受損，如玻璃製品（易碎）等。

第五節 承保條款

從 1983 年 4 月 1 日起，海上貨物保險的保險單及保險條款，已全面

更改，其保險單僅做為保險契約的架構，而不再包含任何保險條款。有關保險的約定，全部集中在新協會貨物保險條款之中。雖然海上貨物保險制度的基本精神並無改變，但過去如全險（All Risk）、水漬險（with Average）及平安險（Free from Particular Average）之名稱已分別為新的(A)、(B)及(C)條款取代。

全險（AR） 承保範圍接近 Clauses (A)條款

水漬險（WA） 承保範圍接近 Clauses (B)條款

平安險（FPA） 承保範圍接近 Clauses (C)條款

但彼此間不得視為完全相等。

新的保險條款於 1983 年 4 月 1 日起正式啟用，舊的保險條款同時停用。舊有貨物保險條款（FPA 平安險、WA 水漬險與 All Risks 全險 1963）在原 SG（S ＝ SHIP; G ＝ GOODS）貨物保險單 "Memorandum" 內有關承保危險均已明示於新貨物保險條款內，而不再列於保險單上。現將新保險條款的主要內容與其不保條款分述於後。

基本險有：

1. Institute Cargo Clauses (A)

2. Institute Cargo Clauses (B)

3. Institute Cargo Clauses (C)

特約附加險有：

4. Institute War Clauses （Cargo）

5. Institute Strikes Clauses （Cargo）

基本險為(A)、(B)或(C)的其中之一，如有必要，可再加保「特約附加

險」。特約附加險4.和5.，必須合在一起不可分開投保，其保險費率目前是投保金額的0.0275%，War Clauses 及 Strikes Clauses 投保時合稱爲 SRCC。

保險費是 Clauses (A) ＞ Clauses (B) ＞ Clauses (C)，各種貨物投保各種基本險，其保險費率均不同，保險公司有費率表，投保人可先向保險公司詢問，然後計算出應付之保險費。

第六節 附加險

視貨品特性，有必要時可附加於上述 Clauses (B) 或(C)之後（在 Clauses (A)內均已包括），向保險公司加保，即在要保書上註明。常見的有：

1. 偷竊遺失險（Risk of Theft, Pilferage and Non-Delivery，簡稱爲 T.P.N.D.）。於提貨時取得 Loss Report，在保險期滿後10日內向 Claim Agent 提出。
2. 漏損險（Risk of Leakage）
3. 破損險（Risk of Breakage）
4. 鉤損險（Risk of Hook Hole）
5. 雨水及淡水損害（Rain, Fresh Water Damages，簡稱爲 R.F.W.D.）。
6. 油汙險（Risk of Oil）
7. 浪沖險（Risk of Washing Overboard）
8. 汙染險（Risk of Contamination）
9. 自然起火險（Risk of Spontaneous Combustion）
10. 汗濕或發熱險（Risk of Sweat and/or Heating）

11. 黴濕及發黴險（Risk of Mildew & Mould）

12. 鼠蟲害險（Risk of Rats & Vermin）

13. 爆炸險（Risk of Explosion）

14. 生鏽險（Risk of Rust）

15. 死病險（Risk of Mortality）

16. 酸類腐蝕險（Risk of Acid）

17. 產地損害險（Country Damage）

第七節 投保手續

　　於確定需要辦理保險之後，其投保手續可以口頭或書面爲之，通常保險公司備有投保申請書，以爲辦理投保之用。所謂「投保」，實爲將保險資料「陳告」於保險公司。依據「最大誠信原則」，其在重要事項方面若有隱瞞、僞報或詐欺現象，從而使對方對此等事實之無知或因而有相反之瞭解，以致發生影響契約之行爲者，保險公司得採取行動，主張保險單無效。

　　確定上述事項後，填寫「貨物運輸保險投保單」（又稱：要保書）。

一、被保險人名稱

　　對保險標的有保險利益者，方可爲被保險人。惟在一般國際貿易實務上，仍應注意下列情況：

1. 出口

　　買賣條件如係 CIF 或 C&I 者，以出口商名義投保。其爲 FOB 或 CFR 者，出口廠商於將貨物裝上船舶之後，即無保險利益可言，

故不必辦理保險，但可投保自工廠或倉庫至上船為止之危險。又其付款條件為 D/A 或 D/P 者，雖係 FOB 或 CFR，出口廠商仍有投保 Contingency Insurance 的必要。

2. 進口

買賣條件如係 FOB 或 CFR，由進口商辦理投保。

二、受質押人（受益人）

銀行或其他受質押人基於其債權利益，通常會要求必須同時列名於保單之上。

三、保險金額與貨價

海上保險係定值保險，以雙方事先約定的貨價及保險金額做為日後理賠的依據，並為保險責任的最高極限，不因通貨膨脹及物價消長而受影響。

保險金額的訂定，可比照貨價，以高於貨價或低於貨價為之，但其高低與保險公司的責任成正比例。一般商業習慣多以商業發票上的金額加上一成做為保險金額投保。利用下列保險公司之公式，可從 CFR 中求得 CIF：

$$CIF = \frac{C + F}{1 - KR}$$

此公式與第 11 章的萬用公式比較，並無不同。以保險公司的立場而言，貿易商的利潤已包括在 C 內。

R＝Rate，K＝加成之倍數，通常為 110% 或 1.1。

Rate 是保險費率，什麼貨物欲投保什麼險、其保險費率是多少，可以向保險公司詢問。

四、交運貨物之名稱、件數或數量

交運貨物之名稱、件數或數量請配合有關單據（出口貨並註明嘜頭）。

五、包裝情形

請盡可能詳細填寫，因包裝之差異直接影響保險人對費率的訂定。如化學品及易碎品之包裝對費率的影響尤其顯著。

六、具備信用狀號碼、進口許可證或出口許可證之一

信用狀號碼、進口許可證或出口許可證最好具備其中一項。

七、船隻（運送工具）名稱、航次及開航日期

1. 如係空運，請告知提單號碼及開航日期；陸運亦請告知運輸工具、牌照號碼及開車日期。
2. 如未知船名，在臺灣，備有資料不全之進口用 TBD 保險單，待知悉船名後填具保險單內附上的裝船通知單，寄交保險公司，補足投保資料。
3. 船舶請選擇 1,000 噸（GRT）以上，船齡在 15 年以內，或定期班輪，以避免加付保險費。

八、航　程

　　一般保單承保之航程爲「港口至港口」。若是空運，則爲「機場至機場」。若有轉船或涉及兩端港口以外的內陸運輸，須事先陳明於保單上，否則效力僅起訖於保單上列明之起運港（機場）及卸貨港（機場），並不因保單上註有「倉庫至倉庫」條款而無限延伸到任何內陸地區。

九、預定賠款給付地點

1. 進口貨物的賠款地點，皆爲進口公司的所在地。
2. 出口貨物的賠款地點，一般皆爲保單上所列明的目的地，如L/C上有指定地點，則請按規定指明，以配合需要。

十、投保條件

1. 進口貨物的投保條件，由被保險人根據承保範圍大小之需自選之。
2. 出口貨物的投保條件，則須按L/C條件規定辦理，如無L/C，可由被保險人自選之。

十一、貨物若裝載於甲板上，須事先聲明

　　貨物如果有裝載於甲板上的情形，務請事先聲明。

十二、保單上最好有被保險人簽名蓋章

　　投保單上最好能有被保險人簽字蓋章，並留下電話、地址及承辦人，以利聯絡。

上述各點係由被保險人填寫於投保申請書之上，保險公司接到申請書後，按照所填之資料核定費率，計算保險費，然後簽發保險單，送交被保險人收執，即完成整個貨物水險投保、承保之手續。

十三、批單的處理

被保險人接到保險單時，最好當場查對保險單內容，若有遺漏或錯誤，可即刻交還保險公司更正。若遺漏或錯誤不甚嚴重，保險公司可派人前往更正，若錯誤太多，或涉及保險金額部分，保險公司會另外簽發批單加貼於保險單之上，以達改正之效果。簽發批單的另一情況為原保險單已寄國外，即使錯誤不大也無法在其上更改。

十四、保險費的繳付

保險費的繳付是保險單效力成立的先決要件。依現行規定，保險費必須於載貨船艙開航後30日內繳付。通常，保險公司會派人前來收取保險費。保險費的金額，D/A 或 D/P 或其他不押匯出口業務，可比照進口業務辦理。

第八節　保險單（Insurance Policy）

一、保險單的意義

保險單為證實保險人與被保險人之間，保險契約成立的正式文件，上面載明雙方當事人所約定的權利與義務。

二、保險單的內容

1. 就性質分

(1)保單正文

保單正文為印明在保單背面的條款，請參看本章後面之 Clauses (A)、 Clauses (B)及 Clauses (C)等各條款。

(2)附加條款

於正文條款之外，各保險公司另以附加條款來修正補充，或限制保險單正文條款的效力。

(3)書寫條款

保險人與被保險人個別訂立的條款，這種條款以打字機或書寫方式填入保單中。

(4)邊列條款

印在保單邊緣的條款。

保單正文、附加條款及書寫條款其內容如發生牴觸時，其效力優先次序是：1 書寫條款→2 附加條款→3 是保單正文。

2. 就保單上的文字分

(1)印定語句

(2)附貼語句

(3)圖戳語句

(4)手寫語句

(5)打字語句

以上五種文字有矛盾時，其效力優先順序是：1 手寫語句→2 打字語句→3 圖戳語句→4 附貼語句→5 印定語句。

三、保險單契約的失效

1. 契約成立時，被保險人明知危險已發生。
2. 契約成立時，保險人明知危險已消滅。

四、國內常用的保險單種類

1. 出口方面

(1)航程保單

　　承保貨物從某一地點運到某一地點，在運輸途中可能發生危險的保單。

(2)定值保單

　　明定保險金額。

(3)船舶確定保單

2. 進口方面

　　預保單：在FOB 或 CFR 等交易條件下，保險條件由進口商自行負擔。但國外出口商將貨物裝運何船，以及何時運出尚不能確定時，預先向保險公司辦理保險，僅向保險公司告知保險的大概內容，使用的即是預保單。等國外出口商的Shipping Advice 到達，再將船名、開航日期等等詳細資料通知保險公司，保險公司再據此計算保費，並發給保險單。

五、外國常用 Open Policy（開口保單或流動保單）

　　這是保險當事人（被保險人）預先約定一個總保險金額，每批貨出口時，從總保險金額中扣除，直到總保險金額用完，保險單即自動失效的一種保險單。

六、保單記載之事項

由保險公司依被保險人所填之要保書製作而成。

1. 被保險人姓名（Assured）：CIF 出口時，以出口商爲被保險人，再在保單後面背書轉讓。而進口商辦理保險，自然以自己爲被保險人。
2. 保險金額（Amount Insured）：通常以購貨金額乘以1.1 倍。
3. 貨物名稱（Subject-Matter Insured）：寫明名稱、數量、包裝方式、嘜頭。
4. 船名（Per）起運日期（at）。
5. 裝運港（from）卸貨港（to）轉運港（Transship）。
6. 保險單製作日期、地點（Place and Date Signed）。
7. 保險條件（Condition）。
8. 賠款地點、幣名（Claim, if any, Payable in Currency at）。
9. 索賠代理者的名字、地址：由保險公司在保險單上依到達目的地，註記該地之代理者的名字及地址。
10. 保險單開始、終止日期。
11. 保費收訖條款。

七、保單附註條款

附註條款（S.G. Form 的保險單，有些保險公司會有記號）：
1. 穀類、魚類、種子、麵粉、水果、鹽，單獨海損不賠（除非另有約定）。
2. 糖、菸葉、麻、亞麻、皮革，單獨海損未達5% 不賠。
3. 其他貨物未達3% 不賠。

第九節 貨物海上保險理賠

　　被保險人既已與保險公司訂立保險契約，則一旦有承保之風險發生時，依保險契約自有享受補償的權利。由於保險單係契約的一種，因此契約雙方當事人，即保險人及被保險人依照契約各有其應享之權利及應負之義務。如被保險人在處理損失過程有疏忽，而該項疏忽往往無法事後補正者（如提貨時貨物有受損，未即時取得破損證明單），致使影響到向保險公司求償的權利，無法獲得滿意之賠償，或甚而喪失求償權利，則殊為可惜。

一、損失發生（發現）時，被保險人或其代理人應注意事項

1. 立即通知保險公司或其指定之代理人處置

通常在保險單上可以見到此項要求，均明文以紅字印在保險單正面，以表示其必要性。該文字內容為：

> In the event of loss or damage which may involve a claim under this insurance, no claim shall be paid unless immediate notice of such loss or damage has been given to and a Survey Report obtained from this Company's Office or Agents specified in this Policy.

保險單上對於損失發生（發現）時，被保險人應通知之人員，均有明白表示，請務必與該指定之人員聯繫。

保險公司或其指定之代理人在接獲損失通知時，應即查對保險單的承保條件及內容，確定是否有承保所通知損失之風險。確定係

承保範圍時，應即前往現場勘查或指定檢定人前往勘查，並提供知識上及技術上的協助，以保障被保險人及保險公司雙方的權益。如發現損失並非承保範圍時，保險公司除婉釋拒賠理由外，亦應盡量就其所知幫助被保險人解決困難，眞正做到服務客戶之原則。

2. 重要條款的遵循

一般而言，保險公司爲了使被保險人或求償人易於瞭解一旦事故發生時，應如何處理起見，在保險單上總是以紅字印刷下列文句：

In case of loss or damage, please refer to the "IMPORTANT" printed on the back hereof and act accordingly.

二、求償文件及其作用

1. 保險單或保險證明書正本（Original Policy/Certificate of Insurance）

保險單係保險契約的文字化，不但證明契約的存在，也是主張求償權利的必備文件，如有轉讓（指 CIF 買賣條件時，出口商轉讓與買受人），必須有原被保險人的背書，始生效力。

保險單正本遺失時，可以用保險單複本（Duplicate/Triplicate）來代替，但必須由求償人出具保證書（Letter of Indemnity），保證將來如有他人以遺失之保險單正本提出索賠時，求償人願負保險單賠償之責。

保險公司收回保單正本，即證明已履行保險契約上的賠償義務。惟如果被保險人將保險單正本質押於貸款銀行時，即該銀行爲優先受益人，此時，除非被保險人已清償銀行信用狀貸款、贖回保險單正本，或取得銀行書面同意，將賠款給付被保險人，否則即應由質押權銀行優先就其債權範圍內享受該保險單之賠款。

2. 提單／運送契約（Bill of Lading/Contract of Carriage）**副本**

按提單係載貨證券，亦即證明投保貨物裝載於被保險人宣稱之載運船上的文件。

如有重大損失之情形，保險公司為明瞭提單上有關運送人（Carriers）及託運人（Shippers）的權利義務，以便研究向運送人行使代位求償權時，將要求被保險人於求償時，必須提供提單正本之一，如第二正本（Duplicate）第三正本（Triplicate）。

又由於提單的任何一份正本，皆可憑此向運送人或其代理人提貨，因此在貨物遭受全損之際，保險公司將要求送交全套的提單正本，此亦即等於所有權狀之交付。

3. 商業發票（Commercial Invoice）**副本**

商業發票係證明貨物賣價的文件，從該文件，保險公司理賠人員得以知悉貨物的單價及實際貨物價值，在部分損失（Partial Loss）時，憑以確定該損失部分的保險金額，以便於順利核定。

如在買賣時言明需有重量證明（Weight Certificate）、品質及規格證明（Quality & Shipping Specification Certificate）等文件，亦應於求償時一併送交保險公司，以明責任，而利核辦。

4. 裝箱單（Packing List）**副本**

裝箱單係證明貨物包裝情形的文件，惟一般的散裝貨並無此項文件，有時亦有供應商（Suppliers）會將貨物包裝情形在商業發票中一併陳明。

5. **運送人或有關方面出具承認責任之破損證明文件**（Duly Signed Documentary Evidence From the Carrier or other Responsible Concerned Parties to Substantiate their Liability for the Loss or Damage）**正本**

此項文件係證明保險標的物確係在保險單承保有效範圍、時段內

發生事故之重要證明，也是運送人或有關方面對損失應負責之證據。如有事故發生時，被保險人務必取得此項文件，方可行使保險單之求償權。

例如短卸證明（Short Landing Certificate）、事故證明單（Damage Report）、異常報告單（Exception List）、船方卸貨時之理貨記錄（Tally Sheet）、船方交貨收據（Delivery Receipt/Cargo Boat Note）、進倉記錄（Inward Survey Report）、出倉記錄（Outward Survey Report）或內陸運送人簽具之送貨單（Delivery Note）等。

6. 保險公司指定或認可之檢定人（Surveyor）出具之檢定報告書（Survey Report）正本

檢定報告書的主要功能在確定損失原因及其程度，使保險公司易於理算賠款，其本身並非損失的證明文件，而純係有經驗之檢定人估計損失程度的文件。檢定報告書的內容，必須詳細記載下列各項：

(1)損失發生（發現）之時間。

(2)受損貨物之外表狀況（即貨物外包裝情形）。

(3)損失之程度。

(4)損失之原因。

(5)受損貨物之處理：受損貨物是否可修理，本地修理或原廠修理，如不能修理時，該受損貨物是否有殘值（Scrap Value）等。

除非前述(5)破損證明文件，對於損失程度已有明確記載（如短卸證明上記載短卸數目），否則本項所提到之檢定報告書，乃是求償的必備文件之一。

檢定報告書通常視案件情形，由保險公司理賠人員製作，或由保險公司指定或認可適當之檢定人（有執照者），就其勘查損失之結果所製作的書面報告。檢定費用均由求償人先行給付，於賠案成

立時，保險人一併核付之。

檢定人之立場必須公正、不偏不倚，工作態度要認真，對於從事檢定之工作及標的物要能勝任，始爲恰當之檢定人。

如果被保險人或求償人堅持指定某特定的檢定人時，除非事先經過保險公司同意，認爲其確能勝任該特定之檢定工作，否則其所出具之檢定報告書僅供參考（如有正當理由，保險公司甚至可以拒收），有關該項檢定費用，即使賠案成立，亦由求償人自行負擔。

7. **受貨人與運送人或有關方面間，就彼等對受損貨物之責任追索來往信件**（Correspondence Exchanged with Carriers and Other Parties Concerned Regarding their Liability for the Loss or Damage）**副本**

此等文件係證明受貨人已盡保障保險公司代位求償權之契約義務（請參考〈協會貨物條款〉第 16 條、〈被保險人義務條款〉Duty of Assured Clause 及〈重要條款〉第 4 條 Secure Rights of Recovery from Third Parties）。

依我國《保險法》第 44 條規定：「因第三者對保險標的損壞而造成保險事故的，保險人自向被保險人賠償保險金之日起，在賠償金額內代位行使被保險人對第三者請求賠償的權利。」

因此，保險公司於賠付被保險人損失後，依法當然取得代位求償權（Subrogation Right），而被保險人亦由於損失已獲得補償，依法應將其對第三人之賠償請求權（不論係依據契約或依據法律規定而生者）完好無損地轉讓予保險公司。也許有人以爲既然購買了保險，則一切向第三者追償之事宜，均由保險公司去處理就好了，何必再多此一舉呢？事實上，此種想法係誤解此項被保險人之義務，蓋貨主通常基於貨物所有權人的地位，與造成損失之第三人有契約上或法律上的直接關係。且一般而言，損失發生當

時，有些權利之行使，不論在實質上、形式上，或者基於時間上的因素，均非由貨主行使不可，因此為了及時保障該請求權，被保險人應先辦妥保障權益的手續，並向該等第三人追索，是有其必要的。也許有人又認為，保險公司既然有代位求償權，可向有責任者追償，而貨主又必須辦妥保障該求償權的手續，則購買保險又有何利益？同時保險公司經過代位求償，不是毫無損失可言嗎？似乎所有便宜都讓保險公司占盡了。其實不然，按各國政府為了鼓勵航運業的發達，促進國際貿易的繁榮，且顧及航運業係屬投資較鉅且風險也較大的行業，都在立法上予以保障，如運送人之限制責任（Limit Liability）即是（請參考《海商法》）。貨主所受之損失，往往亦因而無法得到足額賠償。此時如果有保險，則可不必顧慮，蓋餘額均可由保險公司依保險單責任額補足。又長久以來對於航運界的索賠處理，總讓一般人覺得交涉不易，使貨主不勝其煩，遇此情形，貨主只要辦妥保障程序，即可自保險公司獲得補償，事後再由保險公司向航運業者追索，甚至採取法律行動。貨主則可免除長期交涉賠案之煩瑣或耗費時間及金錢，來向運送人追索。

8. **其他必要文件或因保險條件而須提出之求償證明文件**

(1)共同海損（General Average）案件：被保險人應提出船公司宣布共同海損之聲明函，及共同海損理算人（General Average Adjuster）索取保證書（Letter of Guarantee）或現金保證（Cash Deposit）之函件，連同一般索賠文件，請求保險公司簽署保證書，以利提貨。如船方或共同海損理算人不接受保證書，而被保險人又已交付保證金與理算人時，應將保證金收據正本提交保險公司申請償還。

(2)如保險條件係條款(C)時，須提出該款承保事故之證明文件，例

如裝載船舶曾經擱淺（Stranded Grounded）、沉沒（Sunk）或傾覆（Capsized），或陸上運輸工具出軌（Derailment）、翻覆（Overturning）等之事實證明文件。

(3)如保險條件係條款(B)時，須提出該款承保事故之證明文件，例如水濕證明、海事報告（Marine Protest）、裝卸貨時整件滅失、毀損之事實證明文件等。

(4)如承保標的物受損，須重置或修理零件部分貨品之價目表、運費收據等。

(5)其他視案情需要所應提出之文件。

三、索賠理算

1. 某貿易商自泰國進口 150 噸樹薯粉，分裝 3,000 袋（每袋 50 公斤）貨價為 USD 26,400.00，投保金額為 USD 29,040.00，保險條件為 Clauses (A)。貨抵高雄港時，發現有水濕及破損情形，經通知保險公司委派檢定人查勘結果為：243 包破包，內品漏失 2,489 公斤，149 包水濕（其中 35 包損失率為 30%，81 包損失率為 20%，33 包損失率為 10%）。保戶申請理賠之理算情形如下：

N0.of Bag	Original Sound Q'ty / Loss Q'ty or Allowance
243	2,489 KGS
35	50 KGS × 35 × 30% = 525 KGS
81	50 KGS × 81 × 20% = 810 KGS
33	50 KGS × 33 × 10% = 165 KGS
	Total ： 3,989 KGS

$$USD\ 29,040\ （Insured\ Value）\times \frac{3,989\ KGS}{150,000\ KGS} = USD\ 772.27$$

Policy pays	USD 754.66
Plus ： Survey Fee	TWD 5,400.00
Total ： USD	772.27 & TWD 5,400.00

2. 某貿易商進口電子零件500,000 PCS，包裝爲 Pallet（墊板），貨價爲 USD 4,005.00，投保全險，保額爲 TWD 191,729.00。船抵基隆，貨主前往洽提貨物，發現整個墊板短卸，造成全部損失，保戶取得短卸證明，即向運送人及保險公司同時追索，結果，船公司依據提單條款規定，每件包裝最高賠償額爲 USD 500.00 賠付收貨人，保險公司賠款理算如下：

TWD	191,729.00 （Insured Amount）
Less ：	19,000.00 （USD 500.00 @38 ： Recovery from the carriers）
TWD	172,729.00

註：本案無檢定費（Survey Fee），因短卸證明已明確證明全批損失，無須再委請檢定人勘查。

3. 某公司自日本進口手提錄放影機，空運進口，貨物受損，因該貨品係新設計產品，在臺無法修復，若運回日本修理，費用將超過

貨價，保險公司同意以全損賠付，惟該品因內部其他零件尚完好，且值得做為研究目的用，最後協定其殘值後提付。

Invoice Value	USD 780.00
Insured Value	USD 858.00
Scrap Value Agreed at	USD 260.00
Claim Payable ：USD 858 − USD 260 ＝ USD 598.00	

重點複習

1. 保險單證的簽發日期原則上不得遲於Transport Document 所示裝載、發送或接管之日期。

2. 「TBD Policy」為船名待確定保單（to Be Declared Policy，船運資料未確定保險單，又稱暫保單或承保條）。

3. 海上運輸保險單若無特別規定，通常以「進口地」為索賠所在地。

4. 「ICC (A)」之運輸保險範圍最大（ICC (A)接近於AR）。

5. 倫敦保險市場自1982 年1 月1 日起，開始新保單與新條款的使用。

6. TBD 保單為「FOB」條件下開狀銀行對進口商之要求。

7. 貨物運輸保險係貨物完成卸載後起算滿「60 天」，保險效力即終止（意即如有索賠，必須於60 天內提出）。

8. 於「DDP」貿易條件下，運輸保險的索賠責任在賣方。

9. 「戰爭險」不屬於貨物運輸保險的基本險。

10. 國際貿易中，新保險條款中的〈協會貨物保險條款〉ICC (A)似舊保險條款之「全險」。

11. 「船舶與堤防發生實際而猛烈之碰觸，因閃電雷擊而造成火災，遭搶匪或強盜襲擊」均屬於國際運輸承保範圍中的「基本危險」。

12. 「交貨遲延所致之損失」往往不在國際運輸承保範圍內。

13. 「起卸貨物港口之設施及治安情形、貨物品質及包裝、季節性因素」屬於保險費率決定的因素。

14. 一般國際貿易上所要求的海上貨物保險單，多屬於「航程、定值

保險單」。

15. 海上貨物運輸保險之附加險不包括「水漬險」（水漬險 WA 接近於 ICC (B)，是基本險的一種）。

16. Incoterms 2010 內之 CIF 規定合約未約定保險內容時，最少應保「ICC 基本條款之最小責任範圍」（ICC (C)最小）。

17. Incoterms 2010 內之 CIF 規定，合約未約定保險金額時，最少應依合約價金「加一成投保」。

18. 合約未約定保險幣別時，應「依合約所定幣別」。

19. 合約未約定索賠地點時，一般應在「進口港」申請理賠。

20. 保險公司之 CIF＝CFR／1－kr，其中 k 代表「保險金額與 CIF 合約金額之倍數比率」。

21. 以出口商的立場而言，既要掌握保險品質，又要善用保險來做貿易的避險工具，最好以「CIF」貿易條件出貨買保險。

22. 我國輸出保險係由「中國輸出入銀行」承辦。

23. CIF 條件下，賣方最遲應於貨物裝運前辦妥運輸保險。

24. 國際貿易海上運送過程發生海難，船長為顧及整條船貨之共同安全，採行投棄等非常措施，所造成之損失稱為「共同海損」。

25. 協會貨物保險條款(A)條款類似舊款的「AR」（AR 是 All Risk 的簡稱）。

26. 依我國《海商法》規定，船舶失蹤經相當時間而無音訊，係屬於「推定全損」。

27. 某保單內容如下：Insurance policy for the invoice value of 110% covering ICC (B) including Institute War Clauses (Cargo) with claims payable in Cyprus in the same currency of this credit。為「ICC (B)外加兵險」。

28. 出口商為避免因進口地發生戰爭而導致貨款無法回收，可以選擇

投保「輸出保險」。

29. 貨物運輸保險之賠款地點，除非另有規定外，通常是以「買方或貨物運輸的最終目的地」為之。

30. 出口押匯所提示之保險單據，被保險人為「賣方」時，必須於保險單正本之背面空白背書。

31. 「戰爭」不屬於貨物運輸海上基本危險。

32. 保單正文、附加條款及書寫條款之內容如發生牴觸時，效力最優先的為「書寫條款」。

33. 保單的簽發日期「不可以」比裝船日期晚。

34. 貨輪駛往目的港途中失火，船長為貨物安全採取緊急措施往船艙灌水施救，「400 箱貨物因灌水施救而毀損，拖船費 1,500 美元，額外燃料費 10,000 美元」屬共同海損。

35. 某臺商出口一部價值100,000 美元之精密儀器，已投保，運送途中貨輪相撞，儀器嚴重受損，維修費 110,000 美元，則該機器之損害可裁定為「推定全損」。

36. 「火災」屬海上運輸的基本危險。

37. 若貨物已投保水漬險，遭雨水淋溼損害，「若加保雨淋險RFWD」則保險公司應理賠。

38. 「水漬險」（WA）有賠償「單獨海損」。

39. 保險金額若未約定時，按 UCP 600 之規定，為 CIF 或 CIP 價值加「10%」。

40. 下列保險的賠償範圍，「AR > WA > FPA」是正確的。

41. 某臺商對外報價商品，其 CFR New York 價格為 100 美元，買方來電希望改成 CIF 報價加 10% 計，若保險費率為 0.5%，則 CIF New York 為「105.8 美元」（CFR／1－(0.005 × 1.1)＝100 ÷ 0.945 ＝ 105.8）。

42. 依照INCOTERMS，買賣雙方未約定保險種類時，賣方需投保的險類為「FPA」（FPA 類似 ICC (C)）。

43. ABC 公司將於今年12 月16 日出口一批貨物到日本東京，「兵險」最不需要購買。

44. 依據Incoterms 2010 之規定，CIF 條件下，若貿易契約中未明訂保險金額，賣方至少應投保發票金額的「110%」。

45. 依據Incoterms 2010 之規定，CIF 條件下，若貿易契約中未明訂投保種類，賣方至少應「ICC (C)」。

46. 「CIF」貿易條件下，在貿易契約中應訂明保險條款之內容，方可保障買方權益，避免日後履約時發生爭執。

47. 出口商為避免因進口地發生戰爭，以致貨物無法進口或無法收取貨款之損失，則可選擇投保「輸出保險」。

48. 一般的貨物水險保單都是屬於「航程保單」。

49. 在 CIF 的貿易條件之下，運輸保險通常是「賣方投保，買方提出保險索賠」。

50. 在 CIP 的貿易條件下，發生海上運輸的保險事故時，通常由「進口商」向保險公司提出索賠。

51. 清潔運送單據係指未載明貨物及包裝有瑕疵狀況之條款或註記的運送單據。

52. 海上貨物運輸保險所承保之危險是「基本危險與特殊危險」。

53. 協會貨物保險新條款之保險費率負擔最高的是「ICC (A)」。

54. 貨物或船舶發生海損，雖未達全部滅失但受損過鉅，救援或修理費用高於其價值者，稱為「推定全損」。

55. 由海難事故所造成的共同海損應由「貨主與船東依比例分擔」。

56. 海上貨物運輸保險金額一般係以「發票金額加10%」。

57. 海上貨物運輸基本險之保險責任的終止，係以下述三種終止情形

中先發生者為準：(1)保險單所記載之目的地受貨人倉庫或儲存處所；(2)保險單所記載之目的地的倉庫或儲存處所為正常運送過程以外的儲存處所；(3)被保險貨物自貨輪於最終卸貨港卸載完畢之日起，屆滿 60 天。

58. 船舶承載之麵粉遭海水浸入，致全部泡水變成糊狀，則此項損失應屬於「實際全損」。

59. 船貨在海上遇險時，若經由第三人非契約的任意施救行為而獲救時，其所支付該第三人的報酬，稱為「施救費用」。

60. TPND 保險是指「偷竊遺失險」。

61. 投保兵險時，其保險人之兵險責任是終止於貨物在最終卸貨港卸離海船，或到達最終卸貨港當日午夜起算，屆滿「15 天」。

62. 依據 UCP 600 之規定，若保險單之生效日期較提單裝船日期為遲時，通常受理單據的銀行將「拒絕接受」。

63. 以 CIF 或 CIP 條件出口時，出口商應於「貨物交運前或裝船前」辦理投保手續，才能獲得充分的保障。

64. 航空貨物保險，其保險效力係貨物自載運飛機於最終目的地機場卸載完畢之日起，屆滿「30 天」終止。

65. 依據 UCP 600 之規定，除信用狀另有規定外，保險金額之幣別須與「信用狀」同一貨幣表示。

66. 協會貨物條款(B)條款與「水漬險 WA」承保範圍相類似。

67. 平安險的承保範圍與「(C)條款」協會貨物條款相似。

68. 全險的承保範圍與「(A)條款」協會貨物條款相似。

69. 保險人未正式簽發保險單之前，為證明保險契約已成立而簽發的一種臨時文件，稱為「暫保單」。

70. 協會航空貨物險條款 ICC (AIR)，其承保範圍與「ICC (A)」條款大致相同。

71. 信用狀上要求投保SRCC，係指「罷工、暴動、民眾騷擾險」。

72. 依據UCP 600之規定，「保險經紀人」所開立之保險單據，銀行將不予接受。

73. 保險單上記載TBD係指「船名、航次與開航日期待通知」。

74. 海上貨物運輸保險的保險單均以「倉庫至倉庫」方式承保，其所指之倉庫係為「保險單載明的航程起、訖兩個地點之倉庫」。

75. 以FOB或CFR條件進口時，進口商應於「申請開發信用狀前或貨物裝運前」辦理投保手續，才能獲得完整的保障。

76. Insurance Policy稱為「保險單」，是由保險公司發出之正式證明。
    Insurance Certificate稱為「保險證明書」又稱「分保單」，是被保險人與保險人間訂有預約保險契約的情況下，被保險人於每批貨物裝運確定時，由保險人所簽發，證明貨物業已由某號預約保險單（Open Policy）承保之證明書。

77. 信用狀中以FOB為貿易條件，但又規定船運由賣方安排，則運輸途中所發生的損失應由「買方」負擔。

78. 在其他條件不變下，若運費或保險費有上漲的趨勢時，出口商宜選用「FOB」貿易條件。

79. 「旅行平安保險」與國際貿易不相關。

80. B/L上Consignee欄之記載，「to Order of Buyer」不是良好之擔保品。

81. 「約克安特衛普規則」適用於國際貨物運輸保險（約克安特衛普規則於2004年制定，其中主要的修改部分已大幅改變過去之共同海損理算概念）。

82. 海上貨物運輸保險的基本險不包括「Institute War Clauses（Cargo）」。

83. 「ICC (C)條款」運輸保險條件，對被保貨物所產生的保障最低。

84. 依 Incoterms 2010 規定，在 CIF 條件下，買賣雙方未約定保險種類時，賣方至少應投保「ICC (C)」保險。

85. 海上貨物保險單及保險條款：

(1)倫敦保險市場於 1982 年推出新式保險單及新條款，以取代舊式保險單及舊條款，惟新舊條款之承保內容相類似，如舊條款之全險類似新條款之「協會貨物保險條款(A)」；水漬險類似「協會貨物保險條款(B)」；平安險類似「協會貨物保險條款(C)」，目前新舊條款仍然併行使用，惟舊條款僅能配合舊式保險單使用，新條款僅能配合新式保險單使用。

(2)進出口業者投保海險時，應就基本險（協會貨物保險條款(A)、(B)或(C)）三種中擇一投保，此外並就貨物性質、卸貨港狀況及保險費用等考量加保適當的附加險。

(3)協會貨物保險(A)條款為概括式條款，除了所列出之除外不保危險外，承保所有危險；而(B)條款及(C)條款則採列舉式承保，即以所列示範圍才屬其所承保，未列示者，則不在其承保範圍內。

10

貨物輸出準備

第一節 向工廠訂貨與驗貨

一、工廠訂貨

貿易商向國內的工廠訂貨，開發給工廠的訂貨單（Indent）或訂單（Order）也可以稱作 Purchase Order，內容以中文爲宜，也可以用中英文對照（但說明仍以中文解釋爲主）。但有部分外商常用全英文的訂單向國內的工廠訂貨，內容含混籠統，不易理解，因訂貨單一經工廠簽認接受，即視同買賣契約（合同），尤其是在屬於本國法律管轄的領土上從事的商業行爲，自應受法律的保障，其契約內容亦應以法律來解釋，所以應以中文爲宜。

訂單既是契約形式的一種，一定要雙方簽字才有效，所以對其條文，買方與賣方（工廠）不得不慎重行事，一旦雙方簽字，必須互相遵守。

訂貨單的內容，必須包括下列各點：

1. 貨品編號、名稱、品質、規格等說明。
2. 數量。
3. 價格（單價、總價）。
4. 交貨（完成）日期。完成後即待命隨時交貨，所以完成日期即當作交貨日。
5. 交貨地點。
6. 包裝規定。
7. 商標及專利之歸屬。
8. 嘜頭。
9. 檢驗規定。
10. 遲延交貨之處罰。

11. 付款辦法

國內廠商於接受貿易商訂貨時，有要求先付部分訂金之慣例（一般以總金額 30% 以下為合理）。在臺灣，因支票可以開遠期的（日期未到的支票，銀行不予兌付），貿易商習慣開具 L/C 到期日後 10 天左右的支票，並抬頭劃線，註明「禁止背書轉讓」，做為訂金，如此廠商就可以先生產了。如果工廠未將貨物完成，屆期無法交貨，貿易商可以要求廠商將支票退還，雖然這筆 L/C 無法押匯，但是訂金總不能損失，假如廠商執意不還，由於支票上面有「抬頭」，又「禁止背書轉讓」，貿易商可以在該支票到期日之數天前，要求銀行止付（以免到期工廠將支票軋入時無存款，而造成退票紀錄），並立即向法院提出訴訟。由於廠商不履行交貨之約定，請求法院就該支票為除權之判決。俟法院「除權判決」確定，則該支票如再軋入，亦是無效了。

12. 退稅規定

如果廠商生產的貨物，有部分原料係進口貨，於出口後可以退進口稅，另外還可以退營業稅及貨物稅。所以廠商應於貨物完成前，將應退稅原料及必須之文件交給貿易商，轉給報關行，以憑此在出口報單上載明，否則不能退稅。

13. 商標和專利

近年來我國對仿冒專利案件備加重視，並於 1993 年公布修正《商標法》，加重刑罰。貿易商向廠商訂貨，未知該貨品的原有商標圖案是否歸廠商所有，或該貨品的設計製造，是否另有他人已取得專利權，為避免日後發生糾紛，所以應事先將責任訂明在訂貨單內。

14. 其他

如果是有出口配額的貨品（如成衣、紡織品等），其配額應由貿易商或廠商負擔，以及如何出口結匯等，雙方應事先商妥。

┃附件 10.1┃ 購貨契約書（訂貨單）

NEWSWEN CO. LTD.

Mailing Address: Rm 615, #110, Sec. 1, Han-Kau St. Taipei, Taiwan,
Tel: +886-2-23613242   E-MAIL: mikewen@wens-soft.com.tw
Fax: +886-2-23118570   WEB: www.wens-soft.com

訂貨單

致：陸馳企業有限公司　　　　　　　　　　　訂貨日期：Jun. 30, 2001
　　臺北市信義路 5 段 5 號　世貿中心 3E17　國外 S/C 編號：
　　TEL: (886)2-7251183　　　　　　　　　購貨契約號碼：A
　　FAX: (886)2-7252184　　　　　　　　　廠商編號：A-000001
　　　　　　　　　　　　　　　　　　　　　交貨日期：12/31/2001

林經理　惠鑑：

茲向　貴公司（工廠）訂購下列貨品，敬請按下列議定條件，惠予簽認接受，爲荷：

貨品項號／貨品規格明細	數量	單價	總價
WW1860 Tough Work Boots 6" Genuine Goodyear Welt Construction, Moondance oil full grain	1200 PRS	TWD 110.556	132,667.20
WW1862 Tough Work Boots 6" Genuine Goodyear Welt Construction, Honey Oil Nubuck	550 PRS	TWD 120.00	66,000.00
	1,750 PRS	總合計：	TWD 198,667.20

合計：新臺幣　壹拾玖萬捌仟陸佰陸拾柒元貳角整

一般條款：一、交貨日期：西元 2001 年 12 月 31 日前。
　　　　　二、交貨地點：基隆碼頭或附近貨櫃場。
　　　　　三、檢驗規定：
　　　　　　　1. 訂貨品質規格須與成交標準樣品及國外買主所指定者相符，如有不符，得拒絕驗收。
　　　　　　　2. 交貨前請辦妥標準檢驗局檢驗合格證，領有證明書。
　　　　　　　3. 完成前本公司得隨時至貴公司（工廠）檢驗，出貨後雖經本公司驗收，唯因品質不良，致發生退貨或索賠案時，概由貴公司（工廠）負全責賠償，因貨品配件、包裝材料或其方法有先天瑕疵，而日後發生貨品變質或損壞時亦同。
　　　　　四、包裝規定：

　　　1. 包裝內不得使用新聞紙或有文字之材料做襯材。

　　　2. 每只貨品及其內盒，均應標明Made in Taiwan，並應於每只內盒及
　　　　其外箱上標明貨號及其數量。

　　　3. 每雙裝一內盒，12雙裝一外銷紙箱。

五、專利與商標：

　　貨樣由國外買方所設計，商標亦為買方所有，均與廠商無涉，廠方
　　不得仿製轉售。

六、延遲交貨之處置：

　　每逾交貨一日，扣總價款0.5%，五日後續增一日扣1%，本公司並
　　保留拒收及退貨之權利。

七、退稅規定：

　　如欲退稅，請於出貨前二日將退稅資料及文件送達本公司，逾期不
　　能退稅，與本公司無涉。

八、付款辦法：

　　訂貨金新臺幣陸萬元整，開具第一銀行城中分行帳號012010284600，
　　票號223401264，到期日2002年元月15日，抬頭人（貴公司）劃線
　　禁止背書轉讓支票一張，餘款押匯後付現。

九、本約之履行：

　　以中華民國之法律為基礎，如有爭執，雙方同意以臺北法院為第一
　　審管轄法院。

十、裝船嘜頭：

<table>
<tr><td align="center">主嘜頭</td><td align="center">側嘜頭</td></tr>
<tr><td></td><td align="center">Work Boots</td></tr>
<tr><td align="center">ABC</td><td align="center">Item No: WW 1860</td></tr>
<tr><td></td><td align="center">12 Pairs</td></tr>
<tr><td align="center">C／No. 1-UP</td><td align="center">N.W.</td></tr>
<tr><td align="center">Made in Taiwan</td><td align="center">G.W.</td></tr>
<tr><td align="center">R. O. C.</td><td></td></tr>
</table>

十一、其他條件：

　　　1. 請　貴公司（工廠）於本約開出後，七日內將副本簽回本公司，以
　　　　便確認，否則本公司有權隨時取消本訂單。

　　　2. 本訂單和其他條件之任何更改，必須書面為之，並須經本公司經理
　　　　級以上主管之同意。

　　　3. 本約一式二份，雙方各執一份為憑。

廠商簽認：　　　　　　　　　　買方簽認：

陸馳企業有限公司　　　　　　　NEWSWEN CO., LTD.

　　　　　　　　　　　　　　　Mike Wen ／ General Manager

<請將其中一份簽章後盡速寄回本公司，否則本公司有權取消本契約>

303

二、驗　貨

　　貿易商向工廠訂貨後的重要工作就是「催貨」與「驗貨」。催貨的原因，是因為我國大多是中小型家族工廠，缺乏管理，對生產作業及品管制度等均不夠周全，以致經常會有開工時鬆懈，到了快交貨時便要趕工的畸型現象。俗語說「慢工出細活，趕工沒好貨」，貿易商接到國外客戶的訂單，即是受到國外客戶的信賴，自應供貨使客戶滿意，所以應向工廠催貨，令其早日生產，如有錯誤，也可早日發現更改，且有足夠的充裕時間檢驗。能早日完成就早日裝貨，早日交貨就早日賺錢。

　　對貿易商來說，早完成一筆交易，國外客戶可能就早一點訂下一批貨，就可多賺錢。

　　驗貨是貿易商的一件大事，如何使國外客戶對收到的貨品深感滿意，不但是貿易商應盡的責任，也是爭取國外客戶信任及後續訂單所必須，俗語說：「爭取一個客戶是多麼的難，要花多麼長的時間及投注多少的精力，可是失去一個客戶是多麼容易。」所以貿易商千萬不能虎頭而蛇尾。爭取客戶時，殷勤有加不擇手段，一旦訂單到手，向工廠訂貨後，就只是等出貨押匯收錢。品質好壞、數量夠否、貨樣是否一致，均一任工廠處理，如果國外客戶不滿意，不但失去一個客戶，可能引起一連串的索賠官司和麻煩，後患無窮，所以「驗貨」的重要性可想而知。

　　驗貨工作應由專人擔任，應該對產品有充分的知識和經驗，為人負責盡職，有擔當、公平不阿、絕不鄉愿，要有公私分明、敢說敢做、不怕得罪人的勇氣，當然還要身體健康、有吃苦耐勞（能熬夜）的精神。

　　一個貿易公司，衝鋒陷陣爭取客戶的做「前鋒」故然重要，但供應補給，貨源不斷的「後衛」（指廠商）也一樣重要，兩者並無輕重，雙方必須同心合力完成全部的貿易任務。

　　貿易商驗貨的重點：

1. **貨樣對不對**

   檢查是否有做錯了產品，用錯了材料和顏色，規格與原設計符不符合。

2. **品質佳不佳**

   材料品質好不好，代用品是否適當。

3. **數量夠不夠**

   是否偷工減料（1 打毛衣應用 5 磅毛線，結果只用 4 磅不到），有無部分包裝用雜物混充的情況（因趕工不及，不足的數量用破布裝箱混充）。

4. **交貨期是否緊迫**

5. **包裝及嘜頭是否相符**

   附註：對驗貨人員來說，有一本必備的工具書值得推薦：

   《國際貿易——工業知識便覽》，孫增興編著，新陸書局出版，電話：（02）2381-9277、2351-2587。

第二節　檢驗與公證

一、檢　驗

　　商品檢驗業務為國家行政業務之一，為配合工商管理、外匯貿易、公共衛生以及產業安全等之重要措施。故商品檢驗，乃以提高商品品質，建立國際市場信譽，促進對外貿易，並為保障國內外動植物安全及消費者利益，藉以促進農、工、礦生產事業之正常發展為目的。

　　商品檢驗的要求，一是國外買主的要求，如果信用狀上有載明，那

麼這「商檢合格證」就成爲押匯必備的文件之一。另一是即使買主沒有要求，而出口國對某一產品的出口主動要求須通過「商檢合格」，所以於貨物出口通關時須出示「商檢合格證」才准放行。

商品檢驗應向經濟部標準檢驗局辦理。

標準檢驗局：臺北市徐州路5號

臺北檢驗處：臺北市濟南路一段4號　　（02）23213493

基隆分局：基隆市港西街12號　　（032）239833

新竹分局：新竹市民族路109巷14號　　（035）243154-9

臺中分局：臺中市南區工學路2號　　（04）2610977

臺南分局：臺南市中山路192號　　（06）2264101-5

高雄分局：高雄市海邊路50號　　（07）2217700

花蓮分局：花蓮市美崙海岸19號　　（038）324121-2

(一) 一般商品出口檢驗

1. 說明

經公告應施以出口檢驗之商品，非經檢驗合格領有合格證書，不得輸出。

2. 報驗

(1)填具申請書與合格證，向當地檢驗機構報驗。

(2)附送有關結匯證件，以做爲計算檢驗費之依據。

(3)繳費。

(4)領取並貼掛檢驗標識。

(5)領取領證憑單。

3. 取樣

(1)報驗商品數量齊全，包裝完妥後取樣，並得指定取樣日期。

(2)依國家之標準規定取樣，並給取樣憑單。

(3)報驗商品內容、數量或包裝上標示，與報驗申請書所載不符將不予取樣，惟報驗人得於 7 日內申請更改。但行為屬於矇騙性質者，註銷其報驗。

(4)報驗商品經取樣後未獲檢驗結果前，非經報准不得擅自移動。

4. **檢驗**

(1)依國家標準執行檢驗，評定合格或不合格。

(2)未定國家標準者，依暫行標準檢驗。

(3)依買賣雙方約定之規範檢驗，其低於國家標準者，須先經貿易主管機關之許可，無國家標準者，向本局申請專案報驗。

5. **發證**

(1)經檢驗合格者發給合格證，不合格者發給不合格通知書。

(2)經檢驗不合格者，報驗人於接到通知後 15 日內得請求免費複驗一次。

(二)一般商品進口檢驗

1. **說明**

經公告為應施以進口檢驗之商品，非經檢驗合格領有合格證書，不得輸入。

2. **報驗**

(1)填具申請書與合格證，向到達港口（機場）檢驗機構報驗。

(2)附送有關結匯證件。

(3)繳費。

(4)檢驗需時超過 5 日者，可申請先行放行手續。

(5)領取領證憑單。

3. **取樣**

(1)在商品堆置地點做外觀檢查。

(2)依國家標準取樣，並發給取樣憑證。

(3)報驗商品經取樣後，未獲檢驗結果前，非經報准不得擅自移動。

(4)輸入大宗商品，原規定取樣地點有困難時，檢驗機構得指定取樣地點。

4. 檢驗

(1)依國家標準執行檢驗，評定合格或不合格。

(2)未定國家標準者，依暫時標準或標示成分、規範檢驗。

(3)因特殊原因，其規範低於國家標準者，應先經主管機關核准。

5. 發證

(1)經檢驗合格者發給合格證，不合格者發給不合格通知書。

(2)經檢驗不合格者，報驗人於接到通知後 15 日內得請求免費複驗一次。

(3)複驗就原樣品為之，原樣品已無剩餘或已不能再加檢驗者，得重行取樣。

6. 附註

輸入應施以國內市場商品檢驗之商品，須依照國內市場商品檢驗之規定辦理（加附品字標誌或檢驗合格標識）。

二、公　證

(一)公證的目的

根據國際商業語言（Incoterms）在 FOB 、 CFR 、 CIF 、 FAS 等均以在出口地的船上、碼頭、船邊或機場為交貨條件，買方即應支付貨款（易言之，賣方可以先押匯，取得貨款）。對買方而言，該批貨物之貨樣對不對，品質是否符合，數量是否足夠……等，多所疑慮。是故，在賣

方出口前，事先委託第三者（即公證公司）先行查驗鑑定，始能安心。或者於收到貨物之後，發現品質或貨樣有異，數量不足或受損等，爲追究責任，可請第三者（公證公司）查驗，做成公證報告，以利日後索賠作證的依據。

(二)公證公司（公證人）之分類及設立

1. 海事公證（Marine Surveyor）
包括海事鑑定、船舶貿易及租貨時之情況鑑定（這一點並非本書的範圍）。

2. 保險公證
海損、火險、車禍等涉及保險賠償之鑑定、估價及責任調查（這一點並非本書的範圍）。

3. 貨物公證
凡涉及一般貨物之品質、數量、包裝等鑑定（第3.點「貨物公證」才是此處討論的範圍）。

公證公司（公證人）爲技術服務（Professional Service）公司，按《公司法》組織，由經濟部頒發執照。公證公司一般英文名稱爲 Surveyor, Independent Inspection Agency 等，即所謂的獨立公證公司。

(三)外銷品如何申請辦理公證檢驗

1. 各項外銷產品，如由委託人（國外進口商）指示出口地公證公司辦理公證者，公證公司會主動向出口商或廠商聯絡，通知出口商或廠商其產品須經公證檢驗，而要求出口商或廠商填具申請書，註明貨物完成之時間及檢驗地點，此公證費用多由委託之國外進口商支付。

但有時要求公證的國外進口商，往往不直接通知所委託的公證公司，而於貿易契約或信用狀內註明貨物須經某公證公司檢驗，始得出口，因而出口商或廠商必須主動向公證公司提出申請檢驗，此時公證報告做為押匯文件的一部分，且公證費用多由出口廠商支付。

2. 輸入國家政府規定，出口商須提供公證檢驗報告者，如目前非洲的象牙海岸（Ivory Coast）、薩伊（Zaire）、迦納（Ghana）、奈及利亞（Nigeria）、安哥拉（Angola）、肯亞（Kenya）、坦尚尼亞（Tanzania）、盧安達（Rwanda）、尚比亞（Zambia）及蒲隆地（Burundi）等十國之國家銀行，對輸往各該國之貨物有特別規定，須經由該國國家銀行指定之公證公司或其代理者加以檢驗後，簽發合格公證報告，以符合進口提貨之規定手續。此項公證除進貨的品質、數量、包裝及嘜頭須符合所要求的規定外，並包括貨物之起岸價格（FOB value），是否是當地（出口國）之合理出口價格，如品質數量不符或價格過高，公證公司可要求出口商（廠商）改進或自動減價出口。公證公司同時被授權可拒發公證報告或簽發不合格報告，使出口商無法押匯。因為上述非洲十國均實施嚴格外匯管制政策，為了避免國內進口商與國外供應商勾結，套匯存放國外，故特別制定此項規定。但此項法令規定可能時常更改，因此從事這十國的出口貿易者須特別注意，以免增加無謂困擾及損失。在計算報價時，可將公證費用一併記入。該非洲十國所須之檢驗，目前委由遠東公證公司辦理。

3. 出口廠商為求產品之品質、數量、包裝等符合標準，而須公證檢驗者。此為外銷品辦理公證檢驗包含最廣的一項。其原因不外乎進口商對供應商的認識不夠，或初次交易，對其產品是否能符合要求不確定，而本身無法自己加以檢驗，故委託公證公司代為檢

驗。再者，因融資公司為確定貸款所採購之貨品數量、品質，而要求借款人取得公證檢驗報告。此類公證包括貨物的數量、品質、包裝及其嘜頭，甚至貨物的裝船期限。公證公司一般皆按買方要求而辦理公證。

4.請求公證應備之文件及有關規定

(1)出口廠商申請外銷產品公證檢驗時，公證公司需要申請者提供下列文件：

A.信用狀（L/C）副（影）本。

B.裝箱單（Packing List）副（影）本。

C.訂單（報價單或合約Contract Order）副（影）本。

於貨物檢驗完畢裝船後，公證公司需要申請者提供：

A.發票（Invoice）副（影）本。

B.提單（Bill of Lading 或 Air Waybill）副（影）本。

如果委託人（國外買主）指示公證公司以廠商之標準產品目錄（Catalogue）內的某項產品為準，則廠商須提供公證公司其產品之規格。

(2)進口商申請到貨公證時，公證公司需要申請者提供下列文件：

A.發票（Invoice）及裝箱單（Packing List）副（影）本。

B.提單（B/L 或 AWB）副（影）本。

C.保險單（Insurance Policy）副（影）本。

D.其他有關性能、規格等之證明文件。

(四)申請公證時間之配合

外銷產品除某種產品只須於裝船時證明其數量或重量，而必須於碼頭倉庫或船邊公證者之外，一般產品皆於產地或製造廠所在地公證檢驗。因此外銷產品需要公證時，必須預先配合船期並及早聯絡公證公司

安排檢驗。出口商及廠商應盡量避免於最後裝船前才申請檢驗，而應及早通知公證公司。產品經檢驗後如有不符規格之處，廠商可改進後予以複驗，或由公證公司將此項不符之處電告委託人，取得委託人之許可，以免耽誤船期。

(五)公證檢驗的標準認定

外銷產品之檢驗標準除買方自訂之規格、標準及供應商之工廠標準規格外，下列主要國家之標準亦常被採用為檢驗標準：

1. **中國國家標準**（Chinese National Standard, CNS）
   由標準局頒布，各類產品之中文及英文標準可向該局價購參考。
2. **日本工業標準**（Japanese Industrial Standard, JIS）
   由日本工業標準協會制定。
3. **德國工業標準**（Deutsche Industries Normer1, DIN）
   由德國工業標準協會制定。
4. **英國的 BSI 及加拿大的 CSA**
   已於上述介紹。
5. **美國的幾項著名標準**
   (1) ASTM（American Society for Testing and Materials）
      該會每年均出版 ASTM 標準數十巨冊，為美國及自由世界最著名的標準之一。
   (2) FS（Federal Specification）
      由美國聯邦政府的 Federal Supply Service 制定，供聯邦機構採購之用。
   (3) MIL（Military Standards）
      由美國軍方制定，供軍方採購物料之用。

除上述較著名的標準外，各工業化國家均訂有國家標準，無法在此一一詳細介紹，如欲取得有關產品之各國標準，可向上述國家購買。

買方所購貨品為符合輸入國之標準因而須加以檢驗，茲將部分標準介紹如下：

1. UL（Underwriter' Laboratories Inc.）

　對我國的部分外銷產品（主要為電器用品）所制定的安全標準。許多美國進口商在採購時，往往會指定產品必須是符合 UL 標準的合格產品。

2. 英國 BSI（British Standards Institution）

　目前也有部分廠商申請並使用其標識。此標準在臺灣的工廠調查及成品定期檢查，委託遠東公證公司辦理。

3. 德國 VED（Verband Deutschez-ElekrotechIliker, e.V.）

　情形與 BSI 相仿，亦由遠東公證公司代理。

㈥對公證報告之認識

1. **外銷產品經公證檢驗後，出口商及製造廠之責任**

　一般出口商或製造廠往往有一種誤解，認為產品經買方指定之公司檢驗後即不負任何責任。然而出口商或廠方（賣方）必須顧及其本身與進口商（買方）訂有契約，交與買方符合買賣雙方所訂契約內規格之產品。如所交付之產品雖經公證檢驗而有檢驗時未發現的缺點，或此項產品不符規格而且並未列於檢驗專案內時，賣方仍須負責。再者，公證公司通常只抽樣檢查而非全部檢驗，公證公司並不能為製造廠商擔保其產品能符合買賣雙方契約所訂之規格。故此項履行契約之責任仍在賣方。

2. **簽發公證報告者之責任**

　公證公司所簽發之報告或證明書為一項事實證明，即公證公司對

產品經檢驗後出具之證明報告書。公證公司除非經確實認定有出
具不實之報告或證明，而涉及偽造文書須負法律責任外，對買賣
雙方仍不負任何賠償責任。蓋賣方縱使因公證公司簽發不實之報
告而獲利，仍須對買方負責損失之賠償，因賣方仍有履行合約，
交付符合合約規定貨品之責任。

註：瑞商遠東公證股份有限公司　臺灣檢驗科技股份有限公司
　　SGS Far East Ltd. Taiwan　　SGS Taiwan Ltd.
　　地址：臺北縣五股工業區五工路 136－1 號
　　電話：（02）2299-3939

SINGLE SAMPLING PLAN　　　　　　　　MIL-STD-1O5D

************************　　　ABC-STD-105 International Standard

(1) SIZE OF LOT (number of units or pieces)	(2) (II) NORMAL LEVEL				(3) (III) TIGHTENED LEVEL			
	(4) Sample Size	(5) Acceptance Figures at AQL			(4) Sample Size	(5) Acceptance Figures at AQL		
		1.5	2.5	4.0		1.5	2.5	4.0
51-90	13	0	1	1	20	1	1	1
91-150	20	1	1	2	32	1	1	2
151-280	32	1	2	3	50	1	2	3
281-500	50	2	3	5	80	2	3	5
501-1,200	80	3	5	7	125	3	5	8
1,201-3,200	125	5	7	10	200	5	8	12
3,201-10,000	200	7	10	14	315	8	12	18
10,000-35,000	315	10	14	21	500	12	18	18
35,000-150,000	500	14	21	21	800	18	18	18
150,000-500,000	800	21	21	21	1,250	18	18	18

第三節　船務與委託報關

一、輸出許可證

輸出許可證（Export License, E/L，或 Export Permit, E/P）的主要目的是為了防止「禁止」或「限制」出口類之貨品外流。

我國以已開發國家（地區）的「臺澎金馬」關稅領域申請加入WTO，為了加速國際化、自由化的速度，除了極少數的貨物外，甚多貨物出口已不須再事先申請輸出許可證，只要在出口時填寫「出口報單」向海關報關即可。我國《貿易法》第11條：貨品應准許自由輸出入。但因國際條約、貿易協定或基於國防、治安、文化、衛生、環境與生態或政策需要，得予限制。所以原則上是「自由輸出入」（即免簽證），只有列入「限制」者才要辦理。我國的輸出入簽證機關是國貿局。

至於何種貨品才需要辦理輸出許可證，可以自行在《中華民國進出口商品分類表》（CCC Code）一書中查出，輸入規定欄內若未標示任何代號，表示該項貨品為准許輸入（但輸入大陸物品除外），輸出代號為111為管制輸出，即須辦理輸出許可證。CCC Code 這本書在國貿局有售。

依據94年4月6日修正的《貨品輸出管理辦法》：

第五條：依《貿易法》規定限制輸出之下列貨品，貿易局將就其貨品名稱及輸出規定，彙編限制輸出貨品表，公告辦理之：

1. 《貿易法》所指定的輸出特定國家或地區之貨品。

2. 《貿易法》第6條採取必要措施限制輸出之貨品。

3. 《貿易法》第11條第一項但書規定限制輸出之貨品。

4. 本法第13條規定之戰略性高科技貨品。

5. 《貿易法》第16條採取輸出配額之貨品。

未符合表列輸出規定者，非經貿易局專案核准，不得輸出。

第六條：廠商輸出限制輸出貨品表以外之貨品，免證輸出。

第七條：有下列情形之一者，免證輸出：

1. 以海運、空運出口限制輸出貨品表外之貨品，其離案價格（FOB）為美元二萬元以下或其等值者。

2. 停靠中華民國港口或機場之船舶或航空器所自行使用之船用或飛航用品，未逾海關規定之品類量值者。

3. 漁船及海外基地作業所需自用補給品，取得漁業主管機關核准文件者。

4. 寄送我駐外使領館或其他駐外機構之公務用品。

5. 停靠中華民國港口或機場之船舶或航空器使用之燃料用油。

6. 財團法人中華民國對外貿易發展協會及財團法人中華民國紡織業外銷拓展會輸出商展用品。

7. 輸出人道救援物資。

8. 其他經貿易局核定者。

第九條：郵包寄遞出口小量物品、旅客出境攜帶自用物品，依海關之規定辦理，不受第 5 條及第 7 條應簽規定的限制。

第二十四條：輸出許可證有效期限為自簽證之日起 30 日。因故不能出口時，申請人得申請註銷，辦理重簽。

二、產地證明書（Certificate of Origin）

產地證明書係證明該項產品之輸出，確實是屬於該地所生產或加工製造的。由於各進口國家對出口國優惠關稅、關稅壁壘或管制進口及配額限制等目的的不同，會要求進口商於進口報關時一併提出產地證明

書。目前有：(1)優惠關稅產地證明書；(2)一般產地證明書；(3)自製產地證明書三種。

1. **優惠關稅產地證明書或稱普遍化優惠關稅產地證明書**

   （Generalized System of Preference, Certificate of Origin, G.S.P）

   該產地證明書格式一般通稱爲Form A 普遍化優惠關稅制度，爲已開發國家對來自開發中國家的進口貨品給予減免進口關稅的一種優惠，以助其經濟的成長。進口商取得這項文件，於進口報關時提出，即可享受優惠關稅。申辦這項優惠關稅產地證明書，可向標準檢驗局購得空白表格，填妥後再請標準檢驗局簽章核發。目前我國僅輸出貨品至俄羅斯一國時有此需要。

2. **一般原產地證明書**（Certificate of Origin）

   非特定或經雙方國家協定之制度下產生的產地證明書，屬輸往一般地區的產地證明書。凡我國所生產、加工、製造之貨品輸往國外，客戶指定或輸入國政府規定，須附產地證明書者，業者均可依規定向各地標準檢驗局或省（市）商會申請核發。

   前兩種產地證明書申辦均要付費，目前任一種大約需新臺幣250元。

3. **自製之產地證明書**

   如果買主的信用狀或訂單上，僅要求Certificate of Origin Issued by the Beneficiary（由受益人簽發的產地證明書），則可用自己公司的信紙（上面印有公司抬頭），用打字機打如下例：

317

ABC Trading Co., Ltd.

Date. Aug. 25. 2006

<u>Certificate of Origin</u>

Dear Sirs,

It is hereby certified that the under mentioned goods is the products in Taiwan.

Commodity ：3,000 Dozen Ladies Shirts.

Name of Exporter ：ABC Trading Co., Ltd. 5Fl, #265. Nan-King E. Rd., Taipei, Taiwan.

Name of Importer of Consignee ：XYZ Trading Inc, 122 Ranner Rd, Richardson, Tx 75082. U.S.A.

The above described merchandise was shipped M.V. Pan American From Keelung to Los Angeles Sailing on and about Aug. 24. 2006.

（出口商簽名）

_____

Sales Manager

ABC Trading Co., Ltd.

三、訂艙位（S/O）、辦保險

如果是 FOB 、CFR 、CIF 貿易條件，且為船運時，出口商要在信用狀的限期前，盡早將貨裝船出口，所以應早日向船公司洽訂好船位（Shipping Order），以免臨時找不到適當的船而貽誤時機。船公司簽發的提單（B/L），是出口商憑以信用狀押匯的主要文件。

如果是 FCA 貿易條件，出口商只要在出口地將貨物交付給運送人（多為買方指定）即可，至於貨物如何運輸（船運或空運），則由運送人遵照買主的指示，與出口商無關，這種交易的買方付款方式，大多是 T/T 。

CPT 與 CIP 是運費由出口商負擔，買方無權指定運送人，出口商自運送人處取得的提單（不論是海、空運、聯運等提單），是出口商憑以信用狀押匯的主要文件。

至於運輸保險，在 CIF 和 CIP 的貿易條件下，出口商要負責辦理，且一定要在貨物出口前向保險公司辦理。

無論是訂船位或辦保險，報關行都可代辦，很多報關行也兼做運送人（Forwarder）。

註：船公司和空運公司的運費可以議價，貨物運輸保險事後有退佣，這兩個問題，做船務工作的人應事前問清楚。

四、委託報關

報關行或報關公司就像土地代書一樣，是幫助委託人辦理交辦事項，賺取服務費用的法人機構，是臺灣社會和中國特有的組織，在香港或很多國家，報關業務是貿易公司自己辦的，並沒有這個組織。現在，不但在臺灣或中國大陸，有資格和能力辦理報關的人必須通過「報關士」

考試及格，領有證書，才能成立專業的報關公司。現在由於 Forwarder 業務越來越普遍，如海空聯運等安排，貿易公司本身實在無此能力自己去做，所以很多過去純做報關業務的公司也轉型為擴大承攬海空運輸與報關業務，其專業性就益形重要了。依據報關規定，貨主為當然的報關申請人，但得委任辦理，所以在委任報關行的時候，就要填一張「委任書」。

臺灣有些報關行，只要貨主將貨物委託他們報關，從申請輸出許可證、驗關、公證、訂艙位（海運或空運）、辦保險、甚至於信用狀分析、押匯文件製作、送銀行押匯等一體包辦，出口貿易商只要完成找到訂單、訂貨、驗貨就可以了。當然，服務費用也由出口商負擔。有些報關行水準參差不齊，如果辦出差錯來（如押匯文件有小瑕疵，造成買主 Un-Pay 的理由），他們是不負責任的，雖然 Invoice 和 Packing List 必須交付辦理報關，但是信用狀是業務上的機密（上面有買主的全名和聯絡地址），有些不良的報關行會盜用這些買主資料，另外開一家貿易公司或盜賣給他人，使原來委託報關的出口商陷於絕境，真是不得不慎，所以做為一個貿易從業人員，很多事務是不能假託他人的，必須自己辦理，自己能夠審核各種文件（B/L 、 AWB 、 Insurance Policy 等）有沒有錯誤，自己做的 Invoice 和 Packing List 更不能錯，要符合信用狀的要求。這才是學「國際貿易」的目的。

重點複習

1. 《原產地證明書管理辦法》第2條規定，輸出貨品以我國為原產地者，應符合下列各款情形之一：(1)貨品在我國境內進行完全生產者；(2)貨品之加工、製造或原材料涉及我國與其他國家或地區共同參與者，以在我國境內產生最終實質轉型者為限。

2. 由航空貨運承攬業者以本身名義所簽發之提單稱為「HAWB」。

3. 出口貨物檢驗不合格者，報驗人得於接到不合格通知書的15日內請求免費複驗「1次」。

4. 出口簽證，乃指申請簽發「輸出許可證」。

5. 「出口檢驗」須於出口報關前完成。

6. CNS 標識係指「中華民國國家標準」。

7. 「廠商自訂標準」非屬標準檢驗局之商品檢驗標準。

8. 商品檢驗費，一般商品其費率不得超過商品市價的「千分之三」。

9. ISO-9000 係「品質保證」認證標準。

10. 「標準檢驗局」可應貿易廠商之請求，簽發原產地證明書。

11. 我國貨物進口的檢驗，係依「CNS」標準執行檢驗。

12. 貨物出口檢驗之費用，係依「FOB」貿易條件做為計算基礎。

13. 貨物公證報告之效力，在貿易過程中具有「推定效力」。

14. 廠商輸入動植物「屬應施檢疫」貨品，必須於報關前向「農委會防檢局」辦理申報檢疫，並取得合格證，方可進口。

15. 出口商於貨物裝運前辦理出口公證檢驗手續之目的，是為了因應：(1)進口國政府之規定；(2)信用狀之規定；(3)買方之要求。

16. 目前我國商標出口監視系統之特色為「受益者付費」。

17. 產地證明書 Form A 係指「優惠關稅產地證明書」。

18. 為確保交易貨物符合契約規定，貿易商會針對貨物進行檢查：(1) 檢查時應作成記錄；(2)了解客戶之檢查方法做第二次檢查；(3)與製造過程中之各單位主管會同檢查。

19. 有關出口簽證：(1)出口簽證係指出口廠商在輸出貨品前依政府規定向指定機構申請核簽輸出許可證之意；(2)近年來政府大幅放寬貿易管制，目前出口簽證制度已改為「負面表列」方式，即若輸出未列入「限制輸出貨品表」的貨品，免辦出口簽證。因此，在目前制度下，大部分貨物的出口均可免申辦出口簽證；(3)輸出許可證有效期間為自簽證之日起 30 日，不得申請展期，逾期應註銷重簽。

20. 我國政府實施出口貨物檢驗的主要目的在於「確保出口貨物的一定品質水準、維護我國出口產品的形象」。

11

外銷報價計算方法

第一節 | 出口報價計算公式

臺灣出口貿易，既然常用的只有 FOB 、 CFR 、 CIF 、 CIF & C 等貿易條件，而 CIF & C 又最複雜，後面的 C（Commission）是要退給客戶的佣金，而就以 CIF & C 爲例，設計一套萬用公式，其他幾種貿易條件套用就可以了。

CIF & C 報價，很顯然的，其內容包括以下五項：

1. Cost　貨價成本

　　爲已知數。

2. Freight　運費

　　向海運或航空公司詢問，計算後得來，爲已知數。

3. Insurance　保險費用

　　與保險公司議妥之費用，亦爲已知數。

4. Commission　退佣

　　例如買主要求給付 USD 5,000 佣金，爲已知數。

5. Profit　利潤

　　預期自己的應得，打算賺 USD 7,000，爲已知數。

向國外客戶報 CIF & C 時，就是五項（都是已知數）相加，如下：

> CIF & C 報價＝ Cost ＋ Freight ＋ Insurance ＋ Commission ＋ Profit. ……(A)

單項分析：

1. Cost（成本）

　　貨物成本，對貿易商來說，就是將工廠報來的貨價，加上爲了達

成這筆交易所要開支的各種費用（如第四節所述），就是支出的成本，這是很快就能計算出來的，爲已知數。

2. Freight（**運費**）

海運費率可以向船公司詢問得知，如按每 1 立方公尺（合 35.315 立方呎）之體積計算或每 1 公頓（1,000 公斤）重量計算（船公司以何者爲有利收費）。我們也可以從工廠的報價知道每一件包裝的尺寸大小和重量，以求出該批貨物全部的實際大小尺寸或重量，再乘以海運費率，即是全部的海運費。

空運運費則是重量越重單價越低，這些海空運的基本價可以向 Forwarder（運送人）詢問來後計算出來，算是已知數。

3. Insurance（**保險費**）

貨物運輸保險（第 9 章），保險公司要收多少保費，可以向保險公司詢問保險率，屬未知數（如雙方議妥收一定金額，就直接稱爲保險費，爲已知數）。但如果以信用狀的金額（即出口商的報價）投保，一旦貨物在海上全部滅失，買主只能獲得投保金額的賠償而已，而原本預計可以賺取的利潤則付之闕如。爲此，《信用狀統一慣例與實務》第 34 條規定，除非買主在信用狀中已有規定，否則一律按信用狀中之金額多加 10% 投保。這多投保的 10% 可以解釋爲將預期的利潤也一併投保，則一旦貨物滅失，仍有 10% 的獲利。

假設保險公司答稱 Clauses (A) 的保險率是 0.25%，如加 WR ＋ SRCC 要另加 0.0275%，共 0.2725%，按投保金額（即成交價 CIF & C）的 110% 實收（即 1.1 倍），但 CIF & C（成交價）還未計算出，所以是未知數。

如成交價爲 CIF & C 價（信用狀開來的金額），則應付的保險費是：

> Insurance（保險費）= CIF & C × 1.1 × 保險率

4. Commission（佣金）

退佣是多少？有時是國外買主來信詢價時，已經提出的要求，如要求 USD 2,000，就是已知數了。有時退佣多少也可能是出口商主動提示的。但假如客戶要求佣金率 5%，到底是多少的 5% 呢？實務上是成交價（假設成交價是 CIF & C）的 5%，但 CIF & C（成交價）還未計算出，所以是未知數。

> Commission（佣金）= CIF & C × 佣金率

5. Profit（期望的利潤）

自己想賺取多少利潤，當然由自己決定。譬如打算要賺 USD 5,000，就是已知數；但若打算賺 8%，這 8% 就是利潤率，所以仍然以開來的信用狀金額（假設 CIF & C 售價）來計算，是未知數。

> Profit（期望得到的利潤）= CIF & C × 利潤率

以上五項，只有 Cost 及 Freight 兩項是可以先求出的（為已知），其他三項尚且未知，所以代入(A)，得：

> CIF & C 售價 = Cost + Freight +（CIF & C × 1.1 × 保險率）
> 　　　　　　 +（CIF & C × 佣金率）+（CIF & C × 利潤率）

假設 CIF & C 為 X，代入，

> X = Cost + Freight +（保險率 × 1.1 × X）+（佣金率 × X）+（利潤率 × X）

移位，

X = Cost ＋ Freight ＋ X（保險率×1.1 ＋佣金率＋利潤率）

移位，

X － X（保險率×1.1 ＋佣金率＋利潤率）＝ Cost ＋ Freight

將 X 取出，移位，

X〔1 －（保險率×1.1 ＋佣金率＋利潤率）〕＝ Cost ＋ Freight

再移位，得：

$$X = \frac{\text{Cost} + \text{Freight}}{1 - (\text{保險率} \times 1.1 + \text{佣金率} + \text{利潤率})}$$

將 CIF & C ＝ X 代入，

$$\textbf{CIF \& C 售價} = \frac{\textbf{Cost} + \textbf{Freight}}{1 - (\textbf{保險率} \times \textbf{1.1} + \textbf{佣金率} + \textbf{利潤率})}$$
·······················(B)萬用公式

　　由此可知在 CIF & C 售價，「保險率」、「佣金率」和「利潤率」其中任何一項為已知數，即加入上面的分子。如果此三項全部為已知數，就是公式(A)。

第二節 出口報價計算範例

狀況：

有一客戶自 New York 來函詢價，要購買桌上型 12 位數的電子計算機（Electronic Calculator），要求 CIF & C5 New York 的報價。

步驟：

1. 經向製造工廠詢價，所得資料如下

基隆碼頭（或貨櫃場）交貨價（不負責報關）是：

> 單價：USD 14.50/PC，
> 最少訂購量：960 PCS，
> 包裝方法是每個裝一小盒，每 12 個裝一中盒，4 中盒裝一外銷紙箱，約：
> 16" × 15" × 15"　　N.W. 15 kgs，G.W. 16 kgs

2. 問船公司海運費率

> 每 1 CBM 是　USD 82 ＋ 0.34% ＋ TWD 380

0.34% 是附加費，TWD 380 是每一立方公尺的併櫃費，運費可求出，為已知數。

3. 問產物保險公司保費，為未知數

投保 Clause (A) 加 WR 及 SRCC 的保險費率是：

> 0.2% ＋ 0.0275% ＝ 0.2275%

4. 退佣（Return Commission）

買主來函已說明要佣金 5%，是佣金率，為未知數。

5. 利潤

　　欲得利潤Expected Profit 7%是利潤率，更是未知數。

計算：

1. 先求 Cost

　　（暫且以廠價為Cost，詳情請看第四節）

貨價是	USD 14.50 × 960 ＝ USD 13,920
銀行的買入和賣出匯率是	30.00 及 30.10
如折算新臺幣是	13,920 × 30.00 ＝ TWD 417,600

　　銀行以買入美元的匯率支付臺幣，所以以買入匯率來計算，就可以將貨送上甲板（on Board）了。

◎ 所以Cost是TWD 417,600

2. 次求 Freight

　　海運費率（從船公司問來）如下：

USD 82 ＋ 0.34% ＋ TWD 380　　每1 CBM（立方公尺）

　　先算美元部分，計算公式是：

82 ＋ 82 × 0.0034 ＝ 82 ＋ 0.2788 ＝ USD 82.28

（小數點算至兩位，四捨五入）

折合新臺幣是　82.28 × 30.10 ＝ TWD 2,476.63

　　由於出口商向船公司領取提單時，沒有美元可以繳付，而是以購買美元的匯率折合新臺幣繳付給船公司的，所以以銀行賣出的匯率來計算，再加上併櫃費TWD 380，即得每1 CBM 的海運費。

運費率　TWD 2,857/CBM（可取整數，實數是 2,856.5918）

再算總體積：每箱體積，

每箱尺寸　　　16" × 15" × 15" = 3,600 立方吋

換算成立方呎　3,600 ÷ 1,728 = 2.083 cu.ft.（即 Cubic Feet 立方呎）

（取小數點後一位即可，第二位以下有數字一律進位）

立方呎即是平時俗稱的「才」，所以 1 箱的體積約 2.1 才

（因為 1 立方呎 = 1 呎 × 1 呎 × 1 呎 = 12 吋 × 12 吋 × 12 吋 = 1,728 立方吋）

每 48 個裝一箱，共 960 個　960 ÷ 48 = 20 箱

總體積　2.083 cu.ft. × 20 = 41.66 cu.ft.

1 CBM（立方公尺）= 35.315 cu.ft.（立方呎）

換算 42 立方呎 ÷ 35.315 = 1.179 CBM（取 1.2）

所以全部海運費　2,856.5918 × 1.179 = 3,367.9217（可取進位 TWD 3,368）

將以上資料代入萬用公式，

$$\text{CIF C5 報價} = \frac{417,600 + 3,367.9217}{1 - (0.002275 \times 1.1 + 0.05 + 0.07)}$$

$$= \frac{420,967.92}{1 - 0.1225025}$$

$$= \frac{420,967.92}{0.8774975}$$

$$= \text{TWD } 479,736.88 \cdots\cdots\cdots（注意：此值做為後續核對之用）$$

注意：分母的小數點數字很長，暫不能隨意四捨五入，因為是分
　　　母，差之毫釐會失之千里。

以下是CIF C5 臺灣售價的總價，換算成美元為：

TWD 479,736.88 ÷ 30.00 ＝ USD 15,991.229

（假設此即為買主開來L/C 的金額）

這是960 個的總價，每個報價是：

USD 15,991.229 ÷ 960 ＝ USD 16.66/PC（可取整數，實數是16.65753）

如果我們使用書信、FAX 或 E-Mail 的方式向國外客戶報價，書寫
方式是：

CIF C5 New York USD 16.66 Per PC

注意：不要以一個的 Cost 和 Freight 做分子來計算，而應以整批
　　　Cost 及 Freight 計算，因為整批 cost 尚包括其他開銷，詳情
　　　請看第五節〈廣義的 Cost〉。
　　　為何 Cost 以銀行買入匯率，而 Freight 以銀行賣出匯率計算
　　　的問題，已如前述。

實付保險費、退佣以及欲得利潤是多少，可以立即求出：

(1)保險費＝CIF & C × 1.1 × 保險率
　　　　　＝TWD 479,736.88 × 1.1 × 0.002275 ＝ TWD 1,200.5415
　　　　　（應該取整數 1,200，但目前小數點暫時保留，以便核對）。
(2)退佣＝CIF & C × 佣金率＝TWD 479,736.88 × 0.05
　　　　＝TWD 23,986.844

(3)欲得利潤＝ CIF & C ×佣金率＝ TWD 479,736.88 × 0.07

　　　　　＝ TWD 33,581.581

核對計算是否有誤，將上項求出之各種得數代入（A）公式：

CIF & C 報價＝ Cost ＋ Freight ＋ Insurance ＋ Commission ＋ Profit

　　　　　　＝ 417,600 ＋ 3,367.9217 ＋ 1,200.5415 ＋ 23,986.844 ＋ 33,581.581

　　　　　　＝ TWD 479,736.88

經（與核對值）核對，誤差如在0.01，係小數進位的關係，幾乎無誤。所以（B）萬用公式是正確的。

第三節 | 還價的核算

公式(A)的 CIF & C 報價是五項的組合，除「利潤率」之外，其他四項都是不能改變的（不能減少的），所以如果客戶討價還價，只有將「預期利潤」下降，如果「預期利潤」降到0以下就是虧損。

仍以上一章的例題為例，CIF＆C USD 16.66/PC ，售價預期利潤率為7％，可得：

TWD 33,581.581

如果客戶還價到 USD 16.00/PC

則 USD 16.66 － USD 16.00 ＝ USD 0.66（差額）

0.66 × 30.00 × 960 ＝ TWD 19,008.00（被客戶還價，少賺的金額）
(差額)　(買入匯率)　(數量)

比較 TWD 33,581.581 － TWD 19,008.00 ＝ TWD 14,573.581（只剩這個數可賺）。

這個數還不到原來 7%（利潤率）的一半，大約是 3%，如果你是出口商，你會同意客戶還價的 CIF＆C USD 16.00/PC 嗎？還是再要求他提高一些？

第四節 │ 萬用公式的演變

由於我國貿易常用的除了 CIF & C 外，尚有 FOB 、 CFR 、 CIF ，或者 C & I 等，我們也可以利用萬用公式來變化。

如 FOB 情況下：

Freight（運費）＝ 0

Insurance（保險費）＝ 0

Commission（退佣）＝ 0

代入(B)萬用公式，得：

$$\text{FOB 報價} = \frac{Cost + 0}{1 - (0 \times 1.1 + 0 + \text{利潤率})}$$

$$= \frac{Cost}{1 - \text{利潤率}} \quad \cdots\cdots\cdots\cdots\cdots\cdots \text{(C)}$$

同理，

$$C\&I \; 報價 = \frac{Cost}{1 - （保險率 \times 1.1 + 利潤率）} \quad \cdots\cdots \text{(D)}$$

$$CFR \; 報價 = \frac{Cost + Freight}{1 - 利潤率} \quad \cdots\cdots\cdots\cdots\cdots\cdots \text{(E)}$$

$$CIF \; 報價 = \frac{Cost + Freight}{1 - （保險率 \times 1.1 + 利潤率）} \quad \cdots\cdots\cdots\cdots \text{(F)}$$

萬用公式的原理：

假如某貨品的工廠價（進價）是100萬，欲賺5%，試問要賣多少錢？

有些人會直接說應向甲客戶開價105萬。計算方式是：

100萬 + （100萬 × 0.05） = 105萬 ....(1)

   ↑   ↑   ↑

售價成本   淨利   售價

如果套用萬用公式的話，應該是：

$$100萬 \times \frac{1}{1 - 0.05} = 105.26315萬$$

將上式演變如下：

100萬 + （105.26315萬 × 0.05） = 105.26315萬 ....(2)

   ↑   ↑   ↑

售價成本   淨利   售價

(1)式所賺的是 5 萬，是進貨價100 萬的5%。

(2)式所賺的是 5.26315 萬，是售貨價105.26315 萬的5%。

而國際貿易實務上，是以售價總價（即開來的L/C 金額）去投保，售價總價扣除退佣，並且賺取售價總價內的利潤。

由此可知，如以售價來計算，應採用(2)式，所以萬用公式放在分母裡的各種因素：保險費、退佣、利潤，都是以售價來計算的，這個觀念一定要清楚。

如何印證這「萬用公式」是否正確？只要看看由保險公司訂定的「貨運保險公式」即可：

$$CIF = \frac{C + F}{1 - KR}$$

（R 是保險率，K 是加成的倍數，即1.1）

與上式(F)一致，只是沒有列「利潤率」在內。這公式不是說明了，出口商連應付的保險費也投保了嗎？

第五節　廣義的 Cost

第三節的例題中，Cost 只算貨價Commodity Cost（即工廠價），其實Cost 所包括的並不止於此，應該還有下列：

1. Commodity Cost（工廠價）	貨物成本	_____
2. Inland Transport Charge	內陸運費	_____
3. Customs Clearance Charge	報關費	_____
4. Sample Charge	樣品費	_____
5. Correspondence Charge	電訊來往費用	_____
6. Packing Charge	包裝費	_____
7. Warehouse Charge	倉租費	_____
8. Certificate of Origin	產地證明書	_____
9. Certificate of Inspection	商檢合格證	_____
10. Survey Report	公證報告	_____
11. Visaed	領事簽證	_____
12. Consular Invoice	領事發票	_____
13. Credit Investigation	徵信調查費	_____
14. Export Premium	輸出保險費	_____
15. Estimate D/P, D/A Interest	D/P、D/A 利息損失	_____
16. Banking Cable Charge	銀行電訊費	_____
17. Bank Service Charge	銀行手續費	_____
18. Banking Interest	銀行押匯利息	_____
19. Promotion Trade Service Charge	推廣貿易服務費	_____
20. Harbor Dues	商港建設捐	_____
21. Other	其他	_____

以上相加，Cost 共 _____

　　並不是每筆交易都會有以上每項費用，只要把會有的金額加上，就是廣義的 Cost。這其中有幾項要加以說明：

19. **推廣貿易服務費**

　　推廣貿易服務費是供外貿協會拓展貿易之用。國貿局於貨物在海關通關出口時，由海關統一製發繳費單，一律按出口 FOB 申報價

的0.04%收取。

20. **商港服務費**

依《商港法》第15條第二項規定：商港管理機關應就入港之船舶、離境之上下客船旅客及裝卸之貨物，依本法之規定，收取商港服務費（請參考第15章）。以每計費噸80元收取。

有的貿易商認爲以上相加太麻煩，除了1. Commodity Cost之外，其他的統稱爲業務費，大概算一個百分比（佔總售價的2.5%），暫且當作是未知數，在(B)萬用公式，放在分母的括弧內相加（與利潤率一樣），豈不方便？這是不可以的，因爲這樣一來：

1. 拿捏不準，計算出來的結果自然就不精確，如果高估了，生意就無法成交。

2. 金額大的訂單（如USD 500,000）與小的訂單（如USD 10,000）可能會相差50倍之多，但業務費增加有限，也許增加不到一倍。所以用一張計算紙記錄並不麻煩，絕不能偷懶取巧。

第六節 | 包裝體積計算範例

爲了顧慮到貨物在航運過程中，其體積的大小和輕重會招致包裝的破損，危害到貨物本身的安全，所以工廠應視情況，選擇採用木箱、板條箱或五層標準外銷紙箱等。如用紙箱，須考慮到一個人能搬運的大小及可負荷的重量。

有的工廠採公制（公分），有的工廠採英制（吋），但船公司是按每1立方公尺（CBM）起算運費（空運則按公斤(kg)計算）。

例 1. 工廠對某貨品的包裝：

12 個裝一內盒，4 個內盒裝一中盒，8 個中盒裝一外箱，

體積是　20.5"L × 18.8"W × 16.4"D　　　　G.W.22 kgs

試問：30,720 個裝幾箱？總體積是多少？總重是多少？

【解答】：

每一外箱裝　12 × 4 × 8 ＝ 384 個

◎共裝　307,20 ÷ 384 ＝ 80（箱）

　將外箱換算成立方呎體積，

　20.5 × 18.8 × 16.4 ＝ 6,320.56（立方吋）

　1 立方呎等於 1,728 立方吋

　每箱體積為　6,320.56 ÷ 1,728 ＝ 3.66（立方呎）

◎總體積　3.66 × 80 ＝ 292.8（立方呎）

　1 立方公尺等於 35.315 立方呎

　292.8 ÷ 35.315 ＝ 8.3（立方公尺）

◎總重量　22 × 80 ＝ 1,760（公斤）＝ 1.76（公頓）

例 2. 某機械裝板條箱

132 cm（L）× 120 cm（W）× 89 cm（H）

G.W. 1,205 kgs．

試問：共 5 箱，總體積是多少？總重是多少？

【解答】：

1 箱體積　132 × 120 × 89 ＝ 1,409,760 立方公分

　　　　　1 CBM（立方公尺）＝ 100 公分 × 100 公分 × 100 公分

　　　　　　　　　　　　　　＝ 1,000,000 立方公分

◎總體積 $\dfrac{1,409,760}{1,000,000} \times 5 = 7.05$（立方公尺）

◎總重量 $5 \times 1,205 = 6,025$ 公斤 $= 6.025$ 公噸

第七節　散裝或貨櫃的海運費計算範例

一、散裝方式

可打電話直接向船公司洽詢，要注意告訴對方：(1)貨品名稱（與價值、特性有關）；(2)運達之目的地（與船程遠、近有關）；(3)包裝方式（紙箱或木箱等，與安全性有關）。

船公司回答運費，如：

USD 65 ＋ TWD 200/CBM

（每1立方公尺65美元，外加打墊板費新臺幣200元）

二、併櫃（CFS）方式

詢問的方式和上述一樣。

船公司回答運費，如：USD 82 ＋ 5 ＋ TWD 380，如果沒有說明單位（ton 或 CBM）即指每 1 CBM 而言。如以重量（M/T）計算，船公司會強調說明的。82 是該批貨物的基本運費，其中5元是油料調整附加費或兵險，新臺幣380是每 1 CBM 體積的併櫃費，運費之計算方式如下：

> USD 82 ＋ 5 ＋ TWD 380
>
> 美元部分 82 ＋ 5 ＝ 87.00

因向船公司繳交運費時以美金折算新臺幣繳交，如銀行「買入」匯率是 30.00，「賣出」匯率是 30.10，按銀行賣出的匯率 30.10 計算，得 2,618.7，再加 380，共求得 TWD 2,998.7（即每 1 CBM 運費應付船公司 TWD 3,000）。

三、整櫃（CY）方式

如船公司報價以小櫃（俗稱的小櫃是指 20 呎長的貨櫃，即 1 TEU，40 呎長貨櫃俗稱 2 TEU）為 USD 1,000 元，另加 TWD 5,600 吊櫃費（TEU, Twenty-foot Equipment Unit，即一個 20 呎長的貨櫃單位）。

四、歐洲海運基本費率及附加費計算方法

再以歐洲海運基本費率及附加費計算方法舉例（兌換率 USD 1 ＝ TWD 35）：

> 併櫃運費　USD 45/CBM ＋ CAF 5 ＋ THC TWD 380
>
> 整櫃費率　USD 1,000/20' ＋ CAF 50 ＋ THC TWD 5,600
>
> 　　　　　USD 2,000/40' ＋ CAF 100 ＋ THC TWD 7,000
>
> 計算結果：併櫃運費折合　USD 60.86/CBM or ton
>
> 整櫃運費折合　USD 1,210/20'
>
> 　　　　　　　USD 2,300/40'
>
> ＊THC：Terminal Handing Charge

五、基隆至德國漢堡機器運費舉例（重溫第 7 章第五節）

假設基隆至德國漢堡機器運費的船公司報價如下述：

今有四批小型包裝機器擬出口至德國 Hamburg 港，裝箱明細表如下：

A 種機器 75 箱，每箱體積　長 28"×寬 14"×高 25"，重量 40 kgs

B 種機器 60 箱，每箱體積　長 78 cm×寬 43 cm×高 75 cm，重量 240 kgs

C 種機器 250 箱，每箱體積　長 23"×寬 17"×高 25"，重量 75 kgs

D 種機器 600 箱，每箱體積　長 60 cm×寬 50 cm×高 26 cm，重量 40 kgs

試分別計算每批貨物之運費。

【解答】：

(1)A 種機器

每箱體積　28"×14"×25"÷1,728＝5.671296（cu.ft.）

總體積　5.671296 cu.ft.×75÷35.315＝12.04 CBM

總重量　40 kgs×75÷1,000 kgs/ton＝3 ton

其運費體積計算為　USD 60.86/CBM×12.04 CBM＝USD 732.75

重量計算為　　　　USD 60.86/ton×3 ton＝USD 182.58

兩者比較，體積之運費較大，船公司收取較大者，故按體積計算之運費，本批貨物為 12.04 收益噸，運費為 USD 732.75

(2)B 種機器

每箱體積　78 cm×43 cm×75 cm÷1,000,000＝0.25155 CBM

總體積　0.25155 CBM×60＝15.093 CBM

總重量　240 kgs×60÷1,000 kgs/TOM＝14.4 ton

其運費體積計算　USD 60.86/CBM×15.093＝USD 918.56

重量計算為　USD 60.86/ton × 14.4 ton ＝ USD 876.38

兩種相較，重量之運費較大，船公司收取較大者，故按重量計算之運費，本批貨物為 15.093 收益噸，運費為 USD 918.56

(3)C 種機器

每箱體積　23" × 17" × 25" ÷ 1,728 ＝ 5.656829（cu.ft.）

總體積　5.656829 cu.ft. × 250 ÷ 35.315 ＝ 40.05 CBM

總重量　75 kgs × 250 ÷ 1,000 kgs/ton ＝ 18.75 ton

從船公司問得，一個 20 呎長貨櫃可裝 900 cu.ft.（25.48 CBM）最重為 17.8 ton，可知本批貨物量已超過一個 20 呎 CY，因此部分溢裝成併櫃 CFS

(A) 900 cu.ft. ÷ 5.656829 cu.ft. ＝ 159 箱（CY）

整櫃 20 呎貨櫃之包櫃運費是 USD 1,210.00

(B) 其餘 91 箱裝成併櫃

體積為　5.656820 cu.ft. × 91 ÷ 35.315 cu.ft./CBM ＝ 14.58 CBM

重量為　75 kgs × 91 ÷ 1,000 kgs/ton ＝ 6.825 ton

其運費體積計算為　USD 60.86/CBM × 14.58 ＝ USD 887.34

重量計算為　USD 60.86/ton × 6.825 ＝ USD 415.37

比較以上兩者，體積之運費較大，船公司收取較大者，故按體積計算運費，收取 USD 887.34

(C)總運費　CY ＋ CFS

USD 1,210 ＋ USD 887.34 ＝ USD 2,097.34

(4)D 種機器

每箱體積　60 cm × 50 cm × 26 cm ÷ 1,000,000 cm³/CBM ＝ 0.078 CBM

總體積　0.078 CBM × 600 ＝ 46.80 CBM

總重量　　40 kgs × 600 ÷ 1,000 kgs/TOM = 24 ton

本批貨物P 考慮裝成三種選擇：

(A)裝成一個 40 呎貨櫃，運費為 USD 2,300.00

(B)裝成二個 20 呎貨櫃，運費為 USD 2,420.00

(C)裝成一個 20 呎貨櫃，其餘裝成併櫃

　　即 326 箱 CY 運費 USD 1,300.58，274 箱 CFS 運費

　　體積　0.078 CBM × 274 = 21.37 CBM

　　　　　USD 60.86/CBM × 21.37CBM = USD 1,300.58

總運費　USD 1,210 + USD 1,300.58 = USD 2,510.58

比較(A)、(B)、(C)三者，對出口商而言，

以(A)裝成一個 40 呎貨櫃運費最划算，故答案為　USD 2,300.00

第八節　計算運費公式表之運用

○ 11.1 是工廠對貨物的報價及八種包裝的型/。

一、海空運費計算公式表之運用

1. 海運費計算（求運費 F）

關於海運費率（Freight Rate, FR），船公司的起運價格有兩種，視該項貨物的性質而定，如屬體積大而重量輕者，按每 1 立方公尺（CBM）計費，如屬重量重、體積小者（如金屬類等），則按每 1 公頓（M/T）計費，出貨之體積不足 1 CBM 或重量不足 1 M/T

表 11.1

貨　號	單，價	包　裝
AA-000001	USD ＿＿＿ Per PC	**B** PCS／CTN　　APPR. **C** CFT N.W. **E** kgs　　G.W. **G** kgs
AA-000002	USD ＿＿＿ Per PC	**B** PCS／CTN　　APPR. **C** CBM N.W. **E** kgs　　G.W. **G** kgs
BB-000001	USD ＿＿＿ Per kgs	散裝貨，無包裝
BB-000002	USD ＿＿＿ Per M/T	散裝貨，無包裝
CC-000001	USD ＿＿＿ Per kg	**B** kgs／CTN　　APPR. **C** CFT N.W. **E** kgs　　G.W. **G** kgs
CC-000002	USD ＿＿＿ Per kg	**B** kgs／CTN　　APPR. **C** CBM N.W. **E** kgs　　G.W. **G** kgs
DD-000001	USD ＿＿＿ Per M/T	**B** M/T／CTN　　APPR. **C** CFT N.W. **E** M/T　　G.W. **G** M/T
DD-000001	USD ＿＿＿ Per M/T	**B** M/T／CTN　　APPR. **C** CBM N.W. **E** M/T　　G.W. **G** M/T

註：以貨號 AA-000001 為例，單價欄位的 Per PC 是指每個（或每 DOZ、SET 等）的
　　價格；包裝欄位的 B、C、E、G 都是代表數字，B PCS/CTN 表示多少個裝一
　　箱；APPR. C CFT 表示大約體積是多少立方呎；N.W.表淨重；G.W.表毛重。其餘
　　類推。

時，最低要收 1 CBM 或 1 M/T 的費用。除此之外，海運費率仍要
依該項貨品的價值及其特性而有高低之別。價值高而容易在運送
過程中受損的，運費率高；價值低不容易受損的貨物，其運費率
亦低。一般的海運費率，船公司均按 USD 報價。運費率的多寡，
貿易商可向船公司詢問，依此可以分列如下：

體積大重量輕者，運費率　FR ＝ USD ___/CBM

體積小重量重者，運費率　FR ＝ USD ___/M/T

參看公式表（左邊），Q為總數量，

FR 按 CBM，運費為　Freight ＝ Q/**B** × **C**/35.315 × FR

　　　　　　　　　（Q/**B** 為箱數，再乘以 **C**/35.315 為 CBM 的總體積）

FR 按 M/T，運費為　Freight ＝ Q/**B** × **G**/1,000 × FR

　　　　　　　　　（Q/**B** 為箱數，再乘以 **G**/1,000 為 M/T 的總重量）

2. 空運費計算（求運費 F）

空運費率是以每公斤（kg）報價，可以向航空貨運代理（或承攬）公司問得，其報價一般是以當地的貨幣單位（如TWD）來計算，但也有以USD 來報價的。原則上裝載的貨物越多，重量越重，折扣的優待就越大，其等級一般分為45 、 100 、 200 、 300 、 400 及 500 公斤。

譬如：100 公斤的貨物，每公斤空運費為 TWD 100.00，則100 公斤要付 10,000 元，但如為200 公斤時，每公斤只收 95 元，比 100 公斤的折扣多了 5 元。如下述：

貨物重量		空運費率
100 kgs 時，		TWD 100/kg
200 kgs	"	95/kg
300 kgs	"	90/kg
400 kgs	"	85/kg
500 kgs	"	80/kg

但因為每一架貨運飛機的裝載重量有限制，如果是體積大而重量輕的貨，依照上面的方式，一律按重量計價的話，那麼航空公司就要吃大

虧了，所以空運公司有另一套規定。貨物送來時先稱重量（實重），再量體積外徑。如果以吋衡量，其總體積除以366之「得數」小於實重 kgs 時，就以實重計算運費；大於實重時，就以此「得數」當做總重量。如以公分來量，其總體積除以 6,000 之「得數」與實重相比，方式也與上述一樣。也就是說，空運公司認為1公斤的標準體積應該是366立方吋，或是6,000立方公分，如果送來的貨，其包裝重量為1公斤，而體積大於366立方吋（或6,000立方公分）時，顯然屬於體積大、重量輕者，則按總體積除以366（或6,000）之得數當作其重量來計算。反之，如果貨物包裝其重量為1公斤，而體積小於366（或6,000），顯然是屬重量重體積小者，就按其實重來計算。

另一標準是以427立方吋或7,000立方公分來計算，各國的規定標準不同，出口商要問清楚。

參看公式表（右邊），Q為總數量，

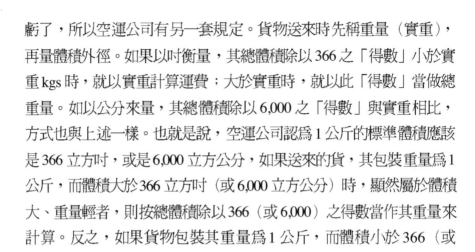

先分析（因 **C** 為 **C** CFT (立方呎)）

$$\frac{\textbf{C} \times 1,728}{366} = \textbf{H}（表某值），（按每公斤合 366 立方吋計算）$$

如果 **H** > **G**（毛重）表示是重貨，則　Freight = **H** × Q/**B** × FR

如果 **H** ≦ **G**（毛重）表示是輕貨，則　Freight = Q/**B** × **G** × FR

再看 AA-000002，

先分析（因 **C** 為 **C** CBM (立方公尺)）

$$\frac{\textbf{C} \times 1,000,000}{6,000} = \textbf{H}（表某值），（按每公斤合 6,000 立方公分計算）$$

如果 **H** > **G**（毛重）表示是重貨，則　Freight = **H** × Q/**B** × FR

如果 **H** ≦ **G**（毛重）表示是輕貨，則　Freight = Q/**B** × **G** × FR

表11.2 進出口貨物之海空運費計算公式表

區　分 公　式 報價單位及 包裝方式	求運費（求F） （Quantity=Q為已知，小數進位取整數）	
	SEA FR按每CBM或M/T起算 （向船公司詢問）	**AIR** FR按每KG計價 （向空運公司詢問）
AA-000001 USD_____ **B** PCS/CTN 　Per A　APPR. **C** CFT 　(PC)　N.W.　**E** KGS 　　　　G.W.　**G** KGS	FR按CBM F＝Q/**B**×**C**/35.315×FR FR按M/T F＝Q/**B**×**G**/1000×FR	先分析 $\dfrac{C\times 1728}{336}$＝H（表某值） H＞**G**，F＝H×Q/**B**×FR H≦**G**，F＝Q/**B**×**G**×FR
AA-000002 USD_____ **B** PRS/CTN 　Per A　APPR. **C** CBM 　(PR)　N.W.　**E** KGS 　　　　G.W.　**G** KGS	FR按CBM F＝Q/**B**×**C**×FR FR按M/T F＝Q/**B**×**G**/1000×FR	先分析 $\dfrac{C\times 1000000}{6000}$＝H（表某值） H＞**G**，F＝H×Q/**B**×FR H≦**G**，F＝Q/**B**×**G**×FR
BB-000001 USD_____ 散裝貨 　Per A 　(KG)	FR按M/T F＝$\dfrac{Q}{1000}$×FR	F＝Q×FR
BB-000002 USD_____ 散裝貨 　Per A 　(M/T)	FR按M/T F＝Q×FR	F＝Q×1000×FR
CC-000001 USD_____ **B** KGS/CTN 　Per A　APPR. **C** CFT 　(KG)　N.W.　**E** KGS 　　　　G.W.　**G** KGS	FR按M/T F＝$\dfrac{Q}{B}$×$\dfrac{G}{1000}$×FR	先分析 $\dfrac{C\times 1728}{336}$＝H（表某值） H＞**G**，F＝H×Q/**B**×FR H≦**G**，F＝Q/**B**×**G**×FR
CC-000002 USD_____ **B** KGS/CTN 　Per A　APPR. **C** CBM 　(KG)　N.W.　**E** KGS 　　　　G.W.　**G** KGS	FR按M/T F＝$\dfrac{Q}{B}$×$\dfrac{G}{1000}$×FR	先分析 $\dfrac{C\times 1000000}{6000}$＝H（表某值） H＞**G**，F＝H×Q/**B**×FR H≦**G**，F＝Q/**B**×**G**×FR
DD-000001 USD_____ **B** M/T/CTN 　Per A　APPR. **C** CFT 　(M/T)　N.W.　**E** M/T 　　　　G.W.　**G** M/T	FR按M/T F＝$\dfrac{Q}{B}$×**G**×FR	F＝$\dfrac{Q}{B}$×G×1000×FR
DD-000002 USD_____ **B** M/T/CTN 　Per A　APPR. **C** CBM 　(M/T)　N.W.　**E** M/T 　　　　G.W.　**G** M/T	FR按M/T F＝$\dfrac{Q}{B}$×**G**×FR	F＝$\dfrac{Q}{B}$×G×1000×FR

二、貨櫃能裝載數量公式表之運用（求貨櫃數量Q）

目前常用的貨櫃，其大小呎吋約有四種，20呎矮櫃（寬度8呎，高度8呎，簡稱20 L），20呎高櫃（寬度8呎，高度8呎半，簡稱20 H），40呎高櫃（寬度8呎，高度8呎半，簡稱40 H），40呎Jumbo，又稱巨無霸（寬度8呎，高度9呎半，簡稱為40 J），其各別所能裝載貨物的容量與重量如下：

貨櫃規格	20 L 8'× 8' H	20 H 8'× 8.5' H	40 H 8'× 8.5' H	40 J 8'× 9.5' H
容量	900 CFT （約25 CBM）	950 CFT （約27 CBM）	1950 CFT （約55 CBM）	2,300 CFT （約65 CBM）
限重	17.5 M/T	17.5 M/T	26 M/T	27 M/T

註：以上資料，各家船公司的標準略有出入，但相差不會太多。

所以求每一貨櫃能裝載的數量是多少，首先要受到重量的限制，如果是重量重、體積小的貨，或許只裝了半個貨櫃即已到達它的限重了，那麼多出的半個貨櫃空間就不能再裝。所以對於任一類的貨物，要求出某一型貨櫃能裝載多少數量時，先要做重量的分析。

如果是屬體積大、重量輕的貨，即使裝滿了一櫃，仍然沒有到達限重的程度，自然就以裝滿一櫃為數。

下面是就前述8種貨物包裝型態來求海運費、空運費及四種不同規格的貨櫃能裝載貨物的數量公式表，只要按前述原理代入公式，即可求得。

例：（表11.3）20 呎貨櫃（20L）8' × 8' H

貨號 AA-000001，

先分析（17,000/**G** ＝箱數，900/**C** ＝箱數）

$$\frac{17{,}000}{\textbf{G}} \times \textbf{C} = \textbf{H}（表某值，為體積）$$

H ＞ 900 時（表超過限制容量，為體積輕的貨物），

則　Quantity ＝ 900/**C** × **B**

　　H ≦ 900 時（小於限制容量，為重量重的貨物），

則　Quantitg ＝ 17,000/**G** × **B**

▌表11.3▌ 貨櫃能裝載數量公式表（一）

區　分　　　公　式　　報價單位及包裝方式	求貨櫃裝載之數量（求Q） 每櫃運費F，為已知之FR，以下分數之得數先求出，省略小數取整數	
	20呎貨櫃（**20L**） 8'×8'	**20**呎貨櫃（**20H**） 8'×8.5'
AA-000001 USD＿＿＿ **B** PCS/CTN 　Per A　APPR. **C** CFT 　(PC)　N.W. **E** KGS 　　　　G.W. **G** KGS	先分析 $\dfrac{17500}{G}$×**C**＝H（表某值） H＞900時，Q＝900/**C**×**B** H≦900時，Q＝17500/**G**×**B** （PCS）	先分析 $\dfrac{17500}{G}$×**C**＝H（表某值） H＞950時，Q＝950/**C**×**B** H≦950時，Q＝17500/**G**×**B** （PCS）
AA-000002 USD＿＿＿ **B** PRS/CTN 　Per A　APPR. **C** CBM 　(PR)　N.W. **E** KGS 　　　　G.W. **G** KGS	先分析 $\dfrac{17500}{G}$×**C**＝H（表某值） H＞25時，Q＝25/**C**×**B** H≦25時，Q＝17500/**G**×**B** （PRS）	先分析 $\dfrac{17500}{G}$×**C**＝H（表某值） H＞27時，Q＝27/**C**×**B** H≦27時，Q＝17500/**G**×**B** （PRS）
BB-000001 USD＿＿＿ 散裝貨 　Per A 　(KG)	Q＝17500 （KGS）	Q＝17500 （KGS）
BB-000002 USD＿＿＿ 散裝貨 　Per A 　(M/T)	Q＝17.5 （M/T）	Q＝17.5 （M/T）
CC-000001 USD＿＿＿ **B** KGS/CTN 　Per A　APPR. **C** CFT 　(KG)　N.W. **E** KGS 　　　　G.W. **G** KGS	先分析 $\dfrac{17500}{G}$×**C**＝H（表某值） H＞900時，Q＝900/**C**×**B** H≦900時，Q＝17500/**G**×**B** （KGS）	先分析 $\dfrac{17500}{G}$×**C**＝H（表某值） H＞950時，Q＝950/**C**×**B** H≦950時，Q＝17500/**G**×**B** （KGS）
CC-000002 USD＿＿＿ **B** KGS/CTN 　Per A　APPR. **C** CBM 　(KG)　N.W. **E** KGS 　　　　G.W. **G** KGS	先分析 $\dfrac{17500}{G}$×**C**＝H（表某值） H＞25時，Q＝25/**C**×**B** H≦25時，Q＝17500/**G**×**B** （KGS）	先分析 $\dfrac{17500}{G}$×**C**＝H（表某值） H＞27時，Q＝27/**C**×**B** H≦27時，Q＝17500/**G**×**B** （KGS）
DD-000001 USD＿＿＿ **B** M/T/CTN 　Per A　APPR. **C** CFT 　(M/T)　N.W. **E** M/T 　　　　G.W. **G** M/T	先分析 $\dfrac{17.5}{G}$×**C**＝H（表某值） H＞900時，Q＝900/**C**×**B** H≦900時，Q＝17.5/**G**×**B** （M/T）	先分析 $\dfrac{17.5}{G}$×**C**＝H（表某值） H＞950時，Q＝950/**C**×**B** H≦950時，Q＝17.5/**G**×**B** （M/T）
DD-000002 USD＿＿＿ **B** M/T/CTN 　Per A　APPR. **C** CBM 　(M/T)　N.W. **E** M/T 　　　　G.W. **G** M/T	先分析 $\dfrac{17.5}{G}$×**C**＝H（表某值） H＞25時，Q＝25/**C**×**B** H≦25時，Q＝17.5/**G**×**B** （M/T）	先分析 $\dfrac{17.5}{G}$×**C**＝H（表某值） H＞27時，Q＝27/**C**×**B** H≦27時，Q＝17.5/**G**×**B** （M/T）

表11.4 貨櫃能裝載數量公式表（二）

區　分 公　式 報價單位及 包裝方式	求貨櫃裝載之數量（求Q） 每櫃運費F，為已知之FR，以下分數之得數先求出，省略小數取整數	
	40呎貨櫃（**40H**） 8'×8.5'	**40**呎貨櫃（**40J**） 8'×9.5'
AA-000001 USD＿＿＿＿ **B** PCS/CTN 　Per A　APPR. **C** CFT 　(PC)　N.W.　**E** KGS 　　　　G.W.　**G** KGS	先分析 $\dfrac{26000}{G} \times C = H$（表某值） H＞1950時，Q＝1950/**C**×**B** H≦1950時，Q＝26000/**G**×**B** （PCS）	先分析 $\dfrac{27000}{G} \times C = H$（表某值） H＞2300時，Q＝2300/**C**×**B** H≦2300時，Q＝27000/**G**×**B** （PCS）
AA-000002 USD＿＿＿＿ **B** PRS/CTN 　Per A　APPR. **C** CBM 　(PR)　N.W.　**E** KGS 　　　　G.W.　**G** KGS	先分析 $\dfrac{26000}{G} \times C = H$（表某值） H＞55時，Q＝55/**C**×**B** H≦55時，Q＝26000/**G**×**B** （PRS）	先分析 $\dfrac{27000}{G} \times C = H$（表某值） H＞65時，Q＝65/**C**×**B** H≦65時，Q＝27000/**G**×**B** （PRS）
BB-000001 USD＿＿＿＿ 散裝貨 　Per A 　(KG)	Q＝26000 （KGS）	Q＝27000 （KGS）
BB-000002 USD＿＿＿＿ 散裝貨 　Per A 　(M/T)	Q＝26.5 （M/T）	Q＝27.0 （M/T）
CC-000001 USD＿＿＿＿ **B** KGS/CTN 　Per A　APPR. **C** CFT 　(KG)　N.W.　**E** KGS 　　　　G.W.　**G** KGS	先分析 $\dfrac{26000}{G} \times C = H$（表某值） H＞1950時，Q＝1950/**C**×**B** H≦1950時，Q＝26000/**G**×**B** （KGS）	先分析 $\dfrac{27000}{G} \times C = H$（表某值） H＞2300時，Q＝230/**C**×**B** H≦2300時，Q＝27000/**G**×**B** （KGS）
CC-000002 USD＿＿＿＿ **B** KGS/CTN 　Per A　APPR. **C** CBM 　(KG)　N.W.　**E** KGS 　　　　G.W.　**G** KGS	先分析 $\dfrac{26000}{G} \times C = H$（表某值） H＞55時，Q＝55/**C**×**B** H≦55時，Q＝26000/**G**×**B** （KGS）	先分析 $\dfrac{27000}{G} \times C = H$（表某值） H＞65時，Q＝65/**C**×**B** H≦65時，Q＝27000/**G**×**B** （KGS）
DD-000001 USD＿＿＿＿ **B** M/T/CTN 　Per A　APPR. **C** CFT 　(M/T)　N.W.　**E** M/T 　　　　G.W.　**G** M/T	先分析 $\dfrac{26}{G} \times C = H$（表某值） H＞1950時，Q＝1950/**C**×**B** H≦1950時，Q＝26/**G**×**B** （M/T）	先分析 $\dfrac{27}{G} \times C = H$（表某值） H＞2300時，Q＝2300/**C**×**B** H≦2300時，Q＝27/**G**×**B** （M/T）
DD-000002 USD＿＿＿＿ **B** M/T/CTN 　Per A　APPR. **C** CBM 　(M/T)　N.W.　**E** M/T 　　　　G.W.　**G** M/T	先分析 $\dfrac{26}{G} \times C = H$（表某值） H＞55時，Q＝55/**C**×**B** H≦55時，Q＝26/**G**×**B** （M/T）	先分析 $\dfrac{27}{G} \times C = H$（表某值） H＞65時，Q＝65/**C**×**B** H≦65時，Q＝27/**G**×**B** （M/T）

351

重點複習

1. CIF 條件下，若貿易契約中未明定保險金額，依 Incoterms 規定，賣方至少應投保 CIF 金額的「110%」。

2. 貨物出口之推廣貿易服務費是按「FOB」乘以費率來課徵。

3. 目前多數國家均以 CIF 價格做為完稅價格的估價依據。

4. 「起重機使用費」是屬於出口價格中的裝貨費用（Shipping expenses）。

5. 就專業出口商而言，自國內供應商購入出口貨物所付的價格，是屬於出口價格構成因素中的「commodity cost」。

6. ABC 公司出口 2,000 台翻譯機，運費「USD 86 per M/W」及包裝「20 sets/12" × 24" × 24"/CTN」，此批翻譯機的總運費應為： USD 974 。

7. 推廣貿易服務費之費率為「0.04%」。

8. 某臺灣出口合約規定運費條款如下： USD 120 per W/M at ship's option（W = 1 CBM ； M = 1 M/T），該批貨共計 100 箱，每箱材積 30" × 20" × 10"， GW: 80 kgs ， NW: 76 kgs ，則運費為 USD 1,179 。

9. 若出口商之 EXW 成本為 USD 60,000 ，出口費用 USD 12,000 ，預期利潤為售價的 20% ，則出口報價應為 USD 90,000（萬用公式 (60,000 ＋ 12,000) ÷ (1− 0.2)＝ 90,000）。

10. 若出口商之 FOB 報價為 USD 776 ，佣金依 FOB C3% 計算，則 FOB 含佣報價應為 USD 800（萬用公式 776 ＋(776 × 0.03)＝ 800）。

11. 國貿業界所稱的才積，一才應為「1,728 立方吋」。

12. 佣金制之代理貿易是「以本人名義，為本人計算」（一般出口貿易商均是）。

13. 國貿實務上，交易價格為 CIF C3 Seattle，其中 C3 意指價格中包含了佣金「3%」。

14. 「進口稅」不在 CIF 出口報價計算之內。

15. 「起重機使用費」屬於出口價格中的裝貨費用（Shipping Expenses）。

16. 貨品 1,500 件，每 5 件裝一箱，每箱 Size：$2^1/_4{}' \times 1^1/_3{}' \times 1^1/_2{}'$，毛重 65 公斤，總體積為「38.23 CBM」。

　　【解】$2^1/_4{}' = 27"$，$1^1/_3{}' = 16"$，$1^1/_2{}' = 18"$

　　　　　每箱體積　$27" \times 16" \times 18" = 7,776$ 立方吋 $= 4.5$ 立方呎

　　　　　故總體積　$4.5 \times 300 \div 35.315 = 38.23$ CBM

17. 某出口商欲出口手工具一批共 1,500 件，工廠成本加上各項費用共 USD 27,000.00

　　海運運費共 USD 3,000.0，保險：全險，費率 1%，保額 CIF 110%，利潤率：10%

　　CIF 報價每件為 USD 22.49

　　【解】代入萬用公式：

$$\frac{27,000 + 3,000}{1 - (0.01 \times 1.1 + 0.1)} = \frac{30,000}{0.889} = 33745.78$$

　　每件 CIF 報價 $33,745.78 \div 1,500 = $ USD 22.49

18. 從上題，出口商想改以 CIF C5 條件報價，則每件為 USD 23.84

　　【解】代入萬用公式

$$\frac{27,000 + 3,000}{1 - (0.01 \times 1.1 + 0.05 + 0.1)} = \frac{30,000}{0.839} = 35756.85$$

　　每件 CIF 報價 $35,756.85 \div 1,500 = $ USD 23.84

19. 從上題，進口商還價，出口商欲維持最低利潤率5%，則CIF報價每件USD上題是10%的利潤，如減少5%利潤，其他數據不變，報價應為多少？

【解】10%的利潤是USD 23.84 × 0.1 ＝ USD 2.384

　　　5%只有一半USD 2.384 ÷ 2 ＝ USD 1.194

　　　減為5%利潤後之報價

　　　USD 23.84 － USD 1.194 ＝ USD 22.648

20. 某日出口商欲出口陶瓷製品一批，包裝：每8件裝一箱每箱Size：50 cm × 40 cm × 30 cm，毛重80斤，向國外進口商報價USD 50.0 per set FOB Keelung，出口商要求改報CIF Sydney，海運運費USD 90.0 W/M，保險：全險，費率1%，保額CIF 110%，假設在不考慮其他費用之下：

(1)其求每件的運費

【解】每箱50 × 40 × 30 ＝ 60,000立方公分＝ 0.06立方公尺（CBM）

　　　每箱重量為80 kgs ＝ 0.08（公噸）M/T

　　　兩者相比，顯然船公司取重量為有利

　　　故每件運費，USD 90 × 0.08 ÷ 8 ＝ USD 0.9（這是題庫的答案）

　　　（此題有問題，未說明共多少個，只言明有一批，一箱之數量裝8個，所以總數應該不止一箱，如果有10箱，都不超過1 CBM或1 M/T。對船公司而言，最起碼要1 W/M，如果不足1 W/M，就照USD 90收費，所以每件的運費應該是USD 90 ÷ 8 ＝ USD 11.25，這樣就差太多了，假如這道題有數量，或事前敘明總體積及總重量都超過1 W/M，這樣的計算才確實。所以筆者以為這道題的構思易引起誤解。）

【另解】假設數量一共是 800 件，共 100 箱，

總體積是　0.06 × 100 = 6 CBM

總重量是　0.08 × 100 = 8 M/T（船公司取 8 M/T）

總運費是　USD 90 × 8 = USD 720

每件運費　USD 720 ÷ 800 = USD 0.9

(2)求 CIF 報價每件

【解】萬用公式

$$\frac{50 + 0.9}{1 - (0.01 \times 1.1)} = US\ 51.47 \quad （這是題庫的答案）$$

（※運費的問題如上所述）

21. 臺商有批貨以每箱 500 美元 FOB Keelung 報價，今欲改成 CFR C5 Keelung，設運費每箱 20 美元，則應報每箱「547.37 美元」。

【解】CIFC5 Keelung 每箱價格為：

$$\frac{500 + 20}{1 - 0.05} = USD\ 547.37$$

22. 「海運費」不在 FOB 出口報價計算之內。

23. 某產品含利潤 10% 之出口報價為 USD 20.50/PC，但客戶認為此報價太高，經出口商考量，決定再降利潤 2%，則利用反推成本法所計算出的新報價應為「USD 20.09」。

【解】USD 20.5 − (20.5 × 0.02) = USD 20.09

（利潤百分之幾是售價的百分比，所以原來利潤 10%，是 USD 20.5 × 0.1 = USD 2.05，自願降 2% 的利潤，就是減掉 20.5 × 0.02）

24. CBM 即指 MTQ，是「立方公尺」；CFT 即指 FTQ，是「立方呎」之意。

25. 海運提單上註有 PALLETS S.T.C 550 CARTONS ONLY.，這 S.T.C（Said to Content）的意思是「內容及重量並未開箱查驗，是照出口商所申報的」，以撇清責任。

26. 某出口商品對外報價為 CIF 洛杉磯每公噸 1,000 美元，後來進口商要求改報 CFR C5% 的價格，已知保險費率為 2%，保險金額按慣例，價格應該調整為「USD 1,029」（只取整數位）。
    （進口商要求原 CIF 保險費不要，改成 CFR，另要求 5% 佣金）
    【解】CIF 的保險費是 1,000 × 1.1 × 0.002 = USD 22
       CFR 是將原來的 CIF 減掉保險費 1,000 − 22 = USD 978
    $$CFR\ C5 = \frac{CFR}{1-0.05} = USD\ 1,029$$

27. 從基隆運到日本橫濱，船公司之運費報價為每一個運費噸美金 18 元（W/M），則出口裝運 100 箱之成衣，每箱毛重為 230 公斤，每箱長寬高為 48 cm × 48 cm × 36 cm，出口商應付「USD 414」運費。
    【解】先求出總體積和總重量：
       （48 × 48 × 36）× 100 = 8.2944 CBM（總體積）
       230 × 100 = 23,000 kgs = 23 M/T（總重量）
       顯然船公司取 23，所以運費 23 × 18 = USD 414

28. 某貿易商出口文具用品的相關資料如下：
    (1)包裝方式：10 盒（Set）/箱，40 cm × 30 cm × 25 cm/箱，N.W. 18 kg/箱、G.W. 20 kg/箱

(2)購入成本： TWD 80/盒（Set）

(3)併櫃運費： USD 75/CBM

(4)保險金額與費率： CIF 金額加 10%，全險費率 1.2%

(5)其他出口費用率：售價的 3%

(6)利潤率：售價的 15%

(7)匯率： USD 1 = TWD 30.00

請依據以上資料計算每盒文具用品的 FOB 出口價格。

【解】求 FOB 價格，與運費和保險費無關，直接代入「萬用公
式」：

$$\text{FOB} = \frac{80 \div 30}{1 - (0.15 + 0.03)} = \text{USD } 3.25$$

12

進口成本估算

第一節 進口成本分析

做進口貿易最重視成本分析，以做為在國內訂定售價的參考。如果在國內的售價不能提高，若是提高就難以與同類產品競爭，而進口的成本所佔比重太高，沒有利潤可圖時，就不值得進口。不會做進口成本分析，就千萬不要冒險做進口貿易。

所以這項「估算」是進口前的決定性作業。

每件（進口成本）＝① 每件完稅價格（DPV，即FOB 貨價＋運費＋保險費）

　　　　　　　　　＋② 每件進口關稅

　　　　　　　　　＋③ 每件貨物稅

　　　　　　　　　＋④ 每件推廣貿易服務費

　　　　　　　　　＋⑤ 每件商港服務費

　　　　　　　　　＋⑥ 每件營業稅

　　　　　　　　　＋⑦ 每件雜費成本分攤

完稅價格（Duty-paid value）：《關稅法》第12條：「從價課徵關稅之進口貨物，其完稅價以該進口貨物之交易價格做為計算根據。交易價格係指進口貨物由輸出國銷售至中華民國實付或應付之價格。」簡言之，就是買入的CIF 價格，所以以CIF 為核算標準。

如以「外幣」進口時，海關是按其每（上、中、下）旬所公布的匯率折算成新臺幣。

第二節 | 完稅價格（DPV）

進口關稅是以完稅價格（即 CIF 價格）計算，如果進口貨物是以 CIF 價格進貨，此價格內已包括運費與保險費，均由賣方負擔，計算進口成本時不必再計。

但進口商如以 FOB 貿易條件進口時，運費和保險費要自行負擔。

① **運費和保險費**（第 8、9 章已有敘述）

運輸有陸運、海運、空運，另有聯合運送。小量進口的貨物，可經由 UPS、DHL、FedEx 等快遞。臺灣是個海島，進口只有海運和空運，沒有陸運。

> 海運費：體積大重量輕的貨物，以每 1 CBM（立方公尺）為起運單位。
> 　　　　重量重體積小的貨物，以每 1 M/T（公頓）為起運單位。
> 　　　　（海運費率可向船公司詢問）
> 空運費：一律以 kgs（公斤）計算。但體積大重量輕的貨物，即每重 1 kgs，
> 　　　　體積超過 336 立方吋，或 6,000 立方公分，以體積數除以 336 或
> 　　　　6,000 當作重量（kgs）來計算。
> 　　　　（空運費率可向空運公司詢問）
> 保險費：應以 CIF 進口價 × 1.1 × 保險率
> 　　　　（保險費率可向產物保險公司詢問）

第三節 | 進口稅和貨物稅

1. ② **進口關稅**

從價進口稅＝完稅價格（DPV）×進口稅率

進口稅率可查閱國貿局出版的《中華民國進出口貨品分類表及海關進口稅則合訂本》一書。進口稅有「從價徵收」和「從量徵收」，以上為從價徵收的公式，大部分的貨物進口都採用此公式。如果是小麥、稻米之類，則採「從量徵收」，公式如下：

從量進口稅＝單位完稅額×進口數量

2. ③ 貨物稅

貨物稅＝（完稅價格＋進口稅＋商港服務費）×貨物稅率

貨物稅俗稱「奢侈稅」，可從《貨物稅條例》查出稅率。
我國需要徵收貨物稅的商品如表 12.1（從價徵收，91 年 7 月 17 日修正生效）。

第四節　商港服務費與推廣貿易服務費

④　⑤　服務費
於報關時，由海關代徵（第 15 章有敘述）。
1. 商港服務費
　商港服務費以每噸新臺幣 80 元，分別計收（參考第 15 章）。
2. 推廣貿易服務費
　推廣貿易服務費＝完稅價格（CIF）× 0.04%
　這是國貿局要徵收的費用，再撥發部分給外貿協會使用，這個費用，進出口貿易都有。

┃表 12.1┃　貨物稅稅率表　　　　　　　　（91 年 7 月 17 日總統令修正公布）

貨品名稱	百分比	貨品名稱	百分比
橡膠輪胎：		電器類：	
大客車、大貨車使用	10	電冰箱	13
其他客種橡膠輪胎	15	彩色電視機	13
水泥		冷暖氣機	20
白水泥、有色水泥（每噸）	600 元	中央系統型冷暖氣機	15
卜特蘭一型水泥（每噸）	320 元	除濕機	15
卜特蘭高爐水泥（每噸）	280 元	錄影機	13
代水泥	440 元	電唱機	10
飲料：		錄音機	10
稀釋天然果蔬菜汁	8	音響組合	10
其他飲料品	15	電烤箱	15
平板玻璃	10		
油氣：		車輛：	
汽油（每公秉）	6,800 元	小客車（九人座以下）	
柴油（每公秉）	3,990 元	2000 cc.以下	25
煤油（每公秉）	4,250 元	2001 cc.以上	35
航空燃油（每公秉）	610 元	貨車，大客車	15
燃料油（每公秉）	110 元	機車	17
溶劑油（每公秉）	720 元		
液化石油氣（每公噸）	690 元		

第五節　營業稅

⑥　營業稅

由海關代徵。

營業稅＝（DPV＋進口稅＋商港服務費＋貨物稅＋菸酒稅）×營業稅率（目前的營業稅率是5%）

第六節 進口雜費成本

⑦ 進口成本

進口成本付出的費用包括：

1. 輸入許可證簽證費

我國自民國 82 年 11 月起，有 92% 以上的貨物免簽。

2. 付款方式有 L/C、 D/P、 D/A、 T/T、 Check 數種

只有 L/C 買方要付較高費用，對於其他付款方式，銀行也有收手續費，但較低。

開狀費用：到銀行申請開發信用狀，銀行有以下數種費用要收：

(1)開狀手續費

開狀金額× 0.25%（三個月期有效信用狀）

× 0.4%（六個月期有效信用狀）

(2)開狀保證金

不少於開狀金額的 10%（中央銀行規定：自 83 年 4 月起，由各銀行自行規定，可以免收）。

(3)銀行郵電費

銀行將信用狀用郵寄或電報送出的費用，及通知贖單的郵電費。

3. 通訊郵電費

與國外賣方來往的郵電費用。

4. 購買樣品費

向國外賣方訂貨後，在貨物未送到前，先購進樣品做為推廣之用（這個費用視實際需要而定）。

5. 報關費

報關行大多是以進口金額多寡的比率來收取一定的服務費。

6. **陸上車資**

將貨物由海關倉庫運送到本公司的車資等。

7. **倉租費**

如保稅倉庫，租用民間倉庫等。

8. **另外有吊櫃費、拆櫃費等。**

9. **其他**

關於逾期申報的「滯報費」，和逾期繳納關稅的「滯納金」，都是在不正常的情形下所犯的過錯，不應列入「預估」之列。

第七節　進口成本估算範例

例一：

如要進口整個貨櫃的30吋日製LCD彩色電視機，日本供應商的FOB Tokyo報價是 USD 135.67 PER SET，體積是每台42"×40"×18"，經過蒐集後，得到資料如下：

| 表 12.2 | 進口成本試算表

進口物品	30 吋 LCD 彩色電視機			計算日期	91 年 4 月 16 日
品　　牌	Panasonic	型　　號	PWD1264	出口廠商	Panasonic
進　口　地	日本			交易條件	FOB Tokyo
匯率計算	USD 1 ＝ TWD 30.10　　（一律以銀行賣出匯率計）				

1	每台購買成本	TWD	4,083.67
2	每台之運費	TWD	306.90

一個 20 呎的貨櫃能裝 51 台電視：

> 每台　42" × 40" × 18" ＝ 30,240 立方吋
>
> 合　　30,240 立方吋 ÷ 1728 ＝ 17.5 立方呎

20 呎貨櫃，容量 900 立方呎，

> 900 立方呎 ÷ 17.5 立方呎 ＝ 51 台

經詢船公司，一個 20 呎貨櫃自 Tokyo 到 Keelung 是 USD 520.00，

> 一櫃的海運費要付　USD 520.00 × 30.10 ＝ TWD 15,652.00
>
> 一櫃 51 台電視，則　TWD 15,652.00 ÷ 51 ＝ TWD 306.90

每台平均負擔運費 TWD 306.90。

3	每台保險費	TWD	11.01

向保險公司問得之保險費率為　Clauses B ＋ WR ＋ SRCC ＝ 0.2275%

$$公式　CIF = \frac{Cost + Freight}{1 - (保險費率 \times 1.1)}$$

$$= \frac{USD\ 135.67 \times 30.10 + 306.90}{1 - (0.002275 \times 1.1)}$$

（公式　$CIF = \dfrac{C + F}{1 - KR}$）

$$= TWD\ 4,401.58$$

	每個保險費大約要付：		
	$$CIF - Cost - Freight = 4,401.58 - 4,083.67 - 306.90$$ $$= TWD\ 11.01$$		
4	每台的完稅價格　DPV（1＋2＋3）	TWD	4,401.58
5	進口稅＝完稅價格×進口稅率（稅率為15%）	TWD	660.24
6	商港服務費＝完稅價格×0.3%	TWD	13.20
7	推廣貿易服務費＝完稅價格×0.04%	TWD	1.76
8	貨物稅＝（4＋5＋6）×貨物稅率（稅率為13%）	TWD	659.75
9	營業稅＝（4＋5＋6＋8）×營業稅率（稅率為5%）	TWD	286.74
10	每台支出分擔	TWD	564.67
	如以 Usance 60 days L/C 購貨，Interest is for buyer's account. 　(1)開狀手續費共支出 　　USD 135.67 × 51 × 30.1 × 0.0025 ＝ TWD 520.67 　(2)開狀保證金（此為貨價的一部分，以後要自贖單中扣回，只是彼 　　時的匯率已不同，只是匯差的得失，可以暫不計較） 　(3)銀行60天的融資年利息為0.8% 共支出 　　USD 135.67 × 51 × 30.10 × 0.008 × 60 ÷ 360 ＝ TWD 277.69 　(4)銀行郵電費 　　開狀及贖單郵電費共支出 TWD 2,500.00 　(5)陸上車資，將一個20 呎貨櫃拖到公司，要 TWD 6,000.00 　(6)報關費約 TWD 8,000.00 　(7)通訊郵電費：與國外賣方來往的郵電費用，約 TWD 1,500.00 　(8)購買樣品費：含郵資約 TWD 10,000.00 　(9)其他費用 　　以上一個貨櫃總負擔總額 TWD 28,798.36 　　分攤每一台的支出 TWD 28,798.36 ÷ 51 ＝ TWD 564.67		520.67 277.69 2,500 6,000 8,000 1,500 10,000
	每台進口成本　4＋5＋6＋7＋8＋9＋10	TWD	6,587.94

例二：

有兩批貨物分別如下，採併櫃進口，求其進口成本分析：

貨品A-1：數量2,000個，廠商CIF價USD 12.22，進口關稅5%，無貨物稅。

貨品A-2：數量550個，廠商CIF價USD 5.50，進口稅3%，無貨物稅。

海關每旬掛牌買入匯率以30.00及賣出匯率以30.10計（進口成本以賣出匯率計算）。

1. 完稅價格（CIF價）

A-1為　USD 12.22 × 30.10 ＝ TWD 367.82

A-2為　USD 5.5 × 30.10 ＝ TWD 165.55

2. 運費及保險費，不必負擔。

3. 進口稅

A-1是　TWD 367.82 × 0.05 ＝ TWD 18.39

A-2是　TWD 165.55 × 0.03 ＝ TWD 4.97

4. 商港服務費

A-1是　TWD 367.82 × 0.003 ＝ TWD 1.10

A-2是　TWD 165.55 × 0.003 ＝ TWD 0.50

5. 推廣貿易服務費

A-1是　TWD 367.82 × 0.0004 ＝ TWD 0.147

A-2是　TWD 165.55 × 0.0004 ＝ TWD 0.066

6. 營業稅

> A-1 是　（367,82 ＋ 18.39 ＋ 1.1）× 0.05 ＝ TWD 19.37
>
> A-2 是　（165.55 ＋ 4.97 ＋ 0.50）× 0.05 ＝ TWD 8.6

7. 全部雜項支出，估計共 TWD 6,500.00，包括以下：
   (1)報關費
   (2)銀行開狀手續費等支出
   (3)陸上車資
   (4)其他

> A-1 負擔　TWD 6,500 × $\dfrac{2,000}{2,550}$ ÷ 2000 ＝ TWD 2.55
>
> A-2 負擔　TWD 6,500 × $\dfrac{550}{2,550}$ ÷ 550 ＝ TWD 2.55

故每個進口成本為：

> A-1 ＝ 1 ＋ 2 ＋ 3 ＋ 4 ＋ 5 ＋ 6 ＋ 7 ＝ TWD 409.38
>
> A-2 ＝ 1 ＋ 2 ＋ 3 ＋ 4 ＋ 5 ＋ 6 ＋ 7 ＝ TWD 182.24

重點複習

1. 某進口商欲進口一批除濕機，已知每台CIF價為TWD 10,000 ；若關稅稅率＝10% 、營業稅率＝5% 、貨物稅率＝7% ，則貨物稅應繳：

    （10,000 ＋ 10,000 × 0.1 ＋商港服務費）× 0.07 ＝ TWD 770.00
    （貨物稅是不計入營業稅的）

2. 進口貿易，國外賣方以外幣報價時，我們進貨成本一律是以銀行「賣出匯率」計算。

13

出口押匯程序

第一節 押匯的意義

由於國外開來的信用狀是 Negotiable（可押匯、可讓購），又是具國際信譽的銀行所開發的，所以只要出口貿易商具備信用狀所列一切符合的文件，國內銀行即接受先讓購，以資金協助出口廠商，再向國外開狀銀行催收貨款，予以歸墊，故出口押匯是出口融資的一種方式。銀行雖是暫時接受讓購，實是出口貿易商以信用狀中所列之文件先行向銀行做為質押取得融資，銀行再持向開狀銀行兌現歸墊，出口貿易商就不欠銀行了。押匯是「結匯」的方式之一，目前出口結匯主要有三種方法：

一、買單結匯

又稱「出口押匯」或「議付」或「讓購」（Negotiation），是指讓購銀行（押匯銀行）在審單無誤後，依信用狀條款買入受益人（Beneficiary，即出口商）的匯票和單據，按票面金額扣除從議付日到估計收到票款之日的利息，將按議付當日外匯牌價折算成新臺幣，付給信用狀的受益人。讓購銀行買入跟單匯票後，就成為匯票的持有人，即可持匯票向付款行索取票款，若匯票遭拒付（Un-Pay），讓購銀行有權向受益人追回已付款和支出的利息。所以買單結匯是受益人可以先向議付銀行取得資金的融通，而議付銀行也可以賺得押匯手續費及可能融通日數的利息。

目前的押匯利息大約＝押匯金額×押匯年利率×日數／360

銀行以一年 360 天計算押匯利息，依付款行地區不同，計息期間大約在 12 至 18 天之間，於押匯時先收扣取。

二、收妥結匯

收妥結匯是一般俗稱的託收，但要注意並不同於 D/P 和 D/A 方式，又稱「先收後結」，是指讓購銀行收到受益人提交的單據，經審核無誤後，將單據寄交給國外付款銀行索取貨款，待收到付款銀行將貨款轉入讓購銀行帳戶的通知書時，讓購銀行再按當日外匯牌價折算成新臺幣交給受益人。一般出口商稱這種方式為「託收」（Cash Against Documents，俗稱CAD），意指受益人委託議付銀行向國外付款銀行收款，讓購銀行收到貨款後才付款給受益人，這種方式多半是銀行基於對受益人的不夠信任，可能是受益人第一次向該銀行押匯，銀行徵信評價不高，也可能是押匯金額太大，也有可能信用狀可疑，和開狀國家外匯不足或有戰亂等因素，在此讓購銀行應該稱為託收銀行，銀行的託收手續費用自然也比押匯手續費便宜，而且也沒有所謂的利息費用了。

三、定期結匯

是指讓購銀行收到受益人提交的單據，經審核無誤後，依據向國外付款銀行索匯所需時間，先確定一個固定的結匯期限，到期後主動將票款金額折算成新臺幣交付給受益人。

在我國甚少使用這種方式，中國大陸常用。

以上三種方式，銀行一般會視受益對象的不同而決定採用哪一種。

第二節　如何申請押匯

　　出口廠商第一次向銀行申請信用狀押匯時，必須向許可從事外匯交易的銀行（俗稱商業銀行）辦理。在臺灣的一般押匯銀行都會要求出口廠商先辦妥下列手續：

1. 出口押匯總質權書（Letter of Hypothecation）或出口押匯約定書（General Letter of Hypothecation and Assurance）一份：押匯銀行都會主動提供，係中英文對照，國內各銀行之內容大致一樣。主要說明日後銀行向出口貿易商承購信用狀的有價證券（出口文件），如對方的開狀銀行未能付款，而導致押匯銀行遭受的一切損失，均由出口廠商負擔。這就是說，出口貿易商向押匯銀行押匯時所取得的押匯金額，只不過是暫時以押匯文件做抵押品向銀行借來的，只有向開證銀行取得了外匯貨款，才予以歸墊。

2. 公司執照及營利事業登記證影本，公司負責人身分證影本，及最近數月之繳稅證明。

3. 開設外匯存款帳戶。

4. 印鑑卡（登記卡）。

5. 申請墊付出口貨款及委託提取外匯存款授權書。有的銀行可能會要求一名以上的保證人。

6. 其他規定：有些銀行可能會要求提供不動產資料（如所有權狀影本）做為參考。辦妥手續後，再經過徵信調查（約需一週），經通知即可辦理押匯。有部分銀行對第一次辦理押匯的出口廠商，會先以託收方式辦理，之後才正式接受押匯，這一點必須事先向押匯銀行問清楚。

第三節　辦理押匯手續

每次向銀行辦理信用狀押匯手續時，均要附下列文件：

1. 出口押匯申請書，由押匯銀行免費提供。
2. 匯票（Bill of Exchange）可向押匯銀行索取，共1、2兩聯。
   此匯票不同於將款項匯送到對方的匯票（順匯），而是依據某條件，向對方索取一定金額的匯票（逆匯）。在商場上，用「請款單」來比喻比較貼切。
3. 信用狀（Letter of Credit）包括有關這次押匯所有的Cable Advice L/C，Air Mail L/C 及 Amendment L/C（不能缺漏任何一份）。
4. 信用狀內規定的各種 Documents（又稱出口單證、押匯文件）。
5. 出口許可證，業經簽署證明已出口的證明（臺灣除管制品外，目前已不需要）。
6. 其他。

第四節　出口押匯文件之種類

一、匯票（Draft）

押匯用之匯票，可向押匯銀行索取，一式兩聯（其上有1與2之分別）。這是發票人（即出口商）簽發一定之金額，要求付款人（付款銀行可能是開狀銀行，也可能是清算銀行，也可能是買主）於指定的到期日，無條件支付款項給受款人或執票人（一般是押匯銀行）。實際上就是

由出口商簽發給押匯銀行，憑以向付款銀行（人）催收貨款的一種文件，所以是屬於「逆匯」方式的匯票。

　　註：信用狀不一定來自國外銀行，如果是 Back to Back L/C，可能就

　　　　是本國銀行所 Issued，所以在此一律稱開狀銀行。

　　出口商向銀行索取匯票後，繕打好，並在右下角簽署（出口商簽名），是所謂簽發匯票的人，如此才有效。

┃表 13.1 ┃ 匯票

BILL OF EXCHANGE

NO...231............

FOR USD 35,000.00   TAIPEI, TAIWAN 20, Nov, 2006

AT......XXX.....................SIGHT OF THE **FIRST** OF EXCHANGE (SECOND OF

THE SAME TENOR AND DATE UNPAID PAY TO THE ORDER OF

BANK OF COMMUNICATIONS

THE SUM OF US DALLARS THIRTY FIVE THOUSAND ONLY.

TO: (匯票付款人)   FOR VALUE RECEIVED

_____   (受益人簽名)

                                       ABC Trading Co., Ltd.

DRAWN UNDER CREDIT XXXXX DATE OCT, 10, 2006 ISSUED BY (開狀銀行)

二、商業發票（Commercial Invoice）

　　是由出口商自行印備的文件，將與買主之間的商品交易內容打妥，屬於一種「交貨清單」，也是雙方的「買賣憑證」。為進口商憑以向其所屬國家的海關辦理通關，核算進口關稅的重要文件，萬一買賣雙方發生貿易糾紛，它也是重要的證明文件。屬於交貨後（押匯）的必備文件。

表 13.2 商業發票（Invoice）

INVOICE

No. __E 85/0001__　　　　　　　　　　　　Date: __AUG. 15, 2000__

INVOICE of __PVC FILM__

For account and risk of Messrs. __Formoce International Corp. Ltd.,__

　　　　　　　　　__63.5 East Rosecrans Ave. Gardena CA 90250 U.S.A.__

Shipped by __Cathay Industry Co., Ltd.__　　　　Per __S.S. Ever Living__

Sailing on or about __AUG. 15, 2000__　　　　From __Keelung, Taiwan__ to __Los Angeles__

L/C No.　　　　　　　　　　　　　　　Contract No.

Marks & Nos.	Description of Goods	Quantity	Unit Pirce	Amount
2000			CIF Los Angeles	
Los Angeles C/No. 1-56	PVC FILM 10G×56.5"×100 YDS	YDS 4,465	USD 0.533/YD	USD 2,379.85
Made in Taiwan R. O. C.	10G×57"×250 YDS	4,465	0.533/YD	2,379.85
		8,930 YDS vvvvvvvvv		USD 4,759.70 vvvvvvvvvvv
Total: 56Cartons				

Drawn under documentary credit no. A1658

dated July 15, 2000 issued by Manufacturers

Hanover Trust Company, New York.

Cathay Industry Co., Ltd.

(signature)

Manager

E. & O. E.

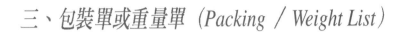

三、包裝單或重量單（Packing／Weight List）

也是由出口廠商自行印備的文件，將該批貨物按件數與實際包裝的數量方式、體積及淨重（N.W.）毛重（G.W.）打妥，以利出口國或進口國的海關查對與檢驗，也便於進口商提領與清點。屬於交貨後（押匯）的必備文件。包裝單與重量明細表樣式請參見表 13.3。

四、海運提單（Bill of Lading）或空運提單（Air Way Bill）

提單是由運送人（船公司或空運公司）或其代理人所簽發，證明運送貨物已收取或已裝載於運輸工具上，並約定將該項貨物運往目的地交與持有人的一種文書，屬於有價證券。提單內容除貨物體積及運費外，其他資料均來自出口商訂艙單（Shipping Order, S/O），所以出口商於辦理 S/O 時，應仔細核對，必須與信用狀所要求的符合，否則 B/L 錯誤，再持以向運送人修改（Correction），既費時又費事。

綜合以上二、三、四項，合稱為「貨運單據」。

五、保險單（Insurance Policy）

如果信用狀上的交易條件是 C&I 或 CIF 時，辦理保險的責任歸出口商。保險單由保險公司（Underwriter）簽發給出口商（the Assured，被保險人），為確認保險契約成立的正式憑證，其中載明雙方當事人約定之權利及義務。出口商辦理投保時，要按照信用狀規定的保險種類，在「要保書」中詳細記錄，保險公司再憑以繕打保險單，不致有錯，減少修改的必要。向保險公司申辦保險的出口廠商，本身是被保險人（the

表 13.3 包裝／重量明細表（Packing／Weight List）

PACKING / WEIGHT LIST

No. __E 85 / 002__　　　　　　　　　　　　　Date: __AUG. 15, 2000__

PACKING LIST of __Wearing Apparel__　　　　MARKS & NOS:

For account and risk of Messrs. __Genesis Corp.__

　　__1450 Broadway Suite 006 New York N.Y. 10018 U.S.A.__　　　＜GENESIS＞

Shipped by __Newswen Co., Ltd.__　　　　　　　　Los Angeles

Per S.S. __Pres. Kennedy__　　　　　　　　　　C / No. 1-17

Sailing on or about __AUG. 15, 2000__　　　　　Made in Taiwan

From __Kaohsiung, Taiwan__ to __Los Angeles__　　R.O.C.

Packing No.	Description	Quantity	Net Weight	Gross Weight	Measurement
Carton	Wearing Apparel Lading 100% Cotton Woven Shirt Style No. 2230 Order #1106	Dozen	Kgs	Kgs	Cuft
1-7	White	@　60 420	@　15.50 108.50	@　18.30 128.10	@　3.5 24.5
8-12	Pink	@　60 300	@　15.50 77.50	@　18.30 91.50	@　3.5 17.5
13-17	Navy	@　60 300	@　15.50 77.50	@　18.30 91.50	@　3.5 17.5
Total: 17 Cartons vvvvvvvvvvvv		1,020 Dozen vvvvvvvvvv	263.50 Kgs vvvvvvvvvv	311.10 Kgs vvvvvvvvv	59.5 Cuft vvvvvvvv

SAY TOTAL: SEVENTEEN CARTONS ONLY.

NEWSWEN Co., Ltd.

Mike Wen / General Manager

E. & O. E.

Assured）。一般保險單都是可轉讓的，向銀行押匯時，出口廠商一定要在保險單的背後簽名（就像支票在後面背書一樣），如此持有人（一般來說，即是貨物所有人）才能得到保險的權益。

六、海關發票（Customs Invoice）

海關發票格式由進口國海關當局所制定，以利於進口商辦理貨物進口報關之用的一種特定格式之公用發票。海關發票具有提供進口國家課徵關稅、商品之數量統計、原產地之申報及宣誓的功能。所以使用海關發票的意義，與領事發票相同，使用海關發票就不必再提出領事發票。

海關發票各國不同，均由出口商於出口時按內容繕打，並且簽署即可。各國的海關發票可洽報關行購取。

七、領事發票（Consular Invoice）

領事發票又名領事簽證貨單，係由各外國領事館或代辦所簽發之發票，目的在供貿易統計及提供貿易政策相關資料之蒐集，同時也可以以此做為進口課稅的依據，防止傾銷。

簽證時要收取簽證費，可以增加該國駐外使館的收入。對於領事發票，多數國家都有制定格式，各國簽證費用也不一，與該國買主洽談交易時，可向報關行詢問。

八、產地證明書（Certificate of Origin）

產地證明書，係用於證明該項產品之輸出，確屬該地生產或加工製造的。由於各進口國家對出口國之優惠關稅、關稅壁壘或管制進口及配額限制等目的的不同，都會要求進口商於進口報關時，一併提出這項文

件。目前有：(1)優惠關稅產地證明書；與(2)一般產地證明書兩種。

1. **優惠關稅產地證明書或稱普遍化優惠關稅產地證明書**
（Generalized system of preference, Certificate of origin，俗稱G.S.P）
該產地證明書格式一般通稱為Form普遍化優惠關稅制度，為已開發國家對來自開發中國家的進口貨品，給予減免進口關稅的一種優惠，以助其經濟成長。進口商取得這項文件，於進口報關時提出，即可享受優惠關稅。申辦這項優惠關稅產地證明書，可向商品檢驗局購得空白表格，填妥後再請商品檢驗局簽章核發。

2. **一般原產地證明書**（Certificate of Origin）

   (1)在非特定或經雙方國家協定之制度下產生的產地證明書，屬輸往一般地區的產地證明書。凡我國所生產、加工、製造之貨品輸往國外，客戶指定或輸入國政府規定須附產地證明書者，業者均可依規定向各地標準檢驗局申請核發。

   (2)申請方式：一般產地證明書指定標準檢驗局為簽發機關，業者可向各地所屬各分局洽購申請書及產地證明書之空白表格，依式填妥後，檢同下列各項文件提出申請：

   A. 海關驗放證明文件（如出口報單，由海關簽章證明驗放）。

   B. 原料來源及加工製造證明書或有關資料。

   C. 輸出許可證副本或影本（如有才須提出）。

   D. 裝運提單（如B/L）副本。

   (3)發證費：各發證機關按每件新臺幣200元計收（臺灣省商業會及各縣市商業會之申請方式可自行洽詢辦理）。

九、檢驗證明書（Certificate of Inspection）

買賣雙方達成交易條件時，進口商為防止出口商裝運的貨物品質不良

或數量不足，於是在契約書（或信用狀）上載明指定檢驗機構或選定之公證人檢驗，並開發檢驗證明書，證明品質及數量均已符合，才得裝運。

通常檢驗證明書依規定可有以下幾種：

1. 政府機構（標準檢驗局）簽發的檢驗證明書。
2. 公證公司或公證人簽發的檢驗證明書，又稱獨立檢驗證明書（Independent Inspection Certificate）。
3. 由進口商駐在出口地之分公司代表或其指定之代理人所簽發的檢驗證明書。
4. 由製造廠商自行簽發的品管證明書：如 Certificate of Quality Control ...。
5. 各同業公會。

十、黑名單（Black List）

部分阿拉伯回教國家開來的信用狀，會載明要求提示貨物的承載船隻未曾停靠以色列港口的證明，此證明可向船公司索取。

十一、船齡證明

某些阿拉伯國家（如 Saudi Arabia）會在信用狀上要求押匯時要出示所裝運之船隻船齡，船齡在 15 年以上者，必須經過某認可之驗船機構所發出的裝卸機具合格證明。該證明可向託運的船公司索取。

十二、受益人證明書（Certificate of Beneficiary）

信用狀要求受益人（一般為出口廠商）提出已遵照信用狀中之規定達成的證明，譬如，買主要求出口商於所訂購之成衣衣領內側，釘掛布

料成分（35% Cotton ／ 65% Textron）及尺寸（Size）之Label。因此，出口商於押匯時須提出已經遵照處理之證明書。此證明書由出口廠商用信紙打一份即可。

第五節　出口商負擔押匯的費用

押匯銀行於取得出口商送來的押匯文件，審核時發現有錯誤時，會盡快通知出口商取回更正（Correction），無誤後，在一兩天之內，扣除各項費用後，即可將押匯金額撥存入出口商之外匯存款帳戶內。

銀行扣除之費用有下列數項：

一、押匯手續費

在臺灣，向銀行押匯時，按信用狀金額收取0.1% 手續費。如須轉押匯，則要多付0.1%。如為託收（D/P 、 D/A）時，則僅收0.05%。以上是臺灣各銀行的行規，在中國的各銀行是否有統一規定，出口商最好自行向銀行詢問清楚。

二、郵電費

銀行將文件遞送到國外開狀銀行收款，一般按快遞方式寄送。

各銀行收費不一，出口商最好自行向銀行詢問清楚。信用狀中如果另外指定付款銀行時，須加收郵費（臺灣各銀行的行規）。

三、出口押匯利息

由於押匯銀行要取得國外開狀銀行的外匯，需相當時日，所以來往時差之利息損失，由出口廠商負擔。港澳地區是按信用狀金額7天利息計算，其他各國從12天至18天不等，如押匯年利率是10%，12天利息即是 $0.1 \times 12 \div 360$ ，因銀行不分月大月小，一律是以30天做為一個月計算。

如果銀行把 L/C 押匯當作「收妥結匯」辦理，按理不應該有此押匯利息之收費才對。

四、特定電報費

如果信用狀中有需求，押匯銀行於押匯後須先以電報通知開狀銀行時（中東及澳洲銀行大多有這個習慣），銀行按各地區訂有收費標準，一般而言，外商銀行收費比較高，所以出口商最好事先向往來之押匯銀行問妥。

五、匯出佣金手續費

按退佣金額的0.125%收取（臺灣的行規），最低收費各銀行不一。

第六節　保結押匯

出口商押匯文件有瑕疵，向押匯銀行提出 Letter of Indemnity（保證書），承諾如因遭受國外進口商拒付（Un-Pay）時，出口商要負責償還押匯銀行所遭受的一切損失（包括退還已領之押匯款）。

重點解說

Invoice 有四種：

1. Pro-Forma Invoice（俗稱試算發票或預約發票）

這是出口商於成交前送交給國外買主的文件，也是在正式與買主簽訂買賣契約之前，出口商對買主所欲購買的貨品、數量、金額做成試算發票（預約發票），交給買主，以便供買主憑以向其政府辦理進口許可證之用。這 Pro-Forma Invoice 並不是每一個國家的買主都有需要，一般來說，有需要的大多是外匯管制嚴格的國家。

2. Commercial Invoice（商業發票，一般簡稱為 Invoice）

這是出口商於交貨時送交給國外買主的文件，內容記載了所送交的貨品名稱、數量、金額，以及於某年某月某日裝載在什麼交通工具，從何處運往何處去等資料，以提供買主點收的「交貨清單」，也是表示確有此買賣行為存在的「買賣憑證」，買主可以憑此文件向其海關辦理進口報關，海關也可以根據此文件做為課徵進口關稅的依據（或參考），這是出口商必備的文件（類似我國的統一發票）。在貿易界所稱的「打發票」就是指這個。

3. Consular Invoice（領事發票）

有些國外買主會要求出口商於貨物出口前向其駐在出口地的領事館辦理領事發票，做為押匯文件之一（如信用狀中規定）。此領事發票為進口國印就的格式發票。進口國為了防範其本國的進口商於進口貨物報關時虛報進口價格，以高報低，逃漏稅捐，所以規定其本國的進口商必須提出由其本國駐在出口地的領事館簽發給當地出口商的領事發票才算為真。這 Consular Invoice 只有需要的

國家才要辦理，很多國家是不需要的。

4. Customs Invoice（海關發票）

進口國的海關當局規定進口商於進口報關時，必須持有由進口國海關當局所規定的特定格式發票，做為出口貨運單據，憑以辦理進口報關。此發票的作用類似 Consular Invoice，由出口地的出口商填妥後簽章（除非另有規定），不須由進口國駐在出口國的領事簽證（如美國、加拿大、澳洲、紐西蘭等國），即可做為出口貨運單據之一。這種海關發票原則上是進口國信任出口地的出口商所填資料為真實的（有宣誓的意義存在），因此不需要領事簽證。

重點複習

1. 商業發票有其一定之格式。

2. 匯票的出票人通常是「出口商」。

3. 海運提單的功能是「憑以提貨的文件」。

4. 保結押匯係指憑受益人出具的「L/I」（L/I 是 Letter of Indemnity 的簡稱）。

5. 出口商在 CIF 條件下，向押匯銀行辦理出口押匯時須提示之單證是「商業發票、包裝單、提單、保險單」。

6. 「商業發票」是一切貨運單證的中心，且亦為一種出貨通知書。

7. 「信用狀」為貿易單證中之付款單證。

8. 銀行對瑕疵單據的處理方式：(1)保結押匯；(2)電報押匯；(3)託收。

9. 押匯銀行發現客戶押匯文件有輕微瑕疵但可更正時，通常採用「由出口商自行訂正」。

10. 保結押匯時，受益人須提供「L/I」。

11. 商業匯票的法定記載事項：(1)發票日期、無條件支付之委託；(2)發票的簽署人、一定的金額；(3)付款人、付款期限。

12. 商業匯票上註明 second of the same tenor and date unpaid 表示「相同內容與日期之第二張匯票拒付」。

13. 商業匯票裡表示無條件支付之委託的關鍵詞是「pay to order of ...」。

14. 商業發票裡表示買受人之關鍵詞為「for account and risk of Messrs ...」。

15. 進口國要求我國出口商出具由政府官方機構簽發之檢驗證明書（Inspection Certificate），則我出口商須至「經濟部標準檢驗局」辦理簽發。

16.「報價單」屬於貿易單證中之契約單證。

17. 產地證明書之重要功用為：(1)防止外貨傾銷；(2)供作享受優惠關稅之憑證；(3)防止貨物來自敵對國家。

18.「海關發票」可代替產地證明書使用。

19. 出口押匯匯票其發票人為「債權人」（即出口商）。

20. 貿易契約書的功能：(1)法律訴訟、仲裁的依據；(2)確定交易內容；(3)進口簽證結匯用。

21. 信用狀中所述的「Draft」是「匯票」。

22. 下列單據其意義與功能差別不大：：(1)Quotation ；(2)Pro-Forma Invoice ；(3)Price List 。

23. 依據《原產地證明書管理辦法》之規定，原產地證明書「不得塗故」。

24. 出口商開具匯票向銀行辦理押匯，此種行為多在「辦理出口報關」程序之後。

25. CIF 條件交易時，「繳納關稅」不是出口程序的必要步驟。

26.「產地證明書」表示是原產地來源。

27.「繳納關稅」是目前我國出口貨物通關手續中的必要流程。

28. 出口報關所應具備的文件有：(1)裝貨單（S/O）；(2)裝箱單；(3)商業發票。

29. 離岸價格即一般貿易價格條件所稱之「FOB」。

30. 倘出口貨物於產品上未標示商標者，則出口報單上應註明「NO BRAND」。

31. 非以輸出為常業之個人（指未向貿易局辦理登記者），輸出貨品之離岸價格（FOB）超過美金二萬元者，應向「國際貿易局」申請簽證。

32. 有關輸出許可證之內容，「申請人」除專案核准外不得修改。

33. 電腦程式著作權人為防止其他廠商非法輸出附有其著作權之產品，應先向「財團法人資訊工業策進會」辦理著作權登錄。

34. 輸出許可證未能於有效期限內出口者，得申請「重簽」。

35. 輸出許可證的英文名稱有：(1)Export Permit；(2)Export License；(3)E/P；(4)E/L。

36. 依據我國《貨品輸出入管理辦法》，所謂「免證」係指「免除許可證」。

37. 輸出有配額限制之產品，應向「國際貿易局」申請辦理簽證。

38. 出口商若於貨物報關出口前不慎遺失輸出許可證，應「申請註銷重簽」。

39. 對戰略性高科技貨品之輸出入規定：(1)非經許可不得輸出；(2)經核發輸入證明文件後，未經許可不得變更進口人或轉往第三國家、地區；(3)應據實填報用途，非經核准不得擅自變更。

40. 「押匯手續費」原則上是由賣方負擔。

41. 受益人為取得信用狀押匯額度時，所提供給押匯銀行的質押權利總設定書簡稱為「L/H」（L/H 是 General Letter of Hypothecation 的簡稱）。

42. 「質押權利總設定書」並非每次押匯皆為必備。

43. 「質押權利總設定書」是約定出口商與押匯銀行間的權利義務。

44. 凡廠商與銀行每次有結匯行為發生時，都應有「結匯證實書」。

45. 出口押匯時，出口商所簽發的匯票，是屬於「Commercial Bill」。

46. 出口商將貨物裝運後，依信用狀規定簽發匯票，並以代表貨物的貨運單證做為擔保，請銀行辦理讓購貨運單據，以取得貨款的動作，稱為「出口押匯」。

47. 轉押匯適用於「特別信用狀」。

48. 以「CWO」方式付款時，不需匯票（Cash on Order 是訂貨時付

現，不需匯票）。

49. 中性包裝單（Neutral Packing List）係指包裝單內容中「無簽頭」（Letterhead）。

50. Fumigation Certificate 係指「燻蒸證明書」。

51. 有關海關發票之敘述，主要：(1)供進口國海關做為統計之用；(2)供進口國對進口貨物訂定課稅價格時的依據；(3)供進口國海關查核出口商有無傾銷情事。

52. 如果貿易條件為FOB 時，除信用狀另有規定外，受益人所提示的押匯文件不必有「保險單或保險證明」。

53. 押匯銀行於辦理押匯墊付貨款之後，若因不歸責於自身因素，而無法自開狀銀行處獲得貨款，則押匯銀行應轉向「出口商」求償。

54. 就押匯銀行而言，「進口商惡意詐欺」非為開狀銀行拒付之原因。

55. 保結押匯係指憑受益人出具的「L/I」文件辦理押匯手續（L/I是 Letter of Indemnity 的簡稱）。

56. 若出口商押匯所提示之單據不符合信用狀的規定，但符合買賣契約的規定，「出口商不得以單據符合買賣契約為理由，要求開狀銀行接受」。

57. 出口押匯所提示之保險單據，被保險人為「賣方」時，須於保單背面空白背書。

58. 一般所謂出口押匯，係指「L/C」付款方式之出口結匯。

59. 在商業發票上如果看到Shipped Per 這個欄位，在其後應該填上「裝運船名、航次」。

60. 「買賣契約」不屬銀行審核押匯單據之通則。

61. 除信用狀另有規定外，「檢驗證明書之檢驗日期遲於裝運日期」

將被視為「瑕疵」。

62. 有關目前我國銀行界所承做之出口押匯，「買賣行為」不屬於擔保清償墊款之信託行為。

63. 信用狀若已要求出具海關發票時，大多不再要求提供「產地證明書」。

64. 出口商出具有瑕疵的貿易文件押匯時，押匯銀行得要求出口商保證，此瑕疵押匯稱為「保結押匯」。

65. 受益人提示跟單匯票押匯時，押匯銀行將接受「商業發票上對貨品之記載與信用狀完全一樣」的單據。

66. 依不可撤銷信用狀裝運貨物出口後，押匯單據無瑕疵而買方倒閉無法贖單，「提領貨物並支付貨款，轉售貨物」為開狀銀行最合理的處理方式。

67. 除信用狀另有規定外，有關商業發票之抬頭人，「以開狀申請人為抬頭人」為正確。

68. 初次辦理出口押匯的手續：(1)簽具L/H；(2)開立外匯存款帳戶；(3)送交印鑑登記卡。

69. 出口商辦理押匯時，填寫匯出匯款申請書的目的通常為支付「佣金」。

70. 「Commercial Invoice」係所有單據的基礎，交運的貨品都以該文件上所載的內容為準。

71. L/C 中規定提單（B/L）上 Consignee 的表示方式，以「To Buyer」對受益人及開狀銀行最不利。

（匯票例）

Draft No. 136 　　　　　　**BILL OF EXCHANGE**

For HKD 150,000. 　　　　　　　　　　　　　　　June 20, 2006, Taipei

At <u>90 days after</u> sight of this FIRST of Exchange (Second the same tenor and date being

unpaid) Pay to the order of HUA NAN COMMERCIAL BANK, LTD.

The sum of <u>HONG KONG DOLLARS ONE HUNDRED AND FIFTY THOUSAND</u>

<u>ONLY</u>. _____value received

Drawn under Westminster Bank, London Irrevocable L/C NO.321 　　dated May 01, 2006

TO: Westminster Bank, London 　　　　　　　　　XYZ Trading Co., Ltd. Taipei

_____　　　　　_____

＊附註: Some Clauses in L/C: We hereby authorize you to draw on us at 90 days after sight for
　　　account of ABC Trading Co., Ltd. London.

請依據上面匯票和附註內容回答 72 至 76 題：

72. 匯票中之 HUA NAN COMMERCIAL BANK, LTD. 為「押匯銀行」。

73. 匯票中之 Westminster Bank, London 為「開狀銀行」。

74. 匯票中之 Drawer 為「XYZ Trading Co., Ltd. Taipei」。

75. 匯票中之 Drawee 為「Westminster Bank, London」。

76. 本匯票之遠期貼現息若未指明由誰負擔，依據信用狀統一慣例之
規定，90 天之貼現息應由「XYZ Trading Co., Ltd. Taipei」負擔。

14

進口結匯及提貨

第一節　輸入許可證

　　辦理輸入許可證（Import License, I/L，或Import permit, E/P）的目的，主要在限制某些國外貨品進口，以防止打擊國內產業的生存，以及對外匯外流的調節。

　　依據94年4月6日修正的《貨品輸入管理辦法》：

第六條：依《貿易法》規定限制輸入之下列貨品，貿易局將就其貨品名稱及輸入規定，彙編限制輸入貨品表，公告辦理之：

1. 《貿易法》第5條所指特定國家或地區之貨品。
2. 《貿易法》第6條採取必要措施限制輸出之貨品。
3. 《貿易法》第11條第一項但書規定限制輸出之貨品。
4. 《貿易法》第16條採取輸入配額之貨品。
5. 《貿易法》第18條因進口救濟採取限制輸入之貨品。

　　未符合表列輸出規定者，非經貿易局專案核准，不得輸入。

第七條：廠商、政府機關及公營事業輸入限制輸入貨品表以外之貨品，免證輸入。

第九條：有下列情形之一者，免證輸入：

1. 入境旅客及船舶、航空器服務人員攜帶行李物品，量值在海關規定範圍以內者。
2. 各國駐華使領館、各國際組織及駐華外交機構持憑外交部簽發之在華外交等機構與人員免稅申請書辦理免稅公、自用物品進口者。

3. 以海運、空運或郵包寄遞進口限制輸入貨品表外之貨品，其離岸價格（FOB）為 2 萬美元以下或等值者。

4. 輸入人道救援物資。

5. 其他經貿易局核定者。

第 十 條：輸入限制輸入貨品表內之貨品，其屬少量自用或餽贈者，海關得視情形依表內規定酌量免證稅放。但有其他特別規定者，應從其規定。

第十三條：輸入許可證有限期限為自簽證之日起六個月。因故不能進口，申請人得申請延期二次，每次不得超過六個月。

第二節　信用狀之開發申請

原則上，進口商須持取回的「輸入許可證」，向開狀銀行辦理開發信用狀給國外的供應商（出口商），不過因我國已對甚多貨品免辦簽證，因此開狀銀行不再要求。

一、開狀前

開狀銀行對第一次來辦理申請開發信用狀的進口商，按例要先完成徵信工作，要求進口商填：(1)開發遠期信用狀借款及委任承兌契約；(2)約定書附帶公司資產負債表、損益表、負責人個人資料表，並覓妥保證人，經三至五日的徵信程序完成後，即通知進口商可以來辦理開發信用狀。

395

經開狀銀行同意開狀的進口商，開狀銀行都會核定該進口商某一額度的開狀融資，並每年檢討調整。

二、申請開發信用狀

　　向開狀銀行申請開發信用狀時必備的文件：

1. 開發信用狀申請書。表格向開狀銀行索取，用打字機打妥，蓋好印章。

2. 買賣契約（合同）副本及所需副件。如經核准之輸入許可證、進口配額證、某些部門的審批文件（可能需要）。

3. 按各銀行不同的規定先以開狀金額結匯一定比率的保證金（臺灣一般收取10%的保證金）。

4. 繳交開狀手續費（在臺灣一般是以開狀金額的0.25%收取，超過三個月者加收0.125%）。

5. 郵電費

    (1)航空郵寄者，請洽各銀行。

    (2)以電報開發者，按電信局收費標準計收成本（此種方式已甚少採用）。

    一般銀行均收取電報及空郵費，應先以電報開發通知國外出口地之通匯銀行，再寄送 Air Mail L/C。現在 SWIFT 信用狀漸趨通行。

三、信用狀之修改

　　銀行於信用狀開發寄出後，進口商認為已開發之信用狀有修改之必要（多由國外出口商收到信用狀，經分析後，要求進口商修改，而進口

商亦認為修改合理），可向原開狀銀行辦理「修改信用狀申請書」將須修改之內容詳細記述在內，再繳交必須的電訊費用及手續費（多用電報）後即可。進口展延信用狀有效日期，每三個月收受信用狀金額的0.125%。最低收費各銀行不一。修改信用狀其他條款時，每件收費各銀行不一。

第三節　進口贖單

國外出口商按信用狀規定將貨物運出後，向其押匯銀行辦妥押匯手續，押匯文件轉寄至開狀銀行，開狀銀行必先審查單據與信用狀內容符合，即填寄「單據到達通知書」給進口廠商，進口廠商可以要求開狀銀行先洽看單據，發現單據有瑕疵，亦可要求拒付（Un-Pay），如果無異議，則在通知書上加蓋原登記廠商印鑑卡印鑑，連同「信用狀結匯證實書」及「進口許可證」於10日內至開狀銀行繳清貨款取回單據。進口商贖單後取得單據，船公司到貨通知不久亦到達，進口商必須持大提單（B/L）至船公司換取小提單（Delivery Order, D/O）。如係以FOB條件自國外進貨，則尚須付清運費。始得委請報關行向海關要求驗關，繳納關稅後提貨。

第四節　副提單背書

貨物抵達進口地時，進口商也會收到國外出口商私下寄來的正本文件（包括一張正本提單），但押匯文件尚未寄達開狀銀行，此時進口商欲緊急提貨，必須憑自己已收到的正本B/L，但是B/L上收貨人是填開狀

銀行指定,因此進口商將正本B/L送開狀銀行背書,但還款贖單的進口商須付清貨款,此時開狀銀行會要求進口商填副提單背書申請書,以做為開狀銀行歸檔及證明用。

第五節 | 擔保提貨

　　進口商已接到船公司的到貨通知,或出口商寄來的Shipping Advice及裝船文件複副本等,但尚未接到開狀銀行通知贖單,無法取得正本提單(B/L),故無法提貨,乃向船公司索取「擔保提貨書」表格,先到開狀銀行辦理「擔保提貨申請書」(銀行提供),以此向銀行辦理進口結匯,還款贖單的進口商須繳清貨款,填妥後一併送至銀行,請銀行在「擔保提貨書」上簽字蓋章(即相當於開狀銀行在正本B/L上背書同意轉讓),再執向船公司換取小提單(Delivery Order, D/O),向海關辦理要求驗關、繳關稅、提貨手續。

　　信用狀上,開狀銀行大多會要求賣方(Beneficiary)在押匯文件的提單(B/L)上註明Consignee為開狀銀行,而Notify是買主(即進口商),所以當貨物到達進口國之口岸時,該船在進口國之代理(俗稱船務代理公司),按照提單上之Notify通知進口商船已到達(即到貨通知),要求進口商來繳回大提單(B/L)換取小提單(D/O)。由於提單及所有文件是經由出口地的押匯銀行轉到開狀銀行的,直到開狀銀行通知買主贖單,當進口商到開狀銀行取得所有文件及提單(還款贖單的進口商須繳清貸款),才能向船公司換取D/O,這是正當的程序。可是如果船公司的到貨通知先到,而開狀銀行迄未收到出口地的押匯文件,也無法通知進口商來贖單時,進口商可以向船公司及開狀銀行辦理「擔保提貨」手續。所

以最好的方法是進口商要求出口商於辦理押匯的同時，盡快寄（用快遞）一套文件的副本來（此處所稱副本係指B/L、保險單等，因正本已提示押匯去了，而其他由出口商自行製作的Invoice、Packing List等仍是正本），以便能提出辦理擔保提貨。

　　如國內的出口商於出口貨物到國外的同時，能主動寄一套文件副本給國外買主，則是一項好的「服務」。

重點複習

1. 我國輸入貨品產地標示的規定：(1)進口貨品標示產地不得有標示不實的情形；(2)貨品標示產地應具顯著性與牢固性；(3)准許輸入的大陸地區貨品，其進口文件上應列明「中國大陸」（Chinese Mainland）產製字樣。

2. 受貨人用來辦理進口報關提貨的是「D/O」（Delivery Order）。

3. 信用狀的開狀銀行為防止進口商無故拖延贖單，規定進口商應在接到銀行的到單通知後，「15 天」內償還本息。

4. CIF 又稱「到岸價格」。

5. 進口貨物的申報，應由納稅義務人自裝載貨物運輸工具進口日起，「15 天」內向海關辦理。

6. 輸入許可證有限期限為自發證之日起，不得逾「6 個月」。

7. 由菲律賓進口到臺灣的貨物先到，押匯文件尚於銀行間旅行中，但進口商手中有提單副本（正本提單之一），進口商可以「副提單背書提貨」。

8. 我國掌理海關業務的中央機構為「財政部」。

9. 進口贖單之後辦理「進口報關」。

10. 以 D/A 為付款方式較以即期信用狀付款者，具有更大的「信用風險、匯兌風險」。

11. 融資開狀時，進口商對該信用狀須辦理「兩次」結匯。

12. 進口貨物，未依《關稅法》規定於進口日起 15 天內報關者，逾期海關按日加徵「滯報費」。

13. 進口貨物應以「CIF」價格做為完稅價格。

14. 按進口貨物之數量、重量、容積或長度等為課稅核計標準，每一

單位課徵一定金額之課徵方式，稱為「從量徵稅」。

15. 依《關稅法》規定，進口貨物應於運輸工具進口日起，「15日」內向海關申報進口。

16. 完稅價格係指「做為課徵關稅之價格」。

17. 進口貨物應繳稅捐，應自海關填發稅款繳納證之日起「14天」內繳納。

18. 進口貨物之營業稅由「關稅局」代徵。

19. 進口商應憑「D/O提貨單」，辦理進口報關提貨手續。

20. 進口貨物由海關課徵或代徵之稅捐項目包括：(1)關稅；(2)商港服務費；(3)推廣貿易服務費。

21. 「貨物成本估算」通常不是報關行的業務。

22. 《中華民國海關進出口稅則》係參考「HS」編審。

23. 為加速進口通關，得按納稅義務人申報之完稅價格及稅則號別，先行徵稅驗放後再估價核稅，此進口核價方式稱為「先放後核」。

24. 關稅局於收單後，先送查驗再將查驗後的報單送請海關驗估中心核定價格，再予以徵稅放行，此進口核價方式稱為「先核後放」。

25. 廠商辦理貨物進口手續時，直接由各地關稅局人員核估貨價後徵稅驗放，不必經過關稅總局驗估中心查價，此進口核價方式稱為「即核即放」。

26. 關稅局對於依法提供足額擔保之進口廠商，先行驗放通關後再由進口廠商於規定期間內繳納進口關稅，此進口核價方式稱為「先放後稅」。

27. 「自家工廠倉庫」非屬保稅區域。

28. 目前進口貨物由海關代徵之營業稅稅率為「5%」。

29. 進口貨物之報關期限為裝載貨物之運輸工具自進口日起 15 日內，不依前開期限報關者，應自報關期限屆滿之翌日起，按日加徵滯報費新臺幣「200 元」。

30. 我國所稱關稅係指「進口稅」。

31. 「菸酒稅」不屬於特別關稅。

32. 海關變賣逾期不報關貨物，其所得價款，扣除應納關稅及必要之費用外，如有餘款，由海關暫代保管，納稅義務人得於「5 年」內申請發還，逾期繳歸國庫。

33. 進口貨物通關程序分為五大步驟：(1)收單；(2)查驗；(3)分類估價；(4)徵稅；(5)放行。

34. 進口貨物完稅價格之核估，其外匯價格之匯率係「報關前一旬中間日」換算。

35. 我國自「1990 年」起開始實施貨物暫准通關證制度。

36. 進口危險物品之提貨應辦理「船邊提貨」。

37. 辦理進口簽證之機關有：(1)國際貿易局；(2)加工出口區管理處；(3)科學園區管理局。

38. 一般貨品之輸入許可證有效期限為自簽證之日起「6 個月」。

39. I/P 係指「輸入許可證」。

40. 輸入許可證之延期次數不得超過「2 次」。

41. 「輸入許可證申請」得以電子簽證方式辦理。

42. 進口貨品與輸入許可證內容不符時應「申請修改」。

43. 進口「限制輸入貨品表」內之貨品時，須向「國際貿易局」申辦簽證。

44. 輸入許可證的有效期限逾期後，「有條件准許」准予申請延期。

45. 輸入許可證之有效期限為六個月，該六個月之截止日係指「起運口岸之提單所載之日期」。

46. 進口戰略性高科技貨品時，進口商應寄給出口商以下文件，以便其向政府申請輸出許可：(1)國際進口證明書或進口保證書；(2)最終用途證明書。

47. 輸出入戰略性高科技貨品，應至「國際貿易局」辦理簽證。

48. 輸入許可證的延期每次不得超過「6個月」，至多延期二次。

49. 「融資開狀」之情況下，進口商於「進口贖單時」向開狀行付清保證金以外之餘款。

50. 進口商簽發本票或信託收據（T/R）先向銀行領取單據辦理提貨，適用於「遠期信用狀方式之進口結匯」（T/R, Trust receipt）。

51. 當進口貨物較押匯單證正本先到達進口地，而進口商又急須提貨時，可用「擔保提貨」方式辦理提貨。

52. 在以託收方式辦理進口結匯的情形下，依一般慣例，託收票款之費用由「出口商」負擔。

53. 凡向開狀銀行貸款申請進口結匯者，提單抬頭人為「開狀銀行」。

54. 以 FOB 為貿易條件時，開狀銀行通常要求進口商須先提出「TBD Policy」。

55. 進口商申請開發信用狀時繳交保證金的結匯，稱為「開狀結匯」。

56. 廠商辦理擔保提貨，主要是先向船公司換取「D/O」，以辦理報關提貨。

57. 「全額開狀」之情況下，進口商於「申請開狀時」向開狀行付清信用狀款項。

58. 進口貨物已到進口地，且進口商已從出口商處取得副提單，但出口地銀行轉來的正本單據未到，進口商可向開狀銀行辦理「副提單背書提貨」（先決條件是先將所有信用狀的款項付清）。

59. 所謂擔保提貨係指由「開狀銀行」負責擔保。

60. 在進口地提貨時，由進口商以 B/L 去換領之單據是「Delivery Order」。

61. 進口商應持「正本提單」至開狀銀行辦理副提單背書手續。

62. 副提單背書時，所謂「副提單」是指「非憑以押匯之另一份正本提單」。

15

海關與關貿網路

第一節 | 通　關

所謂通關（Clearance），凡按照政府有關進出口法令之規定，將貨物輸入（Import）或輸出（Export）中華民國國境者，均須按海關（Customs）規定的手續辦理報關，而後始能提領進口貨物，或將貨物裝船（裝飛機）出口，此稱之為「通關」（即通過海關之意），所以海關實是替國家把守門戶者，貨物通過海關，即是出口或進口。

所以走私之認定為：「有無按海關規定之手續，提出申報。」我國緝私水域為24浬。

> 海關控制未稅貨物之地：
>
> 1. 聯鎖倉庫：倉庫業主及海關共鎖。
>
> 2. 貨櫃集散站。
>
> 3. 保稅倉庫。

通關手續，一般貿易商均委託報關公司或報關行（Customs House Broker 或 Customs Broker）辦理，由於報關行熟悉各種報關（申報通關）文件之製作及進行程序，所以報關行是一種服務業。

第二節 | 貨物通關自動化

空、海運進、出口貨物通關自動化系統（關貿網路(T/V)）分別於81年11月及83年11月陸續上線。目前報關行已全部連線傳輸，其他除少部分簽審機關外，亦均已連線。在自動化通關架構下，報關資料經由

「關貿網路」（TRADE-VAN, T/V）通過海關之「專家系統」將貨物篩選為三種通關方式：

C1（免審免驗通關）

C2（文件審核通關）

C3（貨物驗貨通關）

第三節　進出口貨物通關流程基本概念

一、進口貨物通關流程

1. 基本步驟

(1)收單→(2)分估→(3)驗貨→(4)徵收→(5)放行。

（免驗者則跳過(3)步驟，部分貨品將第(3)步驟移到最後辦理。）

2. 未連線者

將進口報單及相關文件遞交海關後，由海關鍵入電腦，其餘之流程與連線者同，唯海關回應或通知事項，僅能用口頭、電話或簡便通知。

3. 連線者

(1)報關行用「電腦傳輸」，經「T/V」到達海關。海關經篩選後，抽中C1者，送往徵稅（1a）；核列為C2或C3者，通知報關行遞送報單及相關文件（1b）；報關行依通知於「次日辦公時間終了以前」向海關「遞送」報單等文件（1c）。

(2)海關接受書面文件後，C2案審核文件，完成分估作業，送往徵

稅：C3案件審核文件送往驗貨，驗畢再退回辦理分估作業。

(3)C3案件辦理驗貨後，退回辦理分估作業。

(4)海關核發（或報關行自行列印）稅款繳納證（4a），納稅義務人持向銀行繳納（或用電子轉帳刷卡）（4b），透過金資中心及「T/V」傳輸海關（4c）。

(5)海關將放行訊息傳輸報關行（5a）及貨棧（5b），實施初期並列印「放行通知」交報關行（或報關行自行列印）。

(6)報關人持「放行通知」及運送文件（D/O、AWB）到貨棧提領貨物。

二、出口貨物通關流程

1. 基本步驟

(1)收單→(2)分估→(3)驗貨→(4)放行。

（免驗者則跳過(2)步驟，部分貨品將第(2)步驟移到最後辦理。）

2. 未連線者

將出口報單及相關文件遞交海關後，由海關鍵入電腦，其餘之流程與連線者同，唯海關回應或通知事項，僅能用口頭、電話或簡便通知。

3. 連線者

(1)報關行用「電腦傳輸」，經「T/V」到達海關。海關經篩選後，抽中C1者，送往放行（1a）；核列為C2或C3者，通知報關行遞送報單及相關文件（1b）；報關行依通知於「次日辦公時間終了以前」向海關「遞送」報單等文件（1c）。

(2)C3案件由驗貨單位受理書面文件辦理驗貨後，驗畢送往分估單位。

(3)分估單位受理C2案件書面文件及驗貨單位轉來C3案件後，審核文件，完成分估作業，送往放行。

(4)海關將放行訊息傳輸報關行（4a）及貨棧（4b），實施初期並列印「放行通知」交報關行（或報關行自行列印）。

(5)報關人持「放行通知」到貨棧進行裝運。

　　進出口貨物報關手續，可以委託報關行辦理，如果企業內自己有報關部門，報關人員必須考取報關士資格，領有執照。

第四節 | 出口通關作業

　　出口貨物（包括進口貨物復運出口者），貨物輸出人（或委託報關行）向海關辦理出口報關，應填送貨物「出口報單」，並檢附裝箱單或託運單、貨物進倉證明及按規定必須繳驗之輸出許可證、檢驗合格證及其他有關文件；其屬僅一箱或種類單一且包裝一致、散裝或裸裝之貨物，得免附裝箱單；其屬海關核准船邊驗放或逕運船邊裝運者，得免附貨物進倉證明。

一、報　關

1. 出口廠商倘有貨物出口，如擬交船運，應注意出口輪船開航日期，預先向輪船公司洽訂載位及取得裝貨單（Shipping Order, S/O），如係空運，應預先向空運公司洽訂載位及取得託運單。

2. 向經濟部國際貿易局申請核發輸出許可證（有必要時）及其他必要文件（如政府規定必須有檢驗合格證書等），以備出口報關時應用。

3. 上述手續辦妥，次一步便須於該輪船或飛機之開航日期前準時將貨物全部運往碼頭倉庫或航空貨運站倉庫，取得進庫證明文件，以便報關裝船或裝機（貨物未到達，海關依章不能查驗）。空運貨物進倉後由航空貨運站職員在託運單上加蓋「該貨已於×年×月×日進倉」章戳，並加簽署。

二、通關作業

1. 免驗之物品

(1)總統、副總統運寄國外之物品。

(2)駐在中華民國之各國使領館外交官、領事官暨其他享有受外交禮遇之機關與人員運寄國外之物品，經外交部或其授權機關證明者。

(3)其他經財政部專案核准免驗物資。

2. 下列物品得予免驗

(1)鮮果及蔬菜。

(2)動物、植物苗及樹木。

(3)米、糖、化學肥料、煤炭、木材、水泥、石灰、石料、木漿等包裝相同，重量一致或散裝出口之大宗貨物。

(4)軍政機關及公營事業輸出物品。

(5)不申請沖退稅之外銷品。

(6)危險品。

(7)靈柩或骨灰。

(8)信譽良好廠商之出口貨物。

第五節　進口通關作業

一、申報人

　　進口貨物之報關，應由「納稅義務人」（收貨人、提貨單持有人或者是貨物持有人）或受委託之「報關行」繕具（或由電腦列印）「進口報單」（Customs Declaration Import）（簡5105 (通關小組規劃報告之編號)；關01001 (關稅總局表格文件之原有編號)）「遞交」或「傳輸」至海關辦理。

二、報關期限

1. 進口貨物應自裝載貨物之運輸工具進口日起「15日」內向海關申報。
2. 海運者可在船舶抵埠前5日（全貨櫃輪為7日）內預報（船公司艙單應先預報）。
3. 中正機場空運進口鮮貨等，全天分三班24小時辦理收單、驗貨、分估、稅放，同時取消機邊驗放貨物預行報關，惟經進口組專案核准者除外（81.4.30(81) 臺總局電字第01256號函）。
4. 「報關期限」之認定，「未通自單位」（未實施通關自動化單位）及「未連線者」，以報單遞交海關（限在規定之受理時間內為之）完成收單手續之日期為準。「連線者」，以訊息傳輸送達「T/V」之日期為準。出口及轉運貨物，認定方式相同。

三、電子傳輸與遞送報單時間之方式與時限

1. **連線報關人利用自己之 PC（Personal Computer，個人電腦）等電腦設備**

   (1)依規定格式逐項輸入（各欄均由第一碼開始輸入，不得留空白）。

   (2)經「專責報關人員」審核無訛後，限由「專責報關人員」使用海關核發之「專用卡」，或其他經海關核定之方式簽證後傳輸申報。

   (3)傳輸申報後，在一般狀態下（待處理之報單數在 30 份以內），可在 15 分鐘內得到回應訊息，例如獲得稅費繳納證通知（簡 5110）、錯單或應補辦事項通知（簡 5107 或 5107S）、放行通知（簡 5116 或 5116S，如申報完成、正確，經抽中 C1 且為免稅或先放後稅貨品時）。

   (4)經核定為 C2、C3 通關者，「書面報單」等限在「次日辦公時間終了以前」補送；惟越早補送越好，因為報單沒有送達，海關不會進行處理。

   (5)遞交海關之報單，應由電腦調出申報畫面列印，並經專責報關人員審核簽證；其內容應與「電腦申報資料」相符。

   (6)報單經海關邏輯檢查比對不符者，以簡 5106 訊息通知依規定期限作線上更正或顯示於電腦畫面。至於已核定「通關方式」者，如有更正事項，一律以書面為之。如有涉及報備事宜，仍依有關規定辦理。

2. **未連線者**

   (1)報關人應使用「套版紙」繕打報單後遞交海關，由海關據以建檔或依海關規定之其他方式（如用磁片(Floppy Disk)）輸入後，海關始予收單。

(2)由海關建檔者，海關徵收「鍵輸費」。

(3)建檔後之作業流程與「連線者」相同，但海關如有通知或報關人有申請更正事項，一律用人工作業。

3.「未通自單位」

　　報關人應使用「套版紙」繕打報單後遞交海關，由海關據以建檔。

四、報關應附文件

投遞「進口報單」（簡5105 ；關01001）時應檢附：

1.（海運）小提單（Delivery Order, D/O，又稱提貨單）或空運提單（Air Waybill, AWB）

(1)連線申報者免附（惟海關為個案需要，輪船或航空公司應配合另行提供）。

(2)「未通自單位」一份小提單（海運）或空運提單配合一份進口報單申報；完成通關手續後，加蓋關防，發還報關人，憑以提貨。

2.發票（Invoice）或商業發票（Commercial Invoice）

應附二份（政府機關或公營事業進口貨物僅需一份）。

3.裝箱單（Packing List, P/L）

一份。散裝、大宗或單一包裝貨物（不論是否查驗）均免附。

4.裝櫃明細表（Container Loading List）

一份。一份報單申報整裝貨櫃二個以上時，請盡量檢附。

5.輸入許可證（Import Permit, I/P）

(1)繳「正本」，但有下列情形之一者免繳：

　A.廠商輸入表外貨品免證輸入

　　(A)「廠商」（依《出進口廠商登記管理辦法》辦妥登記之

「民營出進口廠商」）輸入「限制輸入貨品表」（分為第一、第二表）「外」之貨品，「免證」（免除輸入許可證）輸入。但下列進口案件，仍不適用（貿(82)一發字第09897及貿（85）二發字第02466號公告）：

a. 「大陸物品有條件准許輸入項目、輸入管理法規彙總表」列有大陸物品輸入特別規定 "MXX" 代號之項目及自古巴、伊拉克進口貨品案件。

b. 列入「舊品限制輸入項目表」之舊品案件。

c. 政府機關及公營事業進口免除簽發許可證貨品金額在美金二十萬元以上之案件。

(B)政府機關及公營事業輸入「表外」之貨品，其價值在貿易局規定限額（美金20萬元）以內者，免證輸入。

(C)其他法令另有管理規定者，彙編「委託查核輸入貨品表」（簡稱「委查表」或「委入表」）辦理之：

a. 免證輸入之貨品，「其他法令另有管理規定者」貿易局得就海關能予配合辦理部分之相關貨品名稱及輸入規定，彙編「委託查核輸入貨品表」公告辦理之。

b. 輸入「委託查核輸入貨品表」內之貨品，報關時應依該表所列規定辦理。

c. 「委託查核輸入貨品表」設「商品分類號列」、「貨品名稱」、「輸入規定」及「備註」等四欄。

B. 輸入「表內」貨品，其屬少量自用或饋贈者得免證放行：進口人輸入「限制輸入貨品表」內之貨品，其屬少量自用或饋贈者，海關得視情形依表內規定酌量免證稅放。但有其他特別規定者，應從其規定。

C. 非以輸入為常業者仍應辦理簽證，但符合規定者得免簽證廠

商、政府機關及公營事業以外「非以輸入爲常業之進口人」，依《貿易法》第10條規定辦理「特定項目貨品之輸入」（除經貿易局專案核准者外，以「供自用者」爲限），應辦理簽證。但有下列情形之一者，得「免證輸入」（如屬「限制輸入貨品表」或「委託查核輸入貨品表」貨品者，報關時仍應依表列規定辦理。但有其他特別規定者，應從其規定）。

(A)入境旅客及船舶、航空器服務人員攜帶行李物品，量值在海關規定範圍以內者。

(B)各國駐華使領館、各國際組織及駐華外交機構持憑外交部簽發之在華外交等機構與人員免稅申請書辦理免稅公、自用物品進口者。

(C)其他進口人以海運、空運或郵包寄遞進口「限制輸入貨品表」外之貨品，其離岸價格（FOB）爲10,000美元以下或等值者。

(D)其他經貿易局核定者。

(2)簽審機關與「T/V」連線傳輸 I/P 內容者，得免檢附

簽審機關與「T/V」連線傳輸 I/P 內容者，得免檢附。但簽審機關仍核發「限量使用之書面文件」者，應於「放行之次日起三日內」隨同進口報單補送海關。

6. 委任書一份

(1)其用途係在確定報關行之委任關係。

(2)由報關人與納稅義務人共同簽署。

(3)如整年均委任同一家（最多可五家，臺總局徵字第8510594號函）可專案申請整年僅辦理一次，免逐案委任（(71)臺財關第11978號函）（在報單上「其他申報事項」欄申報核准文號，上線後免附核准函影本）。

(4)常年（長期）委任報關適用範圍（《臺通法》第8380450號函）：辦理常年（長期）委任報關者，其委任報關行家數之限制，委任期限之規定等，均應適用同一標準為原則（即每一廠商每一關稅局最多委任五家，期間最多以一年為限）。

A. 下列連線保稅報單應、辦理常年（長期）委任報關：

(A)向進出口地海關報關案件——B6、D8（限發貨中心）。

(B)向駐加工區海關報關案件——E1、E5、D7。

(C)向駐科學園區海關報關案件——P4、D7。

(D)向保稅工廠監管海關報關案件——無。

(E)向保稅倉庫監管海關報關案件——B7。

B. 有保稅工廠監管編號或發貨中心保稅倉庫監管編號之G7（國貨復進口）報單免稅案件。

C. 信譽良好廠商經海關核定得船邊抽驗放行案件：審驗方式「7」（申請「免驗船邊裝(提)貨」）（受委任報關行限符合《報關行設置管理辦法》第50條之1規定條件者）。

D. 先放後稅使用廠商擔保額度案件。

7. **貨價申報書二份**

(1)應報明有無特殊關係、交易條件、費用負擔情形。

(2)下列進口貨品免繳：旅客行李、郵包、樣品、饋贈品、免稅貨品、國貨復運進口之貨物、政府機關及公營事業進口之貨物、保稅工廠、加工出口區及科學工業園區事業進口之保稅貨物。

(3)除涉及影響進口貨物完稅價格之核定案件（例如《關稅法》第12條第四項第一、二、三、四款規定應加計項目及《關稅法施行細則》第11條之1規定得扣減項目及《關稅法》第12條之1第二項規定）外，其他案件報關時，免再檢附貨價申報書。惟其屬買賣雙方無特殊關係者，應於進口報單第13欄填報「N」。

8. **附貨櫃集中查驗吊櫃通知單**

「未通自單位」應加附貨櫃集中查驗吊櫃通知單（CY 貨櫃裝運進口者）一式四聯。

9. **產地證明**

產地證明（書）（Certificate of Origin, C/O），應提供之情形：

(1)國貿局規定應提供者。

(2)海關為適用第二欄稅率，如有必要，得請納稅義務人提供。

(3)其他（如涉及大陸物品時，提供鑑定參考）。

10. **型錄、說明書或圖樣**

檢附型錄、說明書或圖樣，以配合海關查核需要提供。

11. **進口汽車應行申報事項明細表**

進口汽車應加附「進口汽車應行申報事項明細表」一份（(81)臺總局驗字第 00439 號函）。

12. **其他**

依有關法令規定應檢附者，例如進口「委託查核輸入貨品表」內之「農藥成品」應檢附「農藥許可證」及「農藥販賣業執照」影本；如進口廠商非「農藥許可證持有者」應加附「持有者之授權文件」。

五、信譽良好生產事業整櫃貨物得申請在船邊抽驗放行

1. 櫃裝進出口貨物，一般情形應先行送進儲貨櫃集散站後，再辦理進出口通關手續。

2. 依據關稅總局「信譽良好生產事業櫃裝進出口貨物船邊抽驗放行作業要點」規定（臺總局徵字第 84201838 號函）：

(1)為簡化進出口貨物通關作業手續，加速貨物通關，並使信譽良

好廠商實際受惠起見，特訂定本作業要點。

(2)凡經海關核定爲得船邊抽驗放行之廠商，以整裝貨櫃裝運進出口貨物者，得依本作業要點之規定船邊免驗放行或查驗後放行。本作業要點未規定者按一般相關規定辦理。

(3)廠商具備下列條件者，得以書面向各地關稅局進口組（課）申請爲「得船邊抽驗放行廠商」。

　A.爲生產事業。

　B.與關貿網路連線，使用「防止冒用優良廠商報關查對系統」者。

　C.以連線方式報關。

　D.如委託報關行報關，該生產事業應以常年委任方式委託符合《報關行設置管理辦法》第50條之1規定條件之報關行報關。

(4)廠商申請得船邊抽驗放行之案件，經海關審核符合前項規定條件，且該廠商依有關法令規定核列爲信譽良好者，得自各地關稅局進口組（課）核定爲「得船邊抽驗放行廠商」。各地關稅局應以書面通知核定結果。

(5)櫃裝進出口貨物應具備下列條件：

　A.爲整裝貨櫃。

　B.進口貨物以廠商自用者爲限。

　C.出口貨物以廠商生產之產品，且非屬「出口特定貨品項目清表」第一類貨品及第二類之易仿冒貨品爲限。

(6)依本要點辦理之進出口貨櫃限向原應進儲貨櫃集散站（卸存地點）之通關單位辦理連線申報。

(7)有關進出口報單經抽中以 C1、C2 方式通關者，放行後於船邊提領或船邊裝船；經抽中或核定以 C3 方式通關者，應將貨櫃進儲貨櫃集散站或經海關核准或指定之地點辦理查驗手續。

(8)廠商如有左列情形之一者，應註銷其「得船邊抽驗放行廠商」

資格。其中經海關依第一至三款規定註銷資格未屆滿三年及依第五款前段規定註銷資格未屆滿二年者，不得再申請核定：

A.廠商經海關依有關法令規定不再核列為信譽良好者。

B.事後發現進口貨物非屬廠商自用，出口貨物非屬廠商生產之產品，或屬「出口特定貨品項目清表」第一類貨品及第二類之易仿冒貨品等。

C.不再以連線方式報關者。

D.所委託之報關行已不符合《報關行設置管理辦法》第50條之1規定之條件，經海關通知，仍未終止其委任者。

E.因使用「防止冒用優良廠商報關查對系統」違反對海關承諾事項或涉及違章，經核發處分書者。

F.不再與關貿網路連線使用「防止冒用優良廠商報關查對系統」者。

(9)廠商或報關行利用本要點之優惠而有走私、漏稅等違法行為，其情節重大者，除依法處分外，對其申報之進出口貨物嚴查乙年。

第六節　三角貿易通關作業

一、各關辦理三角貿易案件應依下列規定

（(76)臺總署徵字第3731號函）

1.依據廠商申請書及進出口報單^(註)辦理。

2.如廠商報明或提供輸入許可證，應同時繳驗輸出許可證，反之，如未報明或提供輸入許可證者，則亦免查核輸出申許可證^(註)。

3. 洋貨不得以我國爲產生之標示。

註：負面列表進出口管理制度自83年7月1日實施後，三角貿易案件無論是否列屬限制輸出之表15.1、表15.2貨品，因無進口之事實，無須申領輸出許可證（(83)臺總局徵字第03813號及(83)臺普徵字第02217號函）。

二、貨物在同一關稅局出口者

1. 貨物在進口倉庫者

此種貨物在原進口倉庫之三角貿易貨物，廠商應於規定報關期限內向海關同時申報進、出口報單，註明或申請係三角貿易，經海關進口單位辦理進口報單通關手續後，移請稽查單位將貨物押送出口倉，再將進、出口報單併送出口單位辦理通關作業，俟放行後，將進出口報單送稽查單位辦理監視裝櫃加封或押運裝船（機）出口。

2. 貨物在保稅倉庫者

出口時應向海關填具「出口報單」（D4保稅倉庫退運出口）向原監管保稅倉庫業務單位辦理銷帳核發准單手續後，先由稽查單位將貨物自保稅倉庫押運至出口貨棧（發貨中心貨物免押運），報單送出口單位辦理報關查驗、放行事宜後，再移請稽查單位辦理監視裝櫃加封或押運裝船（機）出口（(83)臺總局保字第02801號函）。

三、貨物自不同關稅局出口者

1. 保稅倉庫貨物

(1)出口應以「出口報單」（D4）向原監管保稅倉庫業務單位辦理銷帳及核發准單手續，有關貨物由稽查或倉棧單位監視裝入保稅卡車加封，或運至出口地海關出口倉庫（發貨中心貨物免加封或押運），報單經出口地海關收單辦理查驗放行手續後，送稽查單位監視裝櫃加封或押運裝船（機）出口，並列入出口貨物艙單。

(2)未能立即裝船（機），而有在出口地海關暫行存儲其監管之保稅倉庫，另俟船（機）期出口者，則向原進口地海關先行辦理進儲保稅倉庫手續後，再填具「進口報單」（D6 保稅貨運國內他港口）向原進口地海關進口保稅單位辦理銷帳及驗放行手續後，有關貨物則由稽查單位監視裝入保稅卡車加封或押運至出口地海關監管保稅倉庫存放，待貨物出口時，再向出口地海關填具「出口報單」（D4）申報貨物出口，並於完成出口通關手續後辦理裝船（機）作業，完成貨物轉口。

2.**一般貨物**

(1)貨主存於進口倉之未稅貨物申請三角貿易轉運至其他關稅局出口者（納稅義務人依《關稅法》第28條第四款申請者，海關依《關稅法》第55條之1，責令納稅義務人限期辦理退運者亦同），如屬准許進口類貨物則准予辦理，而屬於管制進口類、禁止進口類、違禁品、暫停進口物品，一律不准申請轉運。惟如同一批貨物有准許進口類，亦有其他類者，不得轉其他關稅局出口，至於細節方面，諸如貨物性質、退運人信譽……等，仍應由原進口地海關詳予審核以決定准駁，並逐項驗明來貨，出口地海關應再予複驗（(79)臺總署徵字第3134號函）。

(2)通關程序

A.進口地海關進口單位核准自他關稅局三角貿易或退運出口時，應查驗加封並填具「特准退回國外貨物覆驗押運並監視

裝機、裝船出口報告表」（以下簡稱押運表）後放行，放行關員應於進口貨物電腦放行通知單提單、進口報單、押運表上批註「請稽查組派員押運（或監視裝入保稅卡車）至××關稅局（或分(支)局）退運出口」等字樣，連同已查驗外貨復運出口報單。

註：報關人應繕打出口地海關之出口報單號碼等，全卷轉送稽查單位。

B. 稽查單位按進口單位批註之轉運方式辦理貨物之轉運工作，轉運時影印進口報單一份，連同出口報單、押運表送交出口地海關。進口報單正本於簽註所辦理轉運情形後，送還進口放行單位。

C. 出口地海關出口單位於辦理出口通關手續後，應於進口報單影本簽註已出口事項，並寄還進口地海關進口放行單位，俾附存原進口報單以做相互勾稽。

第七節 復運進出口通關作業

一、法令依據

《關稅法》第 30 條暨 30 條之 1 。

二、申報進口

1. 進口之貨物，以非消耗性物品為限。

2. 申報時應將貨名、廠牌、型號、規格、數量等詳列於進口報單。
3. 檢附押款申請書及展覽證明文件，聲明進口後六個月內復運出口，繳納稅款保證金或由授信機構擔保驗放。
4. 納稅辦法申報：國貨待復運出口代碼「71」。外貨待復運出口代碼「73」。

三、申請延長復運出口期限

應於出口期限屆滿前，以書面敘明理由，檢附有關證件，向原進口地海關申請核辦。

四、申報出口

貨物如欲於出口後一年內原貨復運進口免稅，於出口報關時，應在出口報單上詳列品名、廠牌、規格及數量，並聲明在規定期限內，原貨復運進口，並應報明原進口報單號碼。

五、申報查驗

此類進出口報單皆應申報查驗。

六、申請退押結案

填具申請書，註明原進口報單及出口報單號碼，向原進口單位申請辦理退還押款保證金結案。

第八節 進出口貨物應繳納的稅、費

一、出口貨物

目前出口貨物是免出口稅的，僅有以下應繳的費用：

1. 商港服務費＝以每計費噸 80 元計收（空運免繳）。
2. 推廣貿易服務費＝離案價格（FOB）× 0.04%。

以上費用於貨物出口通關後，由海關簽發「代收費用繳納證」，出口人可於 14 天內自行持向銀行繳納。

二、進口貨物

1. 關稅

依《中華民國海關進口稅則》所規定之稅則、稅率徵收，課徵方式有三種：

(1) 從量稅

進口貨物關稅之課徵，按其數量（包括重量或才積等）及每數量單位完稅額計算之。

其公式為：

從量進口稅＝單位完稅額×數量

(2) 從價稅

進口貨物關稅之課徵，按其價格及稅率計算之。

其公式為：

> 從價進口稅＝完稅價格（CIF）×稅率

一般進口貨物大多按從價稅課徵關稅。

(3)複合稅

在同一稅號內，同時並列從價稅率及從量單位完稅額，採從高課徵。

2. 商港服務費

以每計費噸80元計收（僅海運進口貨物應收取）。

按新的《商港法》第15條第二項規定，「商港服務費」共分三項：(1)船舶；(2)旅客；(3)貨物。

關於貨物：分為散裝貨、整櫃貨、併櫃貨三項。併櫃貨物，以該貨櫃內不同貨物之計費噸數量，以每噸新臺幣80元分別計收。每筆報價金額不足新臺幣100元者，不予計收。散裝貨及整櫃貨如表15.1規定。

3. 推廣貿易服務費

進口貨物完稅價格（CIF）乘以0.04%。

4. 貨物稅

非屬《貨物稅條例》規定應課貨物稅之品目，免徵。

公式為：

> 貨物稅＝（貨物完稅價格(CIF)＋應納關稅＋商港建設費）×貨物稅率

5. 公賣利益

洋酒按關稅完稅價格（CIF）乘以230%（如屬已開放進口者，從量課徵公賣利益）。

6. 營業稅

如向所屬稅捐稽徵機關購買統一發票者，即為一般營業人，免由

▌表15.1 ▌ 貨物商港服務費收費等級費率表

項目	物品名稱	費率等級	散裝貨 每計費噸費率	整櫃貨 20呎以下	整櫃貨 21呎以上
1	米、麥、麥片、麵粉、麩皮、米糠、豆、豆粉、玉米、澱粉、豆餅、花生、花生餅、菜籽、棉籽、茶餅、飼料、漁粉、瓜子、胡桃、芝麻、糖、鹽、工業鹽、廢料及廢品、柴薪、木片、空油桶、廢膠及其製成品、硫磺、石墨、磚、瓦、土製品、石製品、石棉及其製品、焦炭、柏油、紙漿	1	7	274	547
2	廢料及廢品（屬棉、麻、毛、絲、皮、人造纖維）、棉及其製品、麻及其製品、毛髮及其製品、豬鬃及其製品、草及其製品、廢金屬及廢品、鋼鐵及其製品、化學肥料、柏油、紙及其製品、蔬菜、鮮果	2	13	547	1,094
3	不屬第1、2等級貨類者，皆列為第3等級	3	19	684	1,368

附註：1.礦砂、煤炭、硫酸、土、石、砂、石灰、石膏、水泥、廢紙、糖蜜等貨類，以散雜貨輪裝卸者，每計費噸2.8元，每一筆報單之貨量若超過五萬公噸者，超過部分，每計費噸1.4元；以貨櫃輪裝卸者，倘裝載於20呎以下整櫃者，每櫃計收137元，裝載於21呎以上者，每櫃計收274元。

2.貨物等級跨兩等，無法辨別者，以較低等級貨物計算。

3.同一裝貨單或提單內包含兩種以上貨物者，按較高等級貨物計收。

4.本表之貨品名稱及費率等級，交通部得檢討修正後公告之。

海關代徵營業稅，但進口乘人小汽、客車仍應徵收。

公式為：

> 營業稅＝（貨物完稅價格(CIF)＋關稅＋商港建設費＋貨物稅）
> 　　　　×5%（目前營業稅率規定為5%）

以上所稱貨物完稅價格，指進口貨物起岸價格（CIF），即等於離案價格（FOB）加運費及保險費之總和。

三、稅款繳納期限

進口貨物應繳稅捐，應自海關填發稅款繳納證之日起14天內繳納。凡未依限繳納者，自繳納期限屆滿次日起，照欠繳稅額按日加徵滯納金萬分之五，滯納金徵滿60日仍不繳納者，由海關變賣貨物，扣除應納關稅及必要費用後之餘款，由海關暫代保管，納稅義務人得於五年內申請發還，逾期繳歸國庫。

納稅義務人如不服海關對其進口貨物所核定之稅則號別、完稅價格時，得於規定的繳納期限（14天）內，依規定格式，以書面向海關聲明異議，請求複查。

┃表 15.2┃ 貨物稅稅率表　　　　　　　　　　　（91 年 7 月 17 日總統令修正公布）

貨品名稱	百分比	貨品名稱	百分比
橡膠輪胎：		電器類：	
大客車、大貨車使用	10	電冰箱	13
其他客種橡膠輪胎	15	彩色電視機	13
水泥		冷暖氣機	20
白水泥、有色水泥（每噸）	600 元	中央系統型冷暖氣機	15
卜特蘭一型水泥（每噸）	320 元	除濕機	15
卜特蘭高爐水泥（每噸）	280 元	錄影機	13
代水泥	440 元	電唱機	10
飲料：		錄音機	10
稀釋天然果蔬菜汁	8	音響組合	10
其他飲料品	15	電烤箱	15
平板玻璃	10		
油氣：		車輛：	
汽油（每公秉）	6,800 元	小客車（九人座以下）	
柴油（每公秉）	3,990 元	2000 cc.以下	25
煤油（每公秉）	4,250 元	2001 cc.以上	35
航空燃油（每公秉）	610 元	貨車，大客車	15
燃料油（每公秉）	110 元	機車	17
溶劑油（每公秉）	720 元		
液化石油氣（每公噸）	690 元		

重點複習

1. 我國於 94 年 3 月 14 日正式上線之電子化服務平台稱為「便捷貿 e 網」。

2. 貨物通關時，海關電腦會產生 C1、C2 或 C3 通關方式，C1 免審免驗，C2 文件審核，C3 貨物查驗。

3. 「CTN、CBM、PKG」均是通關用計量標準單位代碼。

4. 目前有關「商港服務費」之收取，從「量」收取。

5. 我國海關對貨物進出口值的統計，係根據「出口 FOB；進口 CIF」貿易條件。

6. 有關我國推廣貿易服務費之敘述，「進口貨物按其 CIF 價值課徵一定之費率」。

7. 我國商港服務費之徵收，係「針對海運貨物徵收」。

8. 廠商出口貨物可不必繳納「關稅」。

9. 各國海關對於進出口貨物的統計，出口按 FOB（離岸價格），進口按 CIF（起岸價格）。

10. 依入境旅客攜帶水果通關時，應選擇「紅線檯」查驗過關。

11. 美國發生 911 恐怖攻擊事件後，規定所有直接運抵美國各港口之貨物運送者，必須在外國港裝載前「24 小時」，出具確實載貨清單，傳送至美國海關。

12. 出口貨物通關方式中，「C2」屬於文件審核（俗稱應審免驗）。

13. 關貿網路簡稱為「T/V」（Trade-Van）。

14. 關稅局之業務有：(1)徵稅；(2)緝私；(3)貿易統計。

15. 進口貨物應自裝載貨物之運輸工具進口日起「15 日」內，向海關申報。得於進口前「預先申報」。

16. 《關稅法》第 4 條規定：關稅納稅義務人為收貨人、提貨單或貨物持有人。

17. 《關稅法》第 12 條規定：從價課徵關稅之進口貨物，其完稅價格，以該進口貨物之交易價格做為計算根據。交易價格係指進口貨物由輸出國銷售至中華民國實付或應付之價格。簡言之，完稅價格就是購入時的 CIF 價格。

18. 《關稅法》第 22 條規定：關稅之繳納，自海關填發稅款繳納證之日起 14 日內為之。

19. 《關稅法》第 23 條規定：納稅義務人如不服海關對其進口貨物核定之稅則號別、完稅價格，或應補繳稅款或特別關稅者，得於收到海關填發稅款繳納證之日起 14 日內，依規定格式，以書面向海關聲明異議，請求複查。

20. 《關稅法》第 24 條規定：海關應於接到異議書後 12 日內，將該案重行審核，認為有理由者，應變更原核定之稅則號別或完稅價格。

21. 《關稅法》第 25 條之 1 規定，納稅義務人或受處分人欠繳應繳關稅、滯納金或罰鍰者，海關得就納稅義務人或受處分人相當於應繳金額之財產，通知有關機關不得為移轉或設定他項權利；其為營利事業者，並得通知主管機關限制其減資或註銷之登記。

22. 《關稅法》第 35 條規定：運達中華民國口岸之貨物，在報關進口前，得申請海關存入保稅倉庫。在規定存倉期間內，原貨退運出口者免稅。前項貨物，在規定存倉期間內，貨物所有人或倉單持有人，得申請海關核准於倉庫範圍內整理、分類、分割、裝配或重裝。

23. 進口通關時，如必須審核書面文件及查驗貨物後始放行者，稱為「C3」通關方式。

24. 貨物進口自運輸工具進口日起算「35 天」內未報關將被變賣。

25. 依進出口貨物預行報關處理準則之規定，進口商得於載運船艙抵埠前「五日」內，持有關文件向海關預行報關。

26. 進口廣告品及貨樣，其完稅價格在新臺幣「12,000 元」以下者，免徵進口關稅。

27. 辦理進口貨品報關時，「依據貨品應歸屬之正確號列報關進口」。

16

出口保險、保證與貸款

由於D/A、D/P可能有收不到貨款的風險,如此易使出口廠商裹足不前,不願接受D/A、D/P交易條件,但又鑑於現在世界各國以D/A、D/P的交易方式漸趨普遍(尤以中南美洲為然),因此,我國政府於民國68年1月11日正式成立「中國輸出入銀行」。旨在保障國內出口廠商從事輸出貿易,使一般商業銀行不願承保之政治危險、信用危險所致的風險,皆可在此得到賠償,俾積極促使對外貿易。如此出口廠商可降低貨款收不到的危險,而由政府(中國輸出入銀行)來承擔,但先決條件仍應先做好徵信工作,其信用度能為中國輸出入銀行所接受時,再與買主簽訂D/P、D/A方式之買賣契約。更進一步地,中國輸出入銀行為配合政府鼓勵出口,積極提供國內廠商產銷周轉資金,以促進外銷,加強我國產品在國際市場上的競爭力,特提供短期出口貸款。

中國輸出入銀行 輸出保險部
地址:臺北市南海路3號8樓
連絡電話:(02)3322-0204(單一窗口副總經理)
總機:(02)2321-0511

第一節 出口保險服務

分擔我國廠商從事對外貿易之風險,使業者得以採更具競爭力之付款條件爭取貿易機會,並且積極開拓新興市場,分散外銷市場。

業務內容:

1.託收方式(D/P、D/A)輸出綜合保險。

2.記帳方式(O/A)輸出綜合保險。

3. 中小企業安心出口保險。

4. 中長期延付輸口保險。

5. 海外投資保險。

6. 海外工程保險。

7. 國際應收帳輸出信用保險。

8. 全球通帳款保險。

9. 信用狀出口保險。

下面就以幾項有關出口項目的保險做解說，其他業務請直接向進出入銀行詢問。

一、託收方式（D/P、D/A）輸出綜合保險

我國廠商從事輸出貿易或海外投資時，難免因發生進口地的政治危險或進口商的信用危險，而造成損失。如果在輸銀投保了輸出保險，這些損失將可獲得賠償。如此大家可以更積極地對外拓展貿易及從事海外投資，還可以憑輸銀簽發的保險證明書，向其他銀行洽詢融資事宜。

1. **承保對象**

   本保險以一年期以下付款交單（D/P）或承兌交單（D/A）方式，由本國或由第三國輸出貨物之交易為保險對象。貨物如由第三國出口供應，該出口供應商須為我國廠商，經政府核准或核備之對外投資設立者。

2. **要保人及被保險人**

   出口廠商。

3. **保險標的**

   輸出貨款。

4. 承保範圍

被保險人在保險責任期間內，因發生下列信用危險或政治危險所致損失，輸銀負賠償責任。

(1)信用危險

進口商宣告破產者。

國外受託銀行憑輸出匯票向進口商為付款之通知（付款交單）或為承兌之提示或承兌後之付款通知（承兌交單）時，進口商行蹤不明，經當地政府機關證明屬實者。

以付款交單方式（D/P）輸出，進口商不付款。

以承兌交單方式（D/A）輸出，進口商不承兌輸出匯票或承兌輸出匯票後，到期不付款。

(2)政治危險

輸出目的地政府實施禁止或限制進口或外匯交易。

輸出目的地國家或地區發生戰爭、革命、內亂或天災等，以致中止貨物進口或外匯交易。

（貨物由第三國裝運出口者，因輸入目的地或轉口地政府禁止或限制進口所致損失，輸銀不負賠償責任。）

5. 保險責任期間

自輸出貨物裝船日起，至預計貨款收回日止。

6. 保險價額與保險金額

以輸出匯票金額為保險價額，但輸出匯票金額大於輸出貨物總價時，以輸出貨物總價為保險價額。保險金額以不超過保險價額之90%為限，由輸銀依進口商之信用狀況（等級）核保決定之。輸出匯票金額以外幣表示者，其保險價額及保險金額，按裝船日之外匯市場匯率折算為新臺幣。

7. 保險費率

按付款條件（D/P 或 D/A）、保險期間長短、進口地區政治經濟情況等釐訂基本費率。另依據進口商之信用狀況，按基本費率訂定增減費率。同時，為鼓勵出口廠商投保本保險，若同一出口廠商在同一年內（即有效保險期限內）投保之件數及保險金額，累計達到一定標準，且該年度無賠案發生者，則其保險費率給予若干之折扣（即「多件折扣」）。惟貨物由第三國出口供應者，按基本費率加收15%。

8. **賠償金額**

以承保範圍內之實際損失金額為準，按保險金額與保險價額之比例計算之。

9. **保險金之請求與給付**

被保險人得於通知輸銀危險事故發生，並與輸銀會商保全措施後，檢具下列必要文件向輸銀辦理請求賠償手續：

(1)賠償申請書。

(2)保險證明書。

(3)輸出許可證海關回單聯（如經濟部國際貿易局更改此項規定時，則依其最近規定辦理；此外，輸出貨物如由第三國出口供應者，免提供）。

(4)買賣契約原本。

(5)輸出匯票正本。

(6)商業發票。

(7)提單全套（但如付款條件為D/A 方式，而進口商已承兌提貨者免送）。

(8)拒絕證書（可委託往來銀行辦理，但如進口商宣告破產者，則提供破產證明文件）。

(9)損失或交易有糾紛者，應提出能確定被保險人無責任之證明文件。

(10)進出口商間及託收銀行間之往來文件。

(11)其他必要證明文件。

輸銀原則上於被保險人或保險權益受讓人辦妥請求賠償手續後，二個月內給付保險金。

二、記帳方式（O/A）輸出綜合保險

我國廠商從事輸出貿易或海外投資時，難免因發生進口地的政治危險或進口商的信用危險，而造成損失。如果在輸銀投保了輸出保險，這些損失將可獲得賠償。如此大家可以更積極地，對外拓展貿易及從事海外投資，還可以憑輸銀簽發的保險證明書，向其他銀行洽詢融資事宜。

1. **承保對象**

本保險由本國出口廠商以記帳方式（Open Account, O/A）與國外進口廠商簽定買賣契約，輸出貨物者。貨物如由第三地供應商提供，該供應商須爲我國廠商經政府核准或核備投資設立者。

2. **要保人及被保險人**

出口廠商。

3. **保險標的**

輸出貨款。

4. **承保範圍**

本行對於被保險人依買賣契約之約定輸出貨物，於保險期間內，因下列保險事故所致之損失，依保險契約之約定，負保險給付之責任。

(1)信用危險

進口商宣告破產者。

貨物輸出後，進口商不提貨者。

進口商到期不付款者。

(2)政治危險

輸出目的地政府實施禁止或限制進口或外匯交易。

輸出目的地國家或地區發生戰爭、革命、內亂或天災，以致中止貨物進口或外匯交易者。

5. 保險責任期間

自輸出貨物裝運日起，至預計貨款收回日止。

6. 保險價額與保險金額

以買賣契約所訂貨物價金為保險價額，但買賣契約所載貨物價金大於輸出貨物總價時，以輸出貨物總價為保險價額。保險金額以不超過保險價額之90％為限，由輸銀依進口商之信用狀況（等級）核保決定之。輸出匯票金額以外幣表示者，其保險價額及保險金額，按裝運日之外匯市場匯率折算為新臺幣。

7. 保險費率

按保險期間長短、進口地區政治經濟情況等釐訂基本費率。另依據進口商之信用狀況，按基本費率訂定增減費率。同時，為鼓勵出口廠商投保本保險，若同一出口廠商在同一年內（即有效保險期限內）投保之件數及保險金額累計達到一定標準，且該年度無賠案發生者，則其保險費率給予若干之折扣（即「多件折扣」）。惟貨物由第三國出口供應者，按基本費率加收15％。

8. 賠償金額

以承保範圍內之實際損失金額為準，按保險金額與保險價額之比例計算之。

9. 保險金之請求與給付

被保險人得於通知輸銀危險事故發生，並與輸銀會商保全措施後，檢具下列必要文件向輸銀辦理請求賠償手續：

(1)賠償申請書。

(2)保險證明書。

(3)出口報單或輸出許可證海關回單聯。

(4)買賣契約原本。

(5)商業發票。

(6)提單全套（但進口商已提貨則提供已提貨之證明文件）。

(7)進口商拒絕付款相關文件（進口商宣告破產者，則提供破產證明文件）。

(8)損失或交易有糾紛者，應提出能確定被保險人無責任之證明文件。

(9)進出口商間之往來文件。

(10)其他必要證明文件。

輸銀原則上於被保險人或保險權益受讓人辦妥請求賠償手續後，二個月內給付保險金。

三、中小企業安心出口保險

1. 保險對象

本國中小企業出口廠商以一年期以下付款交單（D/P）、承兌交單（D/A）或不可撤銷遠期信用狀（Usance L/C）方式付款，與國外進口廠商簽訂買賣契約輸出貨物者。

註：貨物由境外出口供應者，該出口供應商須為經我國經濟部投資審議委員會核准或核備之對外投資設立者。

2. 承保範圍

承保政治危險及信用危險或僅承保政治危險。

(1)政治危險

輸出目的地之政府變更法令，或發生戰爭、革命、內亂或天災

等，而導致貨物不能進口或不能匯兌，以致貨款不能收回所引起的損失。

(2)信用危險

以 D/P 、 D/A 方式輸出，國外進口商不依約付款，不依約承兌輸出匯票，或承兌匯票到期不付款等所致損失。

以遠期信用狀方式輸出者，開狀銀行對承兌之匯票到期不付款。

3. 保險責任期間

以 D/P 、 D/A 方式輸出者：自貨物裝運日起至貨款預計收回日止。

以遠期信用狀方式輸出者：自開狀銀行承兌匯票之日起，至貨款預計收回日止。

4. 保險價額

以輸出貨價、輸出匯票金額、信用狀金額三者中之最低者為保險價額。

5. 保險金額

(1)政治危險

可達保險價額100%。

(2)信用危險

以遠期信用狀方式出口者，照 D/P 方式辦理。

為保險價額之80～90%。

▌表 16.1▌

進口商信用評等	D/A	D/P
1	90%	90%
2	90%	90%
3	85%	85%
4	85%	85%
5	85%	80%
6	85%	80%

6.保險費率

以 D/P 、 D/A 方式輸出者，按付款條件（D/P 或 D/A）、保險期間長短、進口地區政治經濟情況，及進口商信用狀況等訂定之（詳基本費率及增減費率表）。

以遠期信用狀方式輸出者，費率計算方式比照 D/P 之 25% 辦理。

僅投保政治危險者，按基本費率及多件折扣計算後之 20% 計收保險費。

貨物由境外出口供應者，按保險費率加計 15%。

延長保險期限，其費率適用該「延長期間」之費率。

可採逐筆或預繳方式繳付保險費。

7. 保險費計算

保險價額×保險成數×保險基本費率×增減費率×多件折扣

8. 要保手續

▌表 16.2 ▌

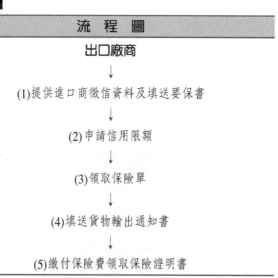

流　程　圖
出口廠商
↓
(1)提供進口商徵信資料及填送要保書
↓
(2)申請信用限額
↓
(3)領取保險單
↓
(4)填送貨物輸出通知書
↓
(5)繳付保險費領取保險證明書

9. 保險金之請求與給付

被保險人得於通知輸銀危險事故發生，並與輸銀會商保全措施後，檢具下列必要文件，向輸銀辦理請求賠償手續：

(1)賠償申請書。

(2)保險證明書。

(3)輸出許可證海關回單聯（如經濟部國際貿易局更改此項規定時，則依其最近規定辦理；此外，輸出貨物如由第三國出口供應者，免提供）。

(4)買賣契約原本（以遠期信用狀輸出者，另提供信用狀）。

(5)輸出匯票正本（以遠期信用狀輸出者，如無法提供輸出匯票正本，得以開狀銀行確認承兌匯票之書面通知代替之）。

(6)商業發票。

(7)提單全套（但如付款條件為D/A方式，而進口商已承兌提貨者免送）。

(8)拒絕證書（可委託往來銀行辦理，但如進口商宣告破產者，則提供破產證明文件）。

(9)損失或交易有糾紛者，應提出能確定被保險人無責任之證明文件。

(10)進出口商間及託收銀行間之往來文件。

(11)其他必要證明文件。

輸銀原則上於被保險人或保險權益受讓人辦妥請求賠償手續後二個月內給付保險金。

四、信用狀出口保險

(一)簡介

政府為協助國內出口廠商因應亞洲金融情勢，提振對全球各地的出

口貿易，特別指定輸出入銀行（本行）承辦專案輸出保險。

在該專案輸出保險計畫下，其適用對象為以不可撤銷即期信用狀或不可撤銷遠期信用狀方式，出口至全球各地之國內出口廠商。本行承保自上述國家經本行認可之銀行及本國銀行海外分行、子行所開發之不可撤銷信用狀，因開狀銀行發生信用危險，或上述國家發生政治危險所致開狀銀行不付款之損失，當廠商投保本保險後，便可獲得保險賠償。

上述信用危險包括倒閉、遭清算、銀行宣告破產，或依法定程序申請重整、被拍賣或被接管、無力償債、不承兌匯票、開狀銀行無正當理由而不付款等；政治危險係指開狀銀行所在地之國家或地區政府禁止或限制外匯匯出，開狀銀行所在地之國家或地區發生戰爭、革命、內亂或天災，以致中止或停止進口或外匯匯出。

(二)注意事項

本項保險，最長保險期間不超過360天。

保險費率：視開狀銀行所在地區風險等級及保險期間長短由本行核定，本項保險平均費率約為0.213%。

出口商投保本保險後，如貨物裝運出口、辦理押匯、需要資金融通，可事先商洽本行融資業務單位辦理。

(三)中國輸出入銀行諮詢服務中心

◎北部廠商可洽：

服務專線：（02）2394-8145　本行輸出保險部

　　　　　（02）2393-4401　本行輸出保險部

　　　　　（02）8780-0181　本行臺北分行

服務地址：臺北市南海路3號7樓

　　　　　臺北市信義路五段5號2樓2A-15

◎**中部廠商可洽：**

　　服務專線：（04）322-5756　本行臺中分行

　　服務地址：臺中市臺中港路二段1之18號5樓

◎**南部廠商可洽：**

　　服務專線：（07）224-1927　本行高雄分行

　　服務地址：高雄市中正二路74號8樓

五、中長期延付輸出保險

　　我國廠商從事輸出貿易或海外投資時，難免因發生進口地的政治危險或進口商的信用危險，而造成損失。如果在輸銀投保了輸出保險，這些損失，將可獲得賠償。如此大家可以更積極對外拓展貿易及從事海外投資，此外還可以憑輸銀簽發的保險證明書，向其他銀行洽詢融資事宜。

(一)承保對象

　　本保險以一年期以上分期償付價款方式輸出整廠設備、機器產品或其他資本財或提供技術及勞務，而於貨物裝船或技術勞務提供前，收取總價金15%以上預付款，並持有買方銀行之付款保證（L/C或L/G）或輸出契約當事人為國外政府機構之輸出交易為保險對象。如開證銀行資信未達本行認可標準或無銀行付款保證者，其地區或國家經中國輸出入銀行認可，且其簽訂契約之對方信用經中國輸出入銀行核保評定為第一、二、三、四級者，亦得為承保對象。

(二)要保人及被保險人

　　出口廠商。

(三)保險標的

以輸出貨物之延付貨價或提供技術或勞務之價款及其利息為保險標的。

(四)承保範圍

輸銀對於被保險人依輸出契約或技術及勞務提供契約，輸出貨物或提供技術及勞務後，因發生下列信用危險或政治危險，致不能收回貨款或提供技術及勞務之價款而遭受之損失，負賠償責任：

1. 信用危險

簽訂契約之對方於本保險成立後宣告破產者。

簽訂契約之對方遲延履行其債務在六個月以上者，但以不可歸責於被保險人之情事者為限。

2. 政治危險

輸出目的地政府實施禁止或限制外匯交易或貨物進口。

輸出目的地國家或地區發生戰爭、革命、內亂或天災，以致中止外匯交易或貨物進口。

輸出目的地國家或地區以外，與本保險所承保之交易有關之政府實施禁止或限制外匯交易。

輸出目的地國家或地區以外，與本保險所承保之交易有關之國家或地區發生戰爭、革命、內亂或天災，以致中止外匯交易。

輸出目的地國家或地區以外，與本保險所承保之交易有關之國家或地區發生戰爭、革命、內亂或天災，以致輸出貨物中止運輸至目的地。

(五)保險責任期間

依照輸出貨物裝船日或開始提供技術及勞務之日起，至其延付貨款或價款結帳日期止，另加上貨款或價款實際收回之預計期限訂定之。

(六)保險價額

輸出貨物總價或提供技術及勞務價款總額，經扣除預付款或裝船時可收取貨款後，以其分期償付部分之金額及其分期償付利息為保險價額。

(七)保險金額

持有輸銀認可銀行付款保證者，以分期償付貨價（包括利息）部分之90%為限。

開證銀行資信未達輸銀認可標準或無銀行付款保證者，其付款期限在三年以下，輸出價額美金30萬元以下，且其簽訂契約之對方信用經輸銀核保評定為第一、二級者，以分期償付貨價部分之80%為限。

(八)保險費率

按保險期間長短、進口地區政治、經濟情況，及是否具有付款保證等訂定基本費率、減扣費率及加成費率。另亦訂有「多件折扣」規定，以鼓勵出口廠商投保本保險。

(九)賠償金額

以承保範圍內之實際損失金額為準，按保險金額與保險價額之比例計算之。

(十)保險金之請求與給付

被保險人得於通知輸銀發生政治危險或信用危險後，以自費估算損失，並檢具賠償申請書、證明單據等必要文件，向輸銀辦理請求賠償手續。

輸銀於被保險人辦妥請求賠償手續後二個月內給付保險金。

第二節 貸款服務

一、簡　介

貸款服務係協助廠商拓展新興市場的貸款。

中國輸出入銀行係專責協助廠商出口之專業銀行，為協助廠商取得出口所需的周轉金，特提供短期出口貸款，該項業務貸款期間最長可達一年，不僅一般出口交易可向中國輸出入銀行申辦貸款，即使較長天期的出口交易，也可向中國輸出入銀行申請貸款，本項業務尚且有多項特色：

1. 中國輸出入銀行屬政策性銀行，貸款利率最具競爭力。
2. 裝船後融資由中國輸出入銀行直接掌控國外還款來源，出口廠商不需另外提供擔保品。
3. 融資與輸出保險結合，不但提供融資，還承擔出口風險。
4. 熟悉海外新興市場，對國外銀行或國外買主選擇最具彈性。
5. 可對出口廠商核予總額度，出口後逐一動撥，不需逐筆申請，手續簡便。

短期出口貸款依資金運用時點不同，分為裝船前、裝船後及裝船前後合併三種類型。廠商從事生產，自國外信用狀、出口合約或訂單簽發日起至裝船日止，所需貸款期間在一年以內者，可向中國輸出入銀行申辦裝船前短期出口貸款。廠商出口產品自裝船日起，至國外買方預定付款日止，所需貸款期間在一年以內者，可向中國輸出入銀行申辦裝船後短期出口貸款。廠商從事生產銷售，自國外信用狀、出口合約或訂單簽發日起，至國外買方預定付款日止，所需貸款期間在一年以內者，可向

本行申辦裝船前後合併短期出口貸款。廠商若有貸款需求，可提供交易貨品或勞務名稱、交易方式、交易金額、需要貸款期間及額度、國外買主名稱、開狀銀行及擔保條件等資料，中國輸出入銀行會先為廠商做初步貸款規劃，正式申請時，廠商須提供最近三年財務報表等徵信資料供中國輸出入銀行做例行性查核，貸款核准及簽約後，廠商即可備齊撥貸文件向中國輸出入銀行申請動用。

廠商若想進一步暸解貸款細節，可隨時以電話或親洽中國輸出入銀行，中國輸出入銀行將秉持熱誠盡心協助廠商申辦貸款，若有需要，中國輸出入銀行亦可派員前往講解及協助填寫申請資料。此貸款手續簡便、利率低廉（中小企業尚可享減碼優惠），是廠商從事生產及拓銷海外市場的最佳幫手，可多加利用。

二、貸款標的

依據《貿易法》及《貨品輸出管理辦法》規定所出口之我國產製或組裝之貨品或勞務。

以「臺灣接單，海外出口」（含「臺灣接單，大陸或大陸以外地區出口」）之貨品。

三、申請人資格

國內廠商取得經本行認可之國外信用狀、輸出合約或訂單，其所需貸款期間在一年以內者。

四、貸款額度

最高以不超過信用狀、出口合約或訂單金額之八成半。但遠期付款

信用狀出口，得為開狀銀行承兌匯票金額或開狀銀行SWIFT承諾付款通知金額（但必須扣除利息等必要費用）。

五、貸款期限

以即期付款信用狀出口，依信用狀有效日為準；以遠期信用狀或擔保信用狀出口，依信用狀項下所規定之付款日為準；以出口合約或訂單出口，依買賣雙方約定之付款日為準。

六、貸款幣別

裝船前為新臺幣，裝船後為新臺幣、美元或其他中國輸出入銀行認可之外幣，由廠商自行決定。

七、利　率

新臺幣：按動支日前一個營業日之臺灣票券次級市場180天期買賣平均利率（Telerate）加碼計息，每六個月調整一次。

美　元：按動支日前二個營業日之六個月期倫敦銀行間拆放款利率（LIBOR）為基準加碼計息。

八、還　款

本貸款應以外銷所得償還。憑信用狀申請貸款者，以貸款人在押匯行之押匯款償還。憑輸出合約或訂單申請貸款者，由中國輸出入銀行按外銷單據金額之八成半核銷。

九、擔　保

裝船前貸款：中國輸出入銀行認可之擔保品或保證人。

裝船後貸款：遠期付款信用狀項下經開狀銀行承兌之遠期匯票，或開狀銀行SWIFT承諾付款通知，或其他中國輸出入銀行認可之擔保品或保證人。

第三節　保證服務

保證服務之目地乃在增強我國廠商在國外之競爭能力，爭取外銷訂單及承包海內外工程之機會，以帶動相關產業發展。

此服務有以下業務，詳情請直接接洽輸出入銀行。

一、海外營建工程保證

二、輸入保證

輸入保證為協助國內廠商向國外採購設備、器材、零件、原料等，對國外供應商提供之付款保證。

1.申請人

國內依法登記之生產企業或具有規模之貿易商。

2.保證條件

(1)保證方式：簽發保證函或擔保信用狀。

(2)保證額度：由本行參酌申請廠商交易合約逐案訂定之。

451

(3)保證費率：視保證金額大小、期限長短、客戶資信等逐案訂定之。

(4)保證幣別：以交易合約規定之幣別為準。

(5)擔保：輸銀認可之擔保或保證人。

三、船舶輸出保證

四、.整廠輸出保證

重點複習

1. 目前我國輸出保險承辦機構為「中國輸出入銀行」。

2. 國際貿易所面臨之運輸風險，可藉由「貨物運輸保險」來降低。

3. 國際貿易所面臨之政治信用風險，可藉由「輸出保險」來降低。

4. 在國際貿易過程中，可能出現進口商藉故不開發信用狀之情況，此一風險稱為「信用風險」。

5. 輸出保險理賠的風險由來：(1)進口國戰亂；(2)進口商沒錢付款；(3)進口國實施外匯管制。

6. 有關貿易融資的特性之敘述為：「大貿易商才需要貿易融資」。

7. 有關輸出融資綜合保險：(1)保險金額為保險價額的90％；(2)以輸出融資金額為保險標的；(3)係以融資銀行為要保人或被保險人。

8. 出口商可向「中國輸出入銀行」投保輸出保險。

9. 輸出融資綜合保險的承保對象為「融資銀行」。

10. 「海上貨物基本危險」不屬於輸出保險之承保危險範圍。

11. 輸出保險是屬於「政策性保險」。

12. 輸出保險係以出口商為要保人與被保險人，其保險標的為「貨款」。

13. 出口廠商於辦理輸出保險後，如需要資金融通，可出具「保險證明書」向銀行取得周轉資金。

14. 「交易期間長」為整廠輸出之特色。

15. 託收方式之輸出綜合保險之保險標的物為「應收貨款」。

16. 輸出保險是屬於一種「政策性保險」。

17. 推動貿易便捷化的主要目的在於：(1)縮短貿易流程；(2)降低貨品流通成本；(3)利用電子方式達到無紙化貿易。

18. D/A 及 D/P 之輸出保險主要的承保範圍為「政治與信用危險」。

19. 我國現行承辦輸出保險業務的機構是「中國輸出入銀行」。

20. 有關輸出保險：(1)輸出保險是一種政策性保險，目的在鼓勵出口貿易；(2)對於因進口商破產所導致貨款無法收回之損失，不在一般運輸保險承保範圍；(3)輸出保險亦可承保因海外投資可能發生之投資資本被地主國沒收的損失。

17

貿易糾紛索賠與解決方法

第一節　國際貿易糾紛的發生

國際貿易在實務上，雖是首先由賣方報價、送樣，以至由買方確認，進而雙方簽訂買賣契約、開發信用狀、裝運貨物送交買方，但由於雙方係兩地相隔的不同國家，一切均須仰賴電訊往來處理，賣方所交付貨物之品質與規格，是否與契約規定相符、是否按期交貨、包裝是否依照契約規定辦理、數量是否短少，而買方是否依照約定期間開發信用狀，都要靠買賣雙方商業往來，以建立互相信賴的關係。這種互相誠信關係在商業上稱之為「商信」，在法律上則名之為「誠實」、「信用」，此一觀念，皆須雙方當事人相互遵守始能獲致。

第二節　索賠的種類及解決方法

索賠的意義：索賠（Claim）是指「主張權利」而言，是依據契約所生債權人對債務人行使請求權，可分為廣義的與狹義的兩種。狹義的索賠是指損害賠償（Indemnity）、撫慰金（Money of Consolation）、賠款（Compensation）、違約金（Penalty）、退貨或拒收（Rejection of Goods or Refuse to Receive）等。而廣義的索賠，即除狹義的索賠以外，尚包括抱怨（Complaint）、紛爭（Trouble）、糾葛（Dispute）等。索賠的種類有三：

1. 貿易索賠（Trade Claim）。
2. 運輸索賠（Transportation Claim）。
3. 保險索賠（Insurance Claim）。

茲將其發生原因及解決方法，分述於下。

第三節 貿易索賠

貿易索賠是指買方或賣方，基於貿易糾紛所導致的索賠，這是最常見的索賠。但貿易上之索賠，就其提起之理由的正當性，可分為正當的索賠與不正當的索賠。正當的索賠又稱為善意的索賠，是由買賣當事人之一方因違約而受損害，向他方提出損害賠償之要求，以補償其損失。不正當的索賠又稱為惡意的索賠或市場索賠（Market Claim）。

一、發生原因

1. 由於賣方造成的原因

(1)品質不符（或式樣不符）。

(2)品質不佳、材料不良。

(3)品質差異（如花色配錯或日久變質）。

(4)包裝不良，致遭損害。

(5)有修補之處。

(6)檢驗設備不良，檢驗不夠徹底及仔細（如線頭沒剪掉）。

(7)裝船差異（如未裝貨櫃輪，或應裝冷凍船，或未裝指定之船舶等）。

(8)裝船延誤，未在規定的時限內裝船。

(9)非法裝船，如未依約定等待得到買方之通知，即先行裝船等。

(10)貨物破損，短少不足。

(11)惡意或非故意所導致的損失。

(12)不交貨。

(13)不付佣金，或不退還溢收款。

(14)收樣品費但未寄出。

2. 由於買方造成的原因

(1)不開發信用狀。

(2)遲延開發信用狀或不修改信用狀。

(3)不付貨款（非以信用狀為付款條件的情形下）。

(4)市場變動（如匯率、運費或保險費調整）而造成賣方損失等。

二、索賠方式

1. 金錢的索賠

(1)退貨還款

由買方將貨物全數退還給賣方，並要求賣方將貨款全額退回。

(2)折價（減價）

A. 從價款餘額（Balance of Payment）中減價。

B. 從下次契約或下批裝運出口的價款中減價。

C. 由索賠人簽發光票委託外匯銀行向被索賠人託收。或由買方替賣方保留的保留款項中扣除。

(3)賠款

這種賠款的清償方法，有下列幾種：

A. 從買方替賣方保留的保留款項（Deposit）或保留款（Reserved Money）請求支付賠款。

B. 由買方向賣方請求把相當於賠款的金額，利用 T/T 匯款或 D/D 匯款，匯付給買方的清償方法。

C. 由買方向賣方簽發匯票（即簽發無跟單的光票）委託銀行向賣方請求付款的方法（即所謂託收方式）。

D. 拒付貨款

買方對賣方所支付的貨物之一部或全部貨款拒付。

2.非金錢的索賠

(1)掉換貨物

買方對賣方運交之貨品，或因貨樣不符或品質不佳等原因，要求賣方同意將原貨運回，重新裝運一批符合約定的貨品給買方。

(2)補貨

賣方運交給買方之貨品，因發現全部或部分品質不良，又因該貨品性質上係易於減失者（如乾電池漏電等），只好由賣方再補運一批同種類同規格之全部或部分貨品給買方，以此解決，但原貨品不再運回。

(3)修復

屬於高價位之機械或電子等精密度高的產品，由於規格或在運輸途中，或由於包裝不當，易於經修理而恢復其原狀，不致有損其原來之品質和價格時，由賣方派出技術人員予以修復。

(4)延期付款

由於賣方交貨遲延，以致買方市場變動，不易脫手，或賣方交運次等品質貨品，經買方同意折價接受，同時要求賣方延期至某一特定時間，或待貨品脫手後，再行付款。

3.金錢與非金錢索賠之綜合

由以上一部分金錢索賠，一部分非金錢索賠混合解決。

三、貿易索賠的解決方法

依序最理想的方法為：和解（Direct Negotiation）→調解（Reconciliation）→仲裁（Arbitration）→訴訟（Litigation, Law Suit）。

1. 和解

即是由當事人之間自行磋商解決，這是最好的方法。如自行和解不成，就委請第三者調解。

2. 調解

以第三者的身分，接受雙方當事人的請求，以客觀公平的折衝方式，謀求雙方互相認為滿意的解決方法。調解人可能是：

(1)經雙方同意具社會一般常識之教養而富有法律知識之個人。

(2)承攬廠商或貿易商的同業公會。

(3)商（工）會。

(4)政府機關，例如領事館。

(5)仲裁協會（Arbitration Association），本以仲裁為主要業務，惟因當事人之申請，通常亦受理調解業務。

和解或調解可經由口頭或書面做成決定，但經由和解或由第三者調解所獲致的結果，雙方均負有服從的義務，但對雙方當事人均未具有拘束力（Binding Power），亦即如有一方拒絕接受和履行，即失其效力。所以付諸仲裁是較有保障的方法。

3. 仲裁

是由各當事人各自選出仲裁人（Arbitrator），由仲裁人依據當事人之間發生的原因與結果，經分析研判，再經由磋商而做成的裁定。

仲裁的效力近於調解與訴訟之間，調解是較近於依當事人間之磋商而解決的方式，而仲裁是近乎法律訴訟的裁判判決，經由商務仲裁的裁決，如有一方面不履行義務，可由另一方面之權利人，持裁決書向義務人所在之法院提出訴訟，要求強制執行。

4. 訴訟

我國《民事訴訟法》第85條規定「人民法院審理民事案件，根據

當事人自願的原則，在事實清楚的基礎上，進行調解。」但經其他法定調解機關之調解未成立，或當事人之狀況或其他情事可認為不能調解或調解顯無成立之望者，得向法院提出訴訟，訴訟之程序依各國之法律行之，經由各國之法院判決而定案。如已經由商務仲裁協會做成裁決書，法院可能逕行採納做成判決，而付諸強制執行。

四、貿易索賠之時效

1. 我國《民法》對於索賠之規定

(1)依第 111 條

當事人一方不願履行合同義務，或者履行合同義務不符合約定條件的，另一方有權要求履行，或者採取補償措施，並有權要求賠償損失。

(2)依第 136 條第二款規定

出售質量不合格的商品未聲明的，訴訟時效期間為一年。

(3)依第 114 條

當事人一方因另一方違反合同受到損失的，應當及時採取措施防止損失擴大，沒有及時採取措施，致使損失擴大的，無權就擴大的損失要求賠償。

(4)第 115 條

合同的變更或者解除，不影響當事人要求損失賠償的權利。

2. 我國《質量法》對於索賠之規定

(1)第 28 條

售出的產品有下列情形之一的，銷售者應當負責修理、更換、退貨，對購買產品的用戶、消費者所造成的損失，銷售者應當

賠償損失：

A. 不具備產品應當具備的使用性能，而且未先說明的。

B. 不符合在產品或者其包裝上註明採用的產品標準的。

C. 不符合以產品說明、實物樣品等方式表明的質量狀況的。

(2)追償

銷售者依照前款規定負修理、更換、退貨，或者賠償損失後，屬
於生產者的責任或者屬於向銷售者提供產品的其他銷售者（以下
簡稱供應者）的責任的，銷售者有權向生產者、供貨者追償。

生產者之間、銷售者之間、生產者與銷售者之間訂立的產品購銷、
加工承攬合同有不同約定的，合同當事人按照合同約定執行。

英美法關於提出索賠之事項，並無明文規定，通常基於「誠實信
用原則」於合理期間內為之。所以在訂定買賣契約時，最好明確
規定索賠之時限，如下例：

All Claims must be made in writing within twenty one (21) days of receipt of the
said goods at the port of destination and no claim will be recognized if the said
goods are used or unless they have been set aside for inspection by the seller.

五、索賠提起之文件

1. 索賠通知書（Claim Note）。

2. 索賠明細書（Statement of Claim，即索賠清單）。

3. 鑑定報告書（Survey Report）。

4. 賠款請求單（Debit Note）。

5. 其他附屬單據（視有必要者而定）。

(1)抽樣（選樣）證明書（Certificate of Sampling）。

(2)報關證明書（Certificate by Customs）。

(3)重量證明書（Certificate of Weight）。

(4)容積證明書（Certificate of Measurement）。

(5)試用證明書（Certificate of Test of Using）。

(6)品質證明書（Certificate of Quality）。

(7)分析證明書（Certificate of Analysis）。

(8)記數單（Ships Tally）。

(9)提單（Bill of Lading）。

(10)保險單（Insurance Policy）。

(11)船舶積載目錄（Ship's Manifest）。

(12)銀行之證明書（Bank Certificate）。

(13)倉租清單（Particulars of Storage）。

(14)檢驗費用收據（Receipt of Inspection Fee）。

(15)商會之損害證明書（Certificate of Loss and Damage by the Chamber of Commerce）。

以上文件由索賠人以正本及複製副本向對方提出（自存一套正本，以備日後有必要付諸仲裁或法律訴訟時提出），索賠通知書（Claim Note）就是索賠人用以通知被索賠人向其要求索賠的書狀，也就是通知索賠的文書（用掛號寄出，留存掛號收據備查），如果情況緊急，或金額較鉅，這項Final Claim（正式的索賠）有時可利用電信提出，但仍要向被索賠人（Claimer）附送書面的通知書（Claim Note）以確認（Confirmation）。

茲將 Claim Note, Statement of Claim 及 Debit Note 舉例如下：

索賠通知書（Claim Note）範例

Messrs. R. & S. Co. Ltd.

Re ： Claim on Black Bean en s/s "T.M."

"Referring to our notice of claim to the captioned dated the 29th Jan. We advise you that we cannot accept your invoice value as it stands, unless you would make the under mentioned discount of its value.

The statement of claim is as per attached sheet, the total amount of which is US$ 19,880.21.

Please acknowledge receipt of this letter, and settle this claim immediately.

Yours truly,

NEWSWEN CO.,

Enclosure:

(A) Particulars of Loss Sustained.

(B) Lloyd's Survey Report.

(C) Debit Not.

〔譯文〕

R. & S. 公司臺照

事由：關於 T.M. 輪裝載烏豆的索賠案

按查 1 月 29 日有關上記索賠之本公司預告諒悉。

茲通知貴公司如貴公司不接受下列的減價（折扣），則本公司歉難同意（接受）該項貨品之商業發票價額。

本公司所遭受之損害的明細如附件另紙記載所示，其總金額計美金 19,880.21 。

希於接到本通知書後，請即簽覆收到本函之回信並請立即解決本項索賠為荷。

NEWSWEN Co., 敬啓

附件：

(A) 索賠清單

(B) 勞依德鑑定人簽發的鑑定報告書

(C) 賠款請求單

索賠清單（Statement of Claim）範例

"Statement of Claim"

Contract No.　　　　: QP3721
Contract Date　　　　: 7th September, 2000
Article　　　　　　　: Bleached Sulphite Pulp
Vessel　　　　　　　: s/s "L. & M."
Total Quantity　　　　: 3,500 Bales, 570,000 kgs
Shipping Port　　　　: London
Landing Port　　　　: Keelung
L/C No.　　　　　　: G248432
B/L No.　　　　　　: VW6636
Nature of Claim　　　: Contact with Talc, Fresh water, Oil Damage

Details of Claim	No. of Bales	Dry weight
1.Contact with Talc	200	42,150 kgs
2.Wet by Fresh water	120	12,643 kgs
3.Contact with Mineral Oil	20	2,107 kgs
Total	340	56,900 kgs

Invoice Value : US$ 200.00 per 1,000 kgs
Amount of Claim :
　　For Damage : US$ 200.00 × 56.9 = US$ 11,380.00
　　For Survey Fee for Total 3,500 bales:
　　NT$ 40,000.00（NT$ 40.00 = US$ 1.00）US$1,000.00
Total Claim Amount US$ 12,380.00
（註：Landing Port 亦作Discharging Port）

〔譯文〕　索賠清單
契約號碼　　　　　: QP3721
契約日期　　　　　: 2000 年 9 月 7 日
商品　　　　　　　:已漂白亞硫酸鹽紙漿
船名　　　　　　　: L. & M. 輪
貨品總量　　　　　: 3,500 包，570,000 公斤
裝載港　　　　　　:倫敦
卸載港　　　　　　:基隆
信用狀號碼　　　　: G248432
提單號碼　　　　　: VW6636
索賠內容　　　　　:因滑石（Talc）的汙損、清淡水與沾汙油漬的汙損

索賠之明細	件　數	淨　　量
1.因滑石汙損	200 件	42,150 kgs
2.因清淡水之汙損	120 件	12,643 kgs
3.因沾汙礦物油漬之汙損	20 件	2,107 kgs
合計	340 件	56,900 kgs

商業發票金額：每 1,000 公斤 US$ 200.00
索賠金額：
　　損害金額：US$ 200.00 × 56.9 = US$ 11,380.00
　　鑑定費用：（對全部 3,500 包計算）
　　NT$ 40,000.00 ÷ 40.00 = US$ 1,000.00
索賠總金額 US$ 12,380.00

賠款請求單（Debit Note for Claim）範例

Messrs A Co. Ltd. are Dr. to Messrs P. & Co. Ltd. for the sum of United State Dollars Twenty Thousand only covering the Claim for Inferior Quality of Lumber ex "L. M.", under L/C No. 3333 dated 6th Jan. 2000.

〔譯文〕　賠款請求單
　　P公司對 A 公司請求支付 2000 年 1 月 6 日期信用狀號碼 3333 號項下 "L. M." 輪卸載木材品質不良之索賠的賠款計美金貳萬元正。

六、被索賠人接到索賠的要求以後，應採取的措施

1. 索賠的預告之檢討：事實之眞實性，屬善意或惡意。
2. 索賠內容之檢討：發生的肇因，嚴重的程度以及是否合理等。
3. 索賠原因之探求：原因之歸屬是製在之責任，或是運送人的責任，或是本身之過失。
4. 索賠的發生狀況之調查：原因發生的過程，是否可能由於索賠人國內政治、社會或市場匯率等變動因素所在成等。
5. 轉嫁索賠的可能性之探求：如該筆貨品已經投保 Clauses (A)，而其損害又可歸屬保險賠償的責任。或是由於搬運過程中在成的損害責任，可歸屬運送公司。
6. 與相對人（索賠人）謀求解決之磋商。

七、糾紛之預防

　　貿易糾紛之發生乃與貿易額之增減成正比，因此在國際貿易發達之今日，欲求貿易糾紛消滅，實不可能，最多僅能求其減少而已，然而欲求貿易糾紛之減少，惟有採取嚴格之預防措施。預防貿易糾紛所應採之

措施，約可分為下列二種：

1. 消極的預防辦法

(1)雙方訂立買賣契約時，對於品質、價格條件、付款條件、裝運條件、數量條件、包裝條件、保險條件等均應訂明，尤以對於索賠期限之提出，鑑定人或公證人之指定，均宜於契約中載明，以免糾紛。

(2)盡量利用投保制度，以免除貨物毀損及短少責任，如以承兌方式（D/P、D/A）出口者，最好辦理輸出保險。

2. 積極的預防辦法

(1)利用徵信機構調查對方信用財務狀況，及透過貿易情報機構調查對方市場動態供需情形，以及財政金融關稅對外貿易各項措施。

(2)契約簽訂之前必須慎重考慮，力求穩固。

(3)嚴格注意品質管制。

第四節　國際貿易局對出口貿易糾紛之處理

我國掌理國際貿易糾紛處理之機構，是國際貿易局第二組第四科。

一、糾紛案件之處理

從事國際貿易之廠商或國內外之客戶，於交易行為發生後，如該項交易貨品因品質不佳，或貨樣不符，或未依約履行，或因其他不正當行為，足以損害對方權益，受損害當事人可將糾紛之實際情形檢附有關交

易文件——合約、信用狀（影本）、發票、提貨單，以及有關證明文件（當地有關之政府機構所出之檢驗報告、公證公司所做之公證報告，及買賣對方之來往信件，或其他合理證明文件等），直接備文向貿易主管機關（國貿局）或間接經由當地駐外經參處、投資服務處、使領館、商務專員處，以及其他有關單位等，轉請有關貿易主管機關協助處理。

二、處理方式

1. 案情研酌

貿易主管機關於接到當事人申請協助處理貿易糾紛案件之函件後，首先就申請主旨、舉證內容，詳予研酌，如發現有文件不齊、舉證不實，即函知補充或予婉覆。

2. 通知申覆

貿易主管機關於接到糾紛案件申請後，如國外當事人在我國無代理人，即以書面通知國內廠商或客戶，限期申覆有關本案之交易經過，及對原申請人所敘情形之意見，並請其提出解決辦法，以憑辦理，逾期經催告仍不覆或不置理者，則依章處理。

3. 協調解決

貿易主管機關為期對貿易糾紛案件迅速處理起見，除派員積極查證了解外，並視案情實際情況，定期正式通知當事人雙方，及邀請有關機關分別派遣代表，到貿易主管機關開會協調解決。

三、處理原則

1. 凡貿易糾紛案件經查明可歸責於本國廠商，而本國廠商並無解決雙方糾紛之誠意，或不履行其應負責任，將提請國際貿易審議委

員會依章議處。

2. 凡貿易糾紛案件，經查明應歸責於國外廠商者，即函請我駐外使領館經參處或其他有關單位，就近協助我國廠商向當地有關貿易機關或廠商，洽請對本案提出合理之解決辦法，以維護我國廠商之合法權利。

第五節　國際貿易糾紛的解決方法

一、貿易糾紛解決方式

1. 國家司法管轄

法院受理→經普通法院（第一審）→高等法院（第二審）→最高法院（第三審）法院判決→解決糾紛。

2. 非國家司法管轄

依仲裁制度解決糾紛，但於一方不服而不履行判斷義務時，得請求司法機關救濟。

(1)和解

仲裁協會受理糾紛事件，在進行仲裁之前，除非當事人有相反之約定，仲裁協會（機構）得先促當事人以和解方式解決糾紛。我國仲裁規則雖無和解程序之規定，然而第28條規定「仲裁案件於仲裁判斷前得為和解，由仲裁人作成和解筆錄」。

(2)國際商務仲裁

在我國由中華民國仲裁協會受理，我國於87年6月24日通過《仲裁法》，88年3月3日復通過「仲裁機構組織與調解程序及

費用規則」，是我國仲裁制度首次有了法源基礎。

所以解決方式大致為：

A.和解：當事人面對面，或經由書信、電報等方式直接磋商解決。

B.調解：經由第三人居中協調解決。

C.仲裁：雙方當事人同意將糾紛交由仲裁人判斷解決，在仲裁程序進行之前，仲裁人得促請當事人和解。和解不成立時始行仲裁，除非當事人有相反約定。

D.尋求法律途徑，依《普通公司法》程序由法院解決。

二、和解、調解、仲裁及法院訴訟之區別

1.和解、調解

和解、調解是雙方當事人就其爭議、異議或索賠，以友善方法妥協洽商達成解決，故為純屬非法律之性質。

和解或調解通常並沒有一定之程序形式，以口頭或書面進行均無不可，但有其程序時，則於仲裁之前由調解委員會調解之，應作成調解筆錄並簽名。

和解是雙方當事人相互友好洽商，達成協議，製成和解書，和解書或調解書或調解筆錄非有絕對之拘束力。故和解、調解純屬私人之性質，僅具任意性、道德、商譽上之拘束力而已，為雙願性，非可為法院強制執行之對象。

和解、調解就拘束性言，其效力鬆懈，欠缺法律的拘束力，所以不如仲裁或法院訴訟之具確定與效力性。但和解、調解完全擺脫法律之控制，為雙方心甘情願推誠協商之方式，如能達成，則可保持商務關係增加相互之信賴，不傷和氣，故在仲裁或訴訟進行

之前，宜試以和解及調解爲之。調解通常有第三者介入，但應爲私人。

法院之調解（或和解）均非此處調解或和解之義。又國貿局之調解乃屬行政上之控制，更具意義。

2. **仲裁**

仲裁爲介於和解、調解之非法律方式與法院訴訟法律之間。故仲裁有時被視爲非法律方式，但有時被視爲法律方式的一種。實則，仲裁依其進行之情形及結果，可能視之爲在法律之外，在法律之旁或在法律之內三種不同情形。

仲裁人爲私人專家，但卻具有類似法官之權力，得做成仲裁判斷，其於當事人間與法院之確定判決有同一效力。但當事人對此判斷，並不能直接有強制執行力，須聲請法院爲執行裁定後，方得爲強制執行。

但在國際貿易上，仲裁經判斷後，其敗方自願履行義務，服輸之比例在70%、80%，此乃爲仲裁制度普受運用之原因。

故仲裁較之和解、調解爲確定。故和解不成宜以仲裁爲之，由私人專家仲裁，可免除法院訴訟之諸多缺點。

3. **法院訴訟**

在現代國家貿易上，被用爲最後解決糾紛之方式。具直接強制執行力，但易破壞商務關係。其判決當可直接強制執行。純以法律控制。

法院訴訟可於和解、調解未成，或仲裁判斷作成後當事人不服時，被利用以爲救濟。故在國際貿易上，法院之訴訟可爲最後之救濟，不可忽視之。如當事人無和解、調解之意，復無提付仲裁之約定，或仲裁之約定其事項非關於糾紛之內容或性質或不得仲裁者，得直接訴諸法院。利用法院時，可能雙方自第一審上訴至

第三審，耗費時間，損傷感情，故如可能，亦可進行訴訟上之和
解。《民事訴訟法》第337條、第380條及《強制執行法》第4條
第一項第四款之規定。但此異於私人和解，其效力迥然有異。

第六節 | 國際商務仲裁之概念及其運用

一、國際商務仲裁之意義

1.國際

原則上，凡仲裁涉及之一切關係非純屬內國性者，均可視爲「國
際」。

依我國有關商務仲裁規則之精神，所謂「國際」乃指仲裁契約之
糾紛，或發生糾紛時之當事人中有一方非爲中華民國國籍者，或
在外國領土上所有之仲裁判斷者；依法國法則認爲不論糾紛雙方
爲何國籍，及在何處仲裁，只要不適用法國法者即屬「外國」（國
際）。由是觀之，各國對「國際」解釋不一，其意義實較近於「非
內國」之義，目前尚未有國際統一，且具強制性之公約以解決糾
紛，對所謂「內國」、「外國」及「國際」之涵義解釋尚未一致。
因此一國之內國常設仲裁機構或商業公會團體，可與他國內國常
設仲裁或商業公會組織訂立仲裁協定，避免兩國當事人發生糾紛
時因法規有所差異，致阻礙仲裁之運用。國際常設仲裁機構間亦
得相互訂立協定，調整不同規定及程序規則。

2.商務

凡從事商品之交易、勞務之交流、資金之投資運用，技術發明之

授權、買賣，不論從事者爲私人企業、國營機構或國家本身，皆屬商務行爲。此所以區別於民事仲裁及勞工糾紛之仲裁等。宜注意者，近數年來，仲裁活動之新型態包括新型的有關工業、科學和技術發展，其固然以仲裁解決糾紛爭議，亦屬商務之性質，但較之傳統進出口業爲複雜，而且更多技術工程特殊性。此等新型仲裁包括：大型工廠的建立與設計；機器的供應、組合與設立；工業技術、工業祕密的轉移實施；科學研究的技術投資合作，與對承擔主要工業或民間工業工程協會的計畫。以上有其標準契約條款（如FIDIC）。

二、商務仲裁之基礎

應由當事人爲明示之約定，其方式有二：

1. 於爭執發生前

事先合意或以仲裁條款（Arbitration Clause）訂定於契約中，約定任何契約所發生之爭執皆由仲裁方法解決之（通常在公斷之前並合意雙方先依和解決爭執），如此便可避免普通法院管轄。

2. 於爭執發生後

由當事人訂立仲裁契約（Submission Agreement）合意以仲裁方式解決爭執，故無論前者或後者，均以契約當事人之合意爲仲裁成立之要件。

國際仲裁可分爲兩種，一爲非常設仲裁（Ad Hoc Arbitration）法庭，另一爲常設仲裁（Institutional Arbitration）法庭。前者乃以契約當事人雙方合意爲基礎，對於仲裁員人數、選任方式、地點，均以當事人意思之合致爲要件，其優點爲當事人對仲裁可予充分之信賴，且仲裁員因係經由雙方同意選任，對其仲裁任務之執行

亦較為熱心。再者，此種仲裁方式可依約定祕密進行，不但適於私營企業間採用，亦適於國家與私營企業間貿易糾紛之解決，惟此種方式亦有其缺點，如在當事人相互拒絕所選定之仲裁員，或對仲裁長選定難以一致，或涉及國家及私營企業間之仲裁時，因對仲裁員選任合意之困難，可能造成形同國家與國家間仲裁對立之現象，終致牽涉到關於法律適用、管轄權衝突等難以解決之問題，而不得不由第三人（如法官）代為選任仲裁員。由於非常設仲裁具有上述缺點，於是常設仲裁機構之設立乃受到特別重視，目前國際貿易實務上已傾向於此趨勢。

常設仲裁機構有一定之仲裁規則，雙方當事人可約定某一常設仲裁機構，依該機構仲裁規則為其程序解決爭執。常設性之仲裁機構可分為兩類：

1. **國內仲裁機構**

   為內國之某類專業或一般商務活動之仲裁機構，其主要任務在於解決非涉外關係之純內國商事糾紛（如內國契約之交易雙方為同國籍之公司），但今亦有些機構運用於對國際貿易糾紛之解決。此類機構除西方國家內國同業商會有附設外，社會主義國家雖行純國營貿易型態，其商會附設之外貿及海事仲裁法院，性質上亦均屬於內國性之常設仲裁機構。

2. **國際常設仲裁機構**

   為數頗少，但卻為國際貿易發展上最重要解決糾紛之仲裁機構。此種仲裁機構亦依其存在目的之不同，有專業性者（解決專業糾紛，如紡織、木材或塑膠等，共約20個）及一般性者（解決普通商務糾紛者，有8個）。最重要之國際商會仲裁法庭，其目的不但為解決私營企業間國際貿易之糾紛，同時亦為解決國營企業與私

人企業間糾紛之機構。總之，無論爲常設或非常設之國際商務仲裁法庭，其特點皆在維護、尊重當事人選擇仲裁人之意思、自由，故常設仲裁法庭亦僅在當事人未經選任仲裁員時，始代爲輔助選任，仲裁制度乃以柔性、彈性之方式，以適應商人之特殊需要。

三、國際商務仲裁之優缺點

(一)優點

1. 經濟

循普通法院途徑解決之費用，依我國《民事訴訟費用法》第2條規定，爲標的金額之1%，然仲裁費用依我國《仲裁機構組織及仲裁費用規則》第25條規定之標準爲：

(1)未滿6萬元者，收費3,000元。

(2)6萬元以上，未滿60萬元者，其超過6萬元部分按4%計算。

(3)60萬元以上，未滿120萬元者，其超過60萬元部分按3%計算。

(4)120萬元以上，未滿240萬元者，其超過120萬元之部分按2%計算。

(5)240萬元以上，未滿480萬元者，其超過240萬元之部分按1.5%計算。

(6)480萬元以上，未滿960萬元者，其超過480萬元之部分按1%計算。

(7)960萬元以上，就其超過960萬元部分，按0.5%計算。

2. 迅速

原則上，仲裁人有義務在合理的時間內爲仲裁判斷，通常依仲裁

之性質及仲裁規定之不同，需時約在一個月至六個月間。較之法律途徑之一至三審，時間節省甚多。

3. 簡單

由仲裁規則之內容及民事訴訟程序之規定比較，可知仲裁判斷為比較簡單之解決方式。

4. 保密

仲裁判斷（英、美）不具理由，祕密進行，不予公告，使商業祕密得以保持，且不損及信譽。

5. 彈性

不一定要適用內國法解決糾紛，得依當事人雙方所指定之法律為判斷之準據，乃以柔性、彈性之方式適應商人之需要。

6. 公正

仲裁人為專業人才，以豐富專業知識從事判斷。因非法官，不必有政治考慮，較有不偏不倚之胸襟。且不因仲裁當事人國籍之異而區別之，可避免內國法院法官可能適用法律之錯誤及武斷。

7. 符合實際需要

國際間貿易糾紛有80-90% 以上案件，敗方自動履行判斷義務。

8. 解決內國法律規定之缺乏或不能因應

9. 因應我國需要

疏減法律訟源，避免法官非專業性擔任國際貿易糾紛解決之困難。

10. 避免內國法律管轄權之衝突問題

11. 較法院判斷易於在外國獲得承認與執行

(二)缺點

仲裁制度運用時可能有下列缺點：

1. 缺乏強制力（法律的強制力）。

2. 仲裁制度尚無統一的規則，所以在甲國所做之仲裁判斷，可能乙國不承認，反之在乙國的仲裁，甲國可能不承認，而形成國際商業社會之主體對仲裁運用缺乏信心。

3. 仲裁判斷書，形式上不盡相同（如英美國家的仲裁不具理由，而歐陸國家之判斷，須具理由），在運用上不一致。

以上缺點各國正以雙邊或多邊公約，或以非官方方式調整妥協避免之。

4. 自由貿易雖然以仲裁方式較公正，但亦有缺點：經濟能力強的貿易商居於有利地位，表現在附合契約（書）上，強的一方要弱的一方來簽，所以組織大貿易商集小經濟單位時，議價及談判之影響力增強。

四、國際商務仲裁在我國運用之法律基礎

1. 我國商務仲裁之純為內國性者，有商務仲裁條例之立法以為依循，而國際商務仲裁在我國亦可適用此條例（同時得適用仲裁機構組織及仲裁費用規則之規定）。但由於規定不夠詳細，運用時尚須參考他國實務、國際成規及判例；同時我國尚應增加立法以為補充及因應時需。

2. 外國法院之判決在我國應參照我國《民事訴訟法》第402條規定，判定其是否有執行力。但外國仲裁判斷在我國是否具有被承認及執行之效力？其條件如何？我國有關當局現正研議中，不應單純援用《民訴》第402條之規定，於外國仲裁判斷之承認與執行。外國仲裁判斷在我國之承認及執行，在成立立法之前，應符合下列幾點：

(1)準照我國商務仲裁條例承認及執行純內國判斷之規定。

(2)未牴觸我國之「國際公序」（參看《涉外民事法律適用法》第25條）。

477

(3)採取承認與執行互惠原則。

(4)參照現存或將來可能訂立之雙邊仲裁協定。

同時應積極主動運用非官方商務機構組織，進行與外國非官方商務機構（一般性或專業性）之磋商。

3. 我國仲裁法規及有關重要公約規定爲：

(1)《中華民國仲裁法》。

(2)《仲裁機構組織及調解程序及費用規則》。

(3)《中華民國仲裁協會商務糾紛和解及仲裁程序實施辦法》。

(4)經我國批准之《解決國家與他國國民投資爭端公約》及《解決國家與他國國民間投資爭端公約施行條例》。

(5)《1975 年國際商會仲裁法院仲裁規則》。

(6)《1976 年聯合國國際貿易法委員會仲裁規則》。

(7)《1958 年外國仲裁判斷之承認與執行公約》（紐約公約）。

4. 我國《民事訴訟法》及《強制執行法》上之相關規定：

《民事訴訟法》第 402 條：

「外國法院之確定判決，有下列各款情形之一者，不承認其效力：

(1)依中華民國之法律外國法院無管轄權者。

(2)敗訴之一造，爲中華民國人民而未應訴者，但開始訴訟所需之通知或命令已在該國送達本人，或依中華民國法律上之協助送達者，不在此限。

(3)外國法院之判決，有違背公共秩序或善良風俗者。

(4)無國際相互之承認者。」

《民事訴訟法》第 482 條：

「對於裁定，得爲抗告，但另有不許抗告之規定者，不在此限。」

《民事訴訟法》第 486 條：

「抗告由直接上級法院裁定。」

抗告法院之裁定，以抗告爲不合法而駁回之，或以抗告爲有理由而廢棄或變更原裁定者，對於該裁定得爲再抗告。」

《民事訴訟法》第489條：

「抗告得提出新事實及證據。」

《強制執行法》第43條。

5. 司法行政部關於仲裁人身分及外國仲裁判斷之承認與執行之指示：

司法行政部臺六六函民一〇四九六號（函）中華民國商務仲裁協會具有公務人員（政務委員）身分之人，依《公務員服務法》第14條：「公務員除法律所定外，不得兼任他項公職或業務，其依法令兼職者，不得兼薪及兼領公費。」之規定，應避免兼任中華民國商務仲裁協會仲裁人職務。司法行政部臺六八函民字第〇五九〇六號（函）外交部──外國商務仲裁判斷在我國之效力問題，目前因法無明文規定，須由法院就具體事件，參酌各種情況分別處理。如兩國訂有雙邊條約而該外國商務仲裁判斷又係在公平原則下所作成，且不違背我國公序良俗及強行規定者，通常我國法院對該外國商務仲裁判斷承認其效力；如兩國未訂有雙邊條約，當事人仍得持有利於己之仲裁判斷，向我國法院訴請裁判，法院亦必審酌該仲裁判斷之內容而爲適當之裁判。

6. 最高法院67年度第四次民事庭庭推總會決議

仲裁條款問題，載貨證券載有「應適用××運送契約內之仲裁條款」者，如一造不遵守而另行起訴，他造可否依我國《商務仲裁條例》第3條規定，請求駁回原告之訴？

決議：同意小組研究結論，認爲載貨證券係由運送人或船長單方簽名之證券，其有關仲裁條款之記載，尚不能認係仲裁契約，故亦無《商務仲裁條例》第3條之適用（67年4月25日決議）。

支持上述決議之判決如65年度臺上字第2910號最高法院民事判決。

7. 民國37年生效之《中華民國與與美利堅合眾國間友好通商航海條約》第6條第四項有互惠原則，承認雙方國家仲裁判斷。亦爲最高法院63年度臺上字第426號民事判決確認。

五、國際商務仲裁之應用

國際商務仲裁之應用，可分爲三個階段來觀察：

第一階段： 爲當事人間訂立仲裁合約（仲裁條款或仲裁契約），即約定仲裁事項、仲裁人數、選任方式、仲裁地，以及法律適用和當事人意思之合致。其特質爲純粹契約之性質。此階段以雙方當事人爲主角。

第二階段： 爲仲裁程序本身，主要是關於第一階段所訂立仲裁合約執行的問題。程序從仲裁管轄確定，仲裁人行使其權力，至仲裁判斷之宣告止。此一階段以仲裁人扮演最重要的角色，相關問題亦以仲裁人爲重心。

第三階段： 最後階段爲仲裁判斷執行的問題。可分爲兩種情況：(1)敗方如自動履行判斷之義務則糾紛即解決；(2)敗方如不願自動履行判斷之義務，便產生兩種反應。其一可能引起國際商業社會團體之制裁、經濟上杯葛、除名或對商業信譽之攻擊；其二爲請求法院之救濟。而有關外國判斷之承認或執行問題，也當然爲本階段之範圍。此階段以內國法官爲主角。

第七節　仲裁契約與標準條款

　　仲裁合約（包括仲裁契約及仲裁條款）為仲裁之基礎（參照《中華民國商務仲裁條例》第1條規定），無合約存在於當事人間者，其仲裁判斷無效。或依外國法例，不得請求強制執行。

一、仲裁契約及仲裁條款

仲裁契約：糾紛發生後始由當事人約定提交仲裁者。

仲裁條款：糾紛發生前，當事人事先約定或載於契約，以預防仲裁發生後仲裁合意之難以達成，現在一般均採事前仲裁條款之約定，並載於契約上。

　　上述兩種合約之是否有效成立至關重要，因仲裁制度以當事人合意為基礎，此涉及以後仲裁管轄權之問題，並為判斷做成後請求承認及執行名義時可否獲得之關鍵所在。

二、締訂仲裁契約或仲裁之能力

　　除私公司訂立仲裁契約或條款之能力為各國法律允許外，原則上凡從事國際貿易者，不論其為國營（公營）、公私合營之工商團體、企業是否皆具訂立仲裁契約或條款之能力，此一問題內國法及國際公約尚無統一看法。1963年國際商會理事會宣布有90個國家承認其本國政府可與他國私人企業訂立仲裁契約。1961年《日內瓦公約》第2條規定公法人亦有訂立之能力。公司自然以私人為仲裁當事人之代表人。受禁治產宣告之人、破產人、未成年人不得為仲裁當事人。代理（商）通常在商業上

亦不能代表本身，做爲仲裁之當事人。

1. 仲裁契約

形式：歐陸國家及我國——書面契約（德、法國家，當事人直接進行言詞辯論，亦視爲合意，但當事人不得撤回其合意）。英美國家分爲：

(1)Statutory Arbitration 該仲裁法規定須爲書面契約。例如英國 1950 年 Arbitration Act, Sect. 32 即要求文書，但不要求仲裁人之姓名，無書面契約時，其效果爲：A. 無妨訴抗辯之效力；B. 不能對判斷請求法院強制執行。不得向法院申請指定仲裁人。

(2)Common Law Arbitration 雖無仲裁契約，惟雙方自行參加言詞辯論。

(3)開始契約成立，但仲裁判斷確定前，當事人得單方自由撤回仲裁。丹麥、瑞典：口頭合意亦可。西、葡：需要公證。其他國家或採比歐陸及英美自由之方式。

內容事項：依內國法有不同之規定，惟仲裁之對象最好載明於契約中，如此可避免雙方意思一致在證明上之困難。

2. 仲裁條款

(1)傳統上農業國家

法國不一定要具備特定文書形式，但以當事人表示合意仲裁之文字即爲已足。西班牙及葡萄牙雖要求公證，但不一定要具備特定文書之形式。此類國家中，仲裁條款與契約有別。

(2)傳統上商業國家

丹麥、瑞典、英（同語系國家）、德國（純商人）、芬蘭、瑞士、希臘、美國（及其領地）等國家要求文書形式，但內容如何則不要求。如在英國法（判例）要求一方或雙方之簽字（但在契約書上有仲裁條款時，則不必）。一方簽字只要得以證明他方有受該仲裁內容拘束之意思者，即爲已足。仲裁契約可以一

部或全部，或分別爲數條款，存在於數個不同文書中。或一部爲印刷，另一爲書寫。但有些國家要求須指定仲裁人之姓名（在 Ad Hoc Arbitration 情況）。義大利、奧地利要求文書形式。我國採此方式（參看《中華民國商務仲裁條例》第 1 條規定）。

現代商務仲裁之普遍被接受，一爲由於契約書與仲裁條款之結合，二爲常設仲裁機構之發展，而使仲裁條款之內容再與常設仲裁機構結合，或與某特定之仲裁規則結合。但內國仲裁機構（仲裁庭）須受內國法之控制。因之涉外契約、仲裁條款或契約約定之內容如何，乃隨之而受到內國法之控制。如何之約定始屬合法，由上述可知各國內國法規定不一致，因此產生差異分歧之情形，致有內國仲裁機構及國際性私人組織提出標準條款之型態，建議商人依各別需要情形採用。茲將較重要款式列舉數例以供參考。

爲確保雙方當事人之權益，在簽訂契約時，請加列以中華民國仲裁協會爲仲裁機構之仲裁條款，以做爲解決將來可能發生爭議提付仲裁之依據。茲有參考範例如下，敬請斟酌採用。

1. 與本國廠商簽約用

> 任何由本合約所生或與本合約有關之爭議應提交《中華民國仲裁協會依中華民國仲裁法》及該協會之仲裁規則於臺北／臺中／高雄（請選一地）以仲裁解決之。

2. 與外國廠商簽約用

> All disputes, controversies, differences or claims arising out of, relating to or connecting with this contract, or the breach, termination or invalidity thereof,

483

shall be finally settled by arbitration referred to the Arbitration Association of the Republic of China in accordance with the Arbitration Law of the Republic of China and the Arbitration Rules of Chinese Arbitration Association, Taipei. The place of arbitration shall be in Taiwan.

The award rendered by the Arbitrator (s) shall be final and binding upon both parties concerned.

重點複習

1. 出進口人應秉持「誠信原則」，利用仲裁、調解或和解程序，積極處理貿易糾紛。

2. 某成衣廠商以分二批平均交貨方式進口布匹60,000碼，在第一批交貨使用後發現品質嚴重瑕疵，該進口商依國際買賣公約，對第一批貨只能請求賠償，第二批貨可取消買賣契約。

3. 因出口商所交貨物內在品質瑕疵所引發的損賠，為「貿易索賠」。

4. 因運送人運送過程之疏忽造成交運貨品損毀，而引發之損賠是為「運輸索賠」。

5. 一批貨物投保ICC (A)，後因海難事故，使得貨物落海滅失，所引發之損賠稱為「保險索賠」。

6. 進口商因市場價格暴跌，而欲減輕損失，藉故品質不良等向賣方索賠稱為「市場索賠」。

7. 貿易糾紛宜優先採「當事人自行磋商」（先採自行和解方式）。

8. 貿易實務上常見的索賠：(1)保險索賠；(2)貿易索賠；(3)運輸索賠。

9. 處理貿易索賠與糾紛的順序：(1)當事人自行和解；(2)經由第三人調解；(3)經由商務仲裁；(4)經由訴訟途徑解決。

10. 預防買賣索賠糾紛的正確作為：(1)熟悉國際貿易慣例；(2)遵守誠信原則；(3)嚴格履行契約。

11. 出口商遭到進口商索賠時，會要求進口商提供「公證報告」。

12. 船公司在運輸過程中因貨物處理不當，致使貨物受損，理應賠償貨主，此稱為「運輸索賠」。

13. 國際商務仲裁具備的優點包括下列數種：(1)經濟；(2)可保密；

(3)簡單快速。

14. 在各種解決商務糾紛的方法中，手續最繁雜與曠日費時，且耗損金錢及精神的是「訴訟」。

15. 商務仲裁之描述：(1)具公信力；(2)費用低廉；(3)具保密性。

16. 國際仲裁費用之支付原則由「敗訴一方」負擔。

17. 有關我國仲裁判斷效力之敘述，「與法院之確定判決有同一效力」。

18. 買方對賣方索賠時，若買賣雙方事先無約定仲裁費用，如賠償成立，則按慣例仲裁費用由「賣方」負擔。

19. 一般而言，仲裁人的遴選方式為依「當事人同意」。

20. 買方因市場行情變化而假藉理由向賣方提出之索賠屬於「市場索賠」。

21. 「換貨」屬於非金錢索賠。

22. 「商業發票」可由出口商自行簽發。

23. 有關貿易糾紛之仲裁地，「被告地主義」較方便於仲裁判斷之執行。

24. 「法院」不是目前各國辦理仲裁的機關。

25. 依我國法律，商務仲裁之約定應以「書面」方式為之。

26. 對於品質不良糾紛，仲裁地之選擇宜採「起岸地主義」。

27. 「第三人的過失」所導致的遲延交貨，賣方仍須負責。

28. 公司（進口商）接到 B 公司寄來的Clean on Board B/L，提貨後發現貨品品質有瑕疵及不良品，A 公司應向「B 公司」索賠。

29. 契約中約定，當交易發生糾紛時，交由仲裁機構之仲裁人來做公正的判斷，此條件稱為「仲裁條件」。

30. 買方對賣方提出交貨運延的索賠時，應以「提單」做為證明。

31. 「起因於不可抗力事故」運延交貨的原因，買賣雙方均不須負責。

32. 在一般情況下，從事三角貿易，以「CFR 條件」買進最為理想。

33. 在從事三角貿易的保險條件中，「中間商」負責購買保險較佳。

34. 「信用風險」係指因交易對手不履約或履約不完全所產生的風險。

35. 進口商於付款贖單提貨後，發現包裝與買賣契約稍有出入，依據國際買賣公約，該進口商不得向出口商「取消買賣契約」。

36. 「扣留貨物」為賣方索賠時可能採取的行動。

五南文化廣場

橫跨各領域的專業性、學術性書籍 在這裡必能滿足您的絕佳選擇！

五南全國展售門市

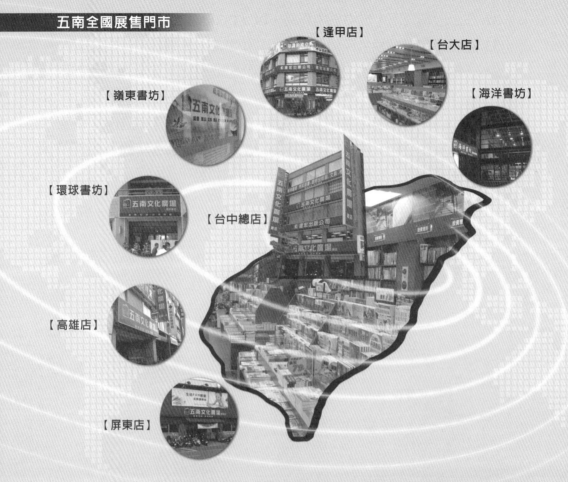

【逢甲店】 【台大店】
【嶺東書坊】 【海洋書坊】
【環球書坊】 【台中總店】
【高雄店】
【屏東店】

五南圖解財經商管系列

※ 最有系統的圖解財經工具書。

※ 一單元一概念，精簡扼要傳授財經必備知識。

※ 超越傳統書籍，結合實務精華理論，提升就業競爭力，與時俱進。

※ 內容完整，架構清晰，圖文並茂‧容易理解‧快速吸收。

圖解行銷學
／戴國良

圖解管理學
／戴國良

圖解作業研究
／趙元和、趙英宏、
趙敏希

圖解國貿實務
／李淑茹

圖解策略管理
／戴國良

圖解人力資源管理
／戴國良

圖解財務管理
／戴國良

圖解領導學
／戴國良

圖解會計學
／趙敏希
馬嘉應教授審定

圖解經濟學
／伍忠賢

國家圖書館出版品預行編目資料

國際貿易實務 / 聞順發著. -- 二版. -- 臺北市：
　五南, 2013.01
　　面；　公分
　精華版
　ISBN 978-957-11-6911-8 (平裝)

　1.國際貿易實務

558.7　　　　　　　　　　101023028

1O58

國際貿易實務

作　　者：聞順發

發 行 人：楊榮川

總 編 輯：王翠華

主　　編：張毓芬

責任編輯：侯家嵐

文字校對：陳欣欣　楊如萍

封面設計：盧盈良　侯家嵐

出 版 者：五南圖書出版股份有限公司

地　　址：106 台北市大安區和平東路二段339 號4 樓

電　　話：(02) 2705-5066

傳　　真：(02) 2706-6100

網　　址：http://www.wunan.com.tw

電子郵件：wunan@wunan.com.tw

劃撥帳號：01068953

戶　　名：五南圖書出版股份有限公司

台中市駐區辦公室 / 台中市中區中山路6 號

電　　話：(04) 2223-0891　傳真：(04) 2223-3549

高雄市駐區辦公室 / 高雄市新興區中山一路290 號

電　　話：(07) 2358-702

傳　　真：(07) 2350-236

法律顧問　元貞聯合法律事務所　張澤平律師

出版日期　2007 年12 月初版一刷
　　　　　2009 年 9 月初版二刷
　　　　　2013 年 1 月二版一刷

定　　價　新臺幣580 元